电网企业资产管理系列书

资产管理
方法实践案例分析

国网浙江省电力有限公司培训中心 **组编**
国网浙江省电力有限公司金华供电公司

中国电力出版社
CHINA ELECTRIC POWER PRESS

内 容 提 要

为规范开展资产管理工作，促进各专业熟练运用资产管理通用技术方法、通用管理方法与专业工作方法，进一步提升管理水平，编者精心筛选和整理形成本书，作为资产管理方法体系研究与实践的成功范例，为全电网企业长期开展资产管理体系建设提供了典型经验。

本书是资产管理中涉及的具体方法的概括、提炼和应用分析，通过总结和研究资产管理各业务、各阶段的具体方法，剖析和提炼覆盖业务全过程的资产管理落地实施的成功经验。希望本书能够解决资产管理在具体业务中"如何做"以及"如何做好"的问题，为进一步规范资产管理工作提供参考，协助各业务人员熟练运用资产管理通用技术方法、通用管理方法及专业工作方法，提升资产管理水平。

图书在版编目（CIP）数据

资产管理方法实践案例分析 / 国网浙江省电力有限公司组编 . —北京：中国电力出版社，2019.1
（电网企业资产管理系列书）
ISBN 978-7-5198-2601-7

Ⅰ．①资…　Ⅱ．①国…　Ⅲ．①电力工业—工业企业—资产管理—案例—中国　Ⅳ．① F426.61

中国版本图书馆 CIP 数据核字（2018）第 249287 号

出版发行：中国电力出版社
地　　址：北京市东城区北京站西街 19 号（邮政编码 100005）
网　　址：http://www.cepp.sgcc.com.cn
责任编辑：孙　芳（010–63412381）
责任校对：黄　蓓　闫秀英
装帧设计：赵姗姗　王英磊
责任印制：吴　迪

印　　刷：北京天宇星印刷厂
版　　次：2019 年 1 月第一版
印　　次：2019 年 1 月北京第一次印刷
开　　本：787 毫米 × 1092 毫米　16 开本
印　　张：12.5
字　　数：300 千字
印　　数：0001—1500 册
定　　价：88.00 元

编委会

前 言 〉〉

随着先进管理理念的不断发展，企业资产管理的重要性日益提升，尤其在"重资产"类型的企业中，资产管理水平已成为决定企业运营绩效的核心因素。我国电力企业在迅速发展的过程中，其资产呈现出以下特点：电网规模和设备数量持续扩大、电网资产净额规模庞大、电网资产年轻化程度较高。作为典型的"重资产"型企业，电力企业同时面临着电网资产运行维护、更新改造任务越来越繁重等挑战。在此背景下，传统的粗放型电力资产管理模式呈现出诸多不足，覆盖业务全过程和资产全类型的资产管理理念和方法开始得到重视，并逐渐运用到企业日常资产管理中。

国家电网公司从 2008 年起开始探索资产全寿命管理体系，2013 年借鉴 PAS 55 体系在上海、福建等地开展体系建设试点，2014 年进一步融入 ISO 55000 标准的要求，在全公司系统开展推广此项工作，至 2015 年成功完成体系建设任务。在此期间，覆盖业务全过程和资产全类型的资产管理理念和方法逐步在国家电网各层级单位落地应用和推广，并取得了显著成效。

为了固化在资产管理方面取得的成果，浙江省电力公司全面总结资产管理研究与实践经验，编制了电网企业资产管理系列书。本系列丛书作为浙江省电力公司资产管理体系的理论支撑和实践指导，以期能够为长期开展资产管理体系深化应用提供参考。本系列丛书共分四册，分别为《资产管理常用要素详解》《资产管理常态工作实施导引》《资产管理方法实践案例分析》和《资产管理知识题库》。

本书为《资产管理方法实践案例分析》，是资产管理中涉及的具体方法的概括、提炼和应用分析。本书通过总结和研究资产管理各业务、各阶段的具体方法，剖析和提炼覆盖业务全过程的资产管理落地实施的成功经验，希望能够解决资产管理在具体业务中"如何做"以及"如何做好"的问题，为进一步规范资产管理工作提供参考，协助各业务人员熟练运用资产管理的通用技术方法、通用管理方法与专业工作方法，提升资产管理水平。本书共分为五章，第一章介绍了资产管理方法的概念和应用情况；第二章主要分析了电力企业在资产管理方面可能存在的问题，同时解释了各类方法运用的背景和必要性；第三章至第五章则分别介绍了通用技术方法、通用管理方法和专业工作方法的内容、运用措施等内容，延伸阅读部分描述了各类方法的某一应用场景，增强本书的生动性和指导性。

本书在编写过程中查阅了大量文献，并在电力企业中进行了走访调研，深入总结了在开展资产管理研究与实践中的工作方法和应用案例，对众多切合实际业务的技术管理方法进行了筛选和汇编。本书的完稿必须感谢浙江省电力公司从事资产管理工作的广大干部员工，同时感谢在编写过程中给予帮助的各位专家领导。希望关心、致力于学习研究资产管理的各位读者能够从本书中汲取有益内容，共同推进资产管理理论及实践的发展创新，切实提高资产管理水平。

受各种客观原因的影响，书中的错误在所难免，恳请读者指正。此外，写作中我们参考了大量的文献，未能一一列出，在此也向原作者表示歉意。

编者

2018 年 11 月

目 录 ⟫⟫

第一章

概　述

本章主要对资产管理方法的概念、实施背景和应用情况进行系统的阐述。首先，从资产管理方法的定义出发，介绍资产管理方法的不断发展和不断完善；其次，介绍资产管理方法的实施背景，包括商业竞争的日益激烈，PAS 55 及其日后升级为国际标准的 ISO 55000 等国际通用资产管理标准的不断普及与应用；最后，结合 PAS 55 和 ISO 55000 发展历程，分析资产管理方法在国内外的应用现状，为在我国电力企业普及先进、科学的资产管理方法提供借鉴。

第一节　资产管理方法的概念

　　资产管理方法是指组织资产价值全部协调活动的方法。在企业中,资产管理方法是对企业生产经营活动所需各种资产的取得、保管、运用等一系列计划、组织、控制等管理工作的总称。

　　随着资产管理方法的不断演变、发展,资产管理以简单的设备维修管理为起点,经历了设备综合管理阶段,发展到实物资产管理,直至资产全寿命周期管理理念的形成（见图1-1）。

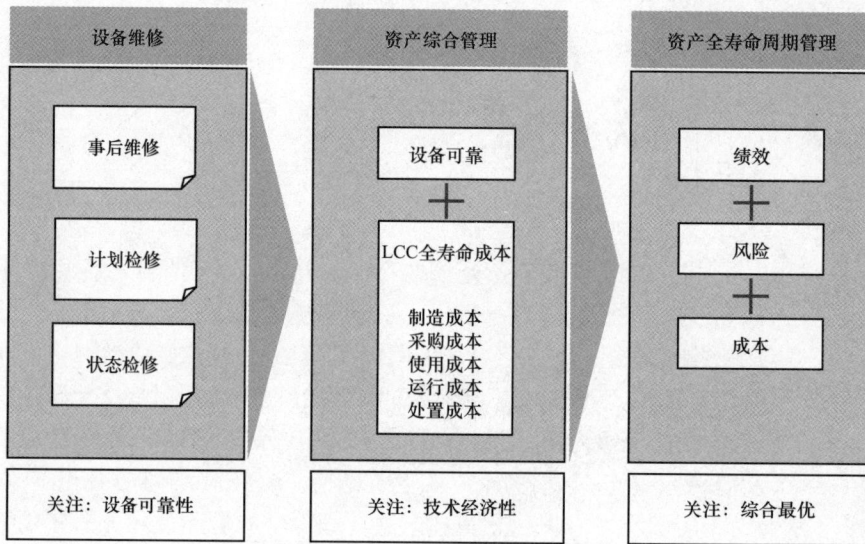

图 1-1　资产管理发展阶段

　　传统的设备管理（Equipment Management）主要是指设备在役期间的运行维修管理,其出发点是设备可靠性,具有为保障设备稳定可靠运行而进行的维修管理的相关内涵。包括设备资产的物质运动形态,即设备的安装,使用,维修直至拆换,体现的是设备的物质运动状态。

　　资产管理（Asset Management）更侧重于整个设备相关价值的运动状态,其覆盖购置投资、折旧、维修支出、报废等一系列资产寿命周期的概念,其出发点是整个企业运营的经济性,具有为降低运营成本,增加收入而管理的内涵,体现的是资产的价值运动状态。

　　现代意义上的全寿命周期管理,涵盖了资产管理和设备管理双重概念,它包含了资产和设备管理的全过程,从采购、（安装）使用,到维修（轮换）报废等一系列过程,即包括设备管理,也渗透着其全过程的价值变动过程,因此考虑设备全寿命周期管理,要综合考虑设备的可靠性和经济性。目前资产全寿命周期管理是资产管理方法中最为系统和注重全过程,也是应用较为广泛的一种资产管理方法。资产全寿命周期管理强调对资产寿命周期全过程的管理,要求确立统一的资产管理理念和目标,改变传统条块分割、分而治之的管理方式。由此,运用全寿命周期管理理念需要进一步明确各专业工作开展的方法,通过应用资产全寿命周期的绩效、风险和成本等技术理论以及闭环管理、逐层分解等管理模型,形成一套完整的资产全寿命周期管理方法论，确保在实际业务开展中切实落实资产管理的各种要求，让各个专业"看问题、办事情"有例可援，实现资产管理决策的定量化、科学化，促进资产管理向精益化、标准化方向发展。

　　资产全寿命周期管理方法主要分为通用技术方法、通用管理方法和专业工作方法三大类，如图1-2所示。资产全寿命周期管理通用技术方法是指资产全寿命周期各环节中应用的技术性操作方法，是以设备技术状态评价理论、风险管理理论和全寿命周期成本理论三大基础理论为核心的综合模型，并配以"资产墙"模型，是适用于规划、计划、采购、建设、运行、维护、检修、改造、退役处置等各阶段工作的通用量化技术模型。通用管理方法是指资产全寿命周期各专业工作中管理类工作使用到的方法，主要包括企业模型层次分析法、逐级承接分解法、标准工作程序模型、其他管理方法等。专业工作方法是指在资产全寿命周期各个专业中使用到的专业性工作方法，它包括规划设计专业、物资采购建设专业、运维检修专业方法等。

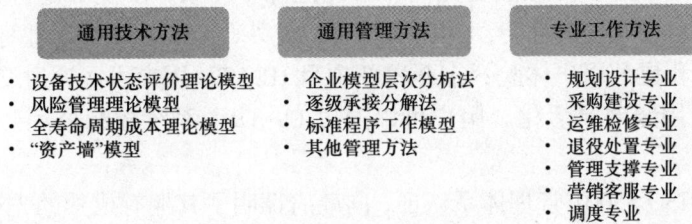

通用技术方法	通用管理方法	专业工作方法
• 设备技术状态评价理论模型 • 风险管理理论模型 • 全寿命周期成本理论模型 • "资产墙"模型	• 企业模型层次分析法 • 逐级承接分解法 • 标准程序工作模型 • 其他管理方法	• 规划设计专业 • 采购建设专业 • 运维检修专业 • 退役处置专业 • 管理支撑专业 • 营销客服专业 • 调度专业

图 1-2　资产全寿命周期管理方法分类

第二节　资产管理方法应用概况

一、国外电力企业应用情况

　　欧美国家资产管理相关理论的发展与资产密集型企业的实践紧密配合，互相影响促进，是以企业时间为内生动力、行业主导为外生动力共同作用的过程。在此过程中，PAS 55及其升级为国际标准后的 ISO 55000 是最为成熟和应用最为广泛的两种标准。

　　ISO 55000 系列标准，由国际标准化组织于 2014 年 1 月正式发布。该标准在制定过程中，与众多国际性组织达成合作，涵盖范围广，得到全球不同文化背景组织的支持。任何组织，只要其资产是实现业务目标的重要关键因素，均适用此标准。

　　ISO 55000 系列标准在具体应用中，强调基于数字化的分析决策工具，指导企业资产管理向资产绩效、风险和成本综合最优的方向持续改进，更强调企业运营及管理活动要基于风险，关注资产价值，运用科学的采集及分析方法，追求资产整体系统最优。在工业 4.0 时代背景下，电力企业迈入智能电网阶段，众多数字化智能决策工具在这一过程中起到推进作用，并对电力的在线监测能力提出更高要求。工业以太网交换机作为目前最为重要的电网通信设备解决方案，使电力设备在线监测技术得以快速发展，并逐步走向实用化阶段。如，应用于电力检修策略模型制定及检修计划制订方面，首先基于历史资产发生故障及影响后果的数据，设计检修策略模型、不同应用场景及参数。其次，基于在线监测设备实时采集及分析设备运行状态数据，聚焦设备状态指数、年龄指数、绩效指数、经济指数、效能指数、重要性程度以及对整体的影响性。最后,推荐该监测资产采用故障检修策略或适度延寿策略,以及相应的检修计划,以辅助支撑制定资产检修策略及相应检修计划。

国外电力企业在 ISO 55000 系列标准的推行及应用上先行一步,目前荷兰的 Alliander 电网及燃气公司等已经通过 ISO 55001 认证。

荷兰 Alliander 公司是荷兰最大并且首家通过 ISO 55001 认证的荷兰电网及燃气公司。营业额超过 17 亿欧元,拥有员工 7100 名,服务用户超过 560 万。Alliander 制定的年度目标涵盖了人身安全和用户满意度两个方面。其中,人身安全目标是百万工时伤害率。用户满意度目标包括提高用户满意度、减少年均停电时间及停电次数、加强风险控制、提供智能电表,并针对每项目标提出了长期目标。

为了加强供电可靠性,Alliander 公司对未来的发展趋势进行了探索:①电网数字化。投资电网数字化能更迅速地应对能源产业的变化,迅速应对甚至防止事故的发生。2016 年的重点工作包括智能电表、变电站自动化。②电网安全。电网数字化和多系统连接带来的风险需要重视。③变电站节能。降低热变比例,节约能源。④试点多能源定价方式。开发 APP,试点电能小时计费与燃气按天计费,并灵活调整。此外,Alliander 为行业标准的发展做出了贡献,包括新电网和提升用户体验:①开发新项目 HEAT。用户可以通过交互模拟的方式参与设计电网。②公用照明灵活化。用户可以通过 FlexOVL 系统控制公用照明开关,迅速纠正偏差,节省能源。

Alliander 通过 ISO 55001 管理体系认证,向政府证明了其拥有成熟的先进资产管理体系,可以保证电力和燃气网的安全、质量和效率,保持了其作为电网及燃气公司的"经营许可"。

加拿大 Hydro One 公司主营业务是高压输电网运营管理,业务范围覆盖安大略省 97% 的高压输电线路,服务全省 130 万客户,包括 3 万 km 的高压输电网和 13 万 km 的低压配电网。当地政府高度重视输配电网投资监管,要求提供相关信息和数据,支持监管机构掌握相关情况。为满足政府监管要求,Hydro One 公司引入 PAS 55 和 ISO 55000 系列标准管理理念,建立资产分析五层次模型及配套的分析工具,提升其资产管理分析预测能力。加拿大 Hydro One 公司资产分析五层次模型,由底层到顶层分别为数据集成层、指标展示层、综合分析层、场景预测层、辅助决策层。通过标准化及分析基础数据、运行数据、成本数据、可靠性数据、设备缺陷数据,以及在线监测数据等,逐层支撑指标单维度及综合评价;趋势及多维度分析、综合分析;故障预测场景、寿命预测场景以及企业在风险、效能和成本上的决策。资产管理分析分析体系建立使得加拿大 Hydro One 公司能够利用资产绩效信息做出更合适及更优的决策,优化资本支出 / 运营成本的资源分配、资产投资和维护、合规性,以及资产战略和政策的制定。

二、国内电力企业应用情况

国内,我国两家特大型电网公司在深入研究 ISO 55000 系列标准内涵的基础上,将其先进的管理思想和要求融入企业资产全寿命周期管理体系建设中,并建立了属于电力企业自身的资产管理评价标准。

国家电网公司资产全寿命周期建设,从 2004 年起步,开展 LCC 管理探索;2008 年以来,国家电网公司开始逐步探索体系化的资产管理;2012 年,开展研究应用关键技术方法的工作,2013 年,借鉴 PAS 55 标准,在上海、福建、青海公司部署开展了资产全寿命周期管理体系建设试点;2014 年进一步融入 ISO 55001 标准要求,在全公司系统推广实施资产全寿命周期管理体系建设，2015年上半年完成体系建设任务。在此期间，国家电网公司制定了企业标准《国家电网公司资产全寿命周期管理规范》，从梳理完善制度标准、编制体系建设指南、规范核心业务流程、统一技术方法等方面完善了资产全寿命周期管理体系顶层设计方案，逐步建立一体化的资产管理信息系统，形成了对体系运行常态监督和定期评价的工作机制，在理论方法研究和实践应用等方面形成了一系列重要成果。以上海电力为例，其500kV世博变电站，运用LCC原理运用LCC计算模型全面考虑了各类设备的投入费用、运行费用、维护维修费用、故障费用和退役处置费用等。LCC招标流程从选择招标设备、建立招标模型到最终的合同签订、后评估，涵盖了招标的全流程，保证了招标过程的系统科学性。国家电网公司资产管理探索历程（见图1-3）。

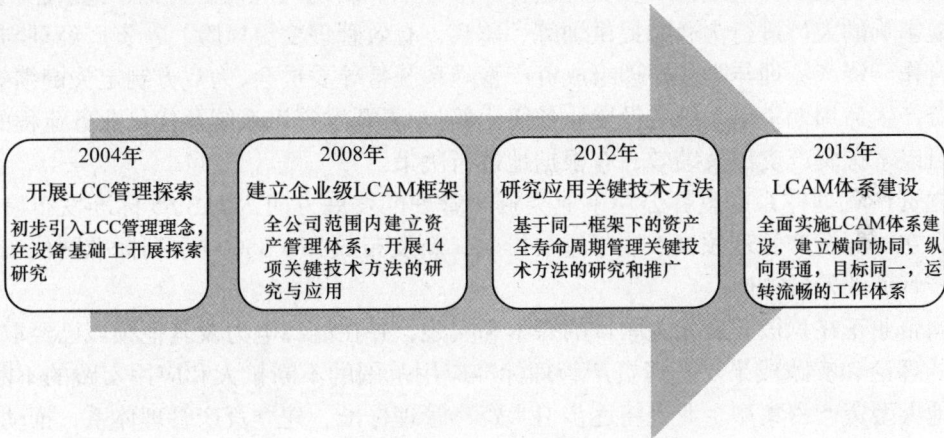

2004年	2008年	2012年	2015年
开展LCC管理探索	建立企业级LCAM框架	研究应用关键技术方法	LCAM体系建设
初步引入LCC管理理念，在设备基础上开展探索研究	全公司范围内建立资产管理体系，开展14项关键技术方法的研究与应用	基于同一框架下的资产全寿命周期管理关键技术方法的研究和推广	全面实施LCAM体系建设，建立横向协同，纵向贯通，目标同一，运转流畅的工作体系

图1-3 国家电网公司资产管理探索历程

中国南方电网公司将资产全寿命周期管理作为其三大经营理念之一，分三个阶段构建资产管理体系（见图1-4）。第一阶段为基础建设（2013~2015年），主要包括按照PAS 55构建相关的策略、管理导则、管理体系及手册、业务蓝图，完成全线贯通的信息系统等；第二阶段（2015~2016年）为重点深化，使得价值的观念在资产全寿命周期中得到体现，并引导各项工作，同时，体系逐步向ISO 55000系列标准过渡、接轨；第三阶段为持续完善（2016~2017年），综合绩效最优，将全面实行风险、成本、绩效的管理。作为先行先试者，广东省电网公司通过规范资产管理对象、制定并实施管理策略、再造业务流程、建立评估考核和建立信息系统，资产全寿命周期管理体系建设初见成效。建立起保持资产"账、卡、物"一致的长效机制；建立了规范化、自动化的相关管控方式，实现"自动转资"；财务、业务充分融合，实现了"业会合一"。

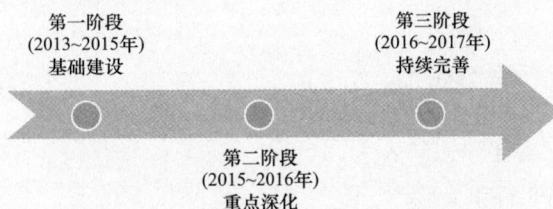

第一阶段
(2013~2015年)
基础建设

第三阶段
(2016~2017年)
持续完善

第二阶段
(2015~2016年)
重点深化

图1-4 中国南方电网公司资产管理探索历程

香港中华电力从 1998 年开始，按照 PAS 55 开展资产管理工作，组建电力系统事业部，成立资产管理部，建立战略资产管理体系。经过十年的不懈努力，基于资产策略最佳实践，优化资产策略及业务流程，推广新技术，提升资产运维效率，建立覆盖资产全寿命周期各项业务的信息系统，在优化存量资产和增量资产配置、提升供电可靠性、降低供电成本方面取得显著成效，于 2007 年通过了 PAS 55 认证。

香港中华电力资产管理实践的五个突出特点是：①坚持持续改善。输电及供电业务部通过定期检讨、对标、采用最佳实务作业等方式，建立资产管理系统、流程及步骤，持续加强资产管理的能力。②组织架构配合。公司设置副总监负责资产管理，各业务部门分别负责资产策略、投资规划、竞争策略、绩效管理、支援系统、合约管理、风险管理等。③实行变更管理机制。通过识别变更并进行风险评估、制定风险控制措施、记录已识别的变更，与受影响的人员进行沟通并提供训练、监察，有效管理变更风险。④资产经理与服务经理密切合作。资产经理与服务经理组成资产管理系统督导委员会，为双方制定关键绩效指标。⑤设计资产生命周期资讯系统。设置业务优化部，专责开发资讯系统及优化业务流程的工作，管理者可以掌握资产支出及绩效，有根据地进行决策。

建立资产管理体系是世界公用事业类资产管理的发展方向，PAS 55 标准发布后得到广泛应用，在国际资产管理领域产生了重要影响，新发布的 ISO 55000 系列标准则代表了未来国际资产管理的发展方向。

我国企业正在积极开展相关领域的探索和实践，并在能源电力及其他领域已经取得了一些重要的理论和实践成果。随着资产管理标准应用范围的不断扩大和应用实践的不断丰富，国内其他大型资产密集型企业也将逐步引入资产管理标准，建立资产管理体系，推动资产管理理论和实践的不断创新，推进我国企业资产管理水平的全面提升。

第二章

电力企业资产管理潜在问题分析

电力企业资产种类繁多，管理内容复杂，在资产管理活动中需要明晰资产管理对象、厘清管理内容，从而有针对性地开展工作。

资产全寿命周期管理工作的主要内容是构建实物流、价值流、信息流"三流合一"的资产管理业务流程，形成各业务横向协同、纵向衔接的高效运作体系。

资产管理涵盖规划计划、采购建设、运维检修、退役处置四大阶段，横跨发展策划、基建、物资、运行、运检、营销、财务等业务环节，包含多个纵向贯通、横向协同的流程节点的资产管理实物流。明确资产形成过程中的财务关键管控点，定义寿命周期成本的构成及形成过程，建立资产管理价值流。明确各流程节点定义完整的信息清单，根据资产管理策略，资产管理业务活动要求，实现基础信息的共享及衔接，建立资产管理信息流。资产管理潜在问题与工作方法具体见图2-1。

资产管理是一项系统性的复杂工作，涉及不同的部门和不同的管理活动。因此，在实际工作中难免会遇到技术性的、管理性的或者专业工作方面的问题。在这种环境下，将工作中遇到的问题整理出来，并与三大类的工作方法相结合，可以在工作中遇到问题的时候引用相关的工作方法。

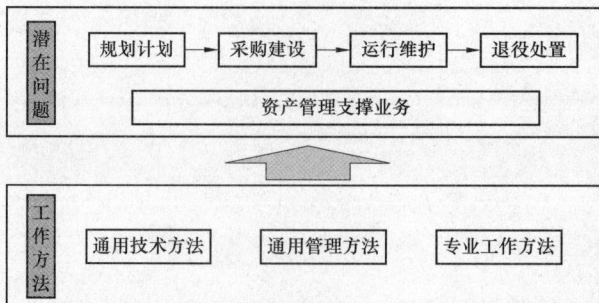

图 2-1　资产管理潜在问题与工作方法

　　本章主要是对电力企业资产管理过程中各个阶段的现状进行阐述。电力企业资产管理工作主要分为四个阶段：规划计划阶段、采购建设阶段、运行维护阶段、退役处置阶段，以及相关的资产管理支撑业务。本章将依次对这四个阶段和资产管理支撑业务的潜在问题进行分析，明确资产管理方法在电力企业运用的重要性和必要性，以及运用的方向和重点。

第一节　规划计划阶段的潜在问题分析

一、策略目标管理方面

　　电力企业已建立了目标管理工作机制，成立了由领导任组长，财务等部门负责人参加的目标考核领导小组，实现既对工作目标分解，又对日常目标运行跟踪考核，并对工作目标的完成情况进行分析评价。同时为了使目标设置科学合理，电力企业坚持调查研究，结合实际，根据各管理目标与绩效考核重点关注考核指标，确保有效完成资产管理和技术目标。

　　在决策（策略）管理方面，目前各专业已建立了部分策略制定的管理机制，包括电网公司规划管理办法等专业的管理制度。年度计划编制、业务执行、评价等工作按照现有管理策略要求开展，但是依旧可能出现如下问题：

　　（1）未能综合平衡各部门、各业务环节管理要求。各部门对策略的理解不够，缺乏资产整体策略的制定及协调机制，决策管理流程及决策方法有待完善。当前各业务部门均有各自的策略，尚未意识到需要建立统一的资产管理总体策略，未对资产策略进行量化分析。各决策职能分散，各阶段管理策略强调局部优化，相互之间存在矛盾冲突，互不协调，难以实现整体最优。

　　（2）策略制定方法掌握不熟练，部分策略未完全建立，各策略缺乏统筹协调机制，难以支撑实际工作的开展。尚未从资产全寿命视角进行决策，未形成可以指导资产管理计划制订的资产中长期策略。其中，资产管理总体策略、资产寿命周期管理策略的管理制度尚未建立，职能策略（投资策略、可靠性管理策略、风险管理策略等）的管理制度尚不完善。职能策略缺乏统筹，目前各部门均制定了较为简单的、针对本部门或本专业管理的安全风险管理策略、可靠性管理策略、投资策略，但各策略仅局限于本专业的管理要求，缺乏推动各业务部门共同提升安全管理、效率管理、资产效益管理的协同机制。各专业决策以定性为主，需进一步加强定量决策方法的应用。

　　（3）未能与发展战略、资产管理目标完全保持一致，持续改善机制存在不足。缺乏统一的资产管理策略和统一的资产管理目标，使得资产管理策略不一致，目标不一致，资产管理总体目标与各专业目标割裂，各专业目标难以支撑总体目标。没有统一的资产管理总体策略对各阶段策略进行指导，就无法自上而下制定资产管理计划及后续业务活动，从而确保资产管理的一脉相承。资产策略包括了全寿命策略、职能策略、电网发展策略，若三者中无法达成一致，或寿命周期内部策略不统一，会导致无法制定合理的资产管理计划。如投资计划应根据投资策略、风险策略、电网发展策略、全寿命策略进行综合考虑后制定。

二、规划计划业务方面

目前各专业各自制订项目年度投资计划并统一纳入综合计划管理。年度投资计划与年度人力资源计划、年度物资需求计划分三条线管理，基本涵盖了资产范围，但是还存在一些问题。例如，投资计划主要关注资金资源，而人力、物资、设施装备等其他资源没有充分考虑。年度计划若缺乏整体性的资源计划平衡，将无法有效规避资源安排不平衡所带来的风险。一些资产管理各相关业务部门的计划，尚未完全覆盖资产管理计划范围，具体包括了资产退役计划、资产报废计划、资产管理体系改进计划等。

（一）电网规划方面

电网规划是所在供电区域国民经济和社会发展的重要组成部分，同时也是电力企业自身长远发展规划的重要组成部分，电网规划对于电网建设、运行和供电保障具有先导和决定作用。

随着形势的发展和规划工作的深入，电网在规划过程中遇到了一定的困难和挑战。主要困难包括：电网规模扩大后，短路电流超标日益突出；电网建设外部条件面临的环保压力大，电网规划项目落地困难等。规划工作面临的困难一方面存在客观原因；另一方面也反映了电网规划工作在规划理念、管理制度和工作方式上需注意的问题。具体来说，电网规划中可能会出现如下问题：

1. 缺乏规划基础数据和技术

电网运行过程中的采集到的数据信息变化非常快，且其数据更新速度较慢，导致数据分析的质量难以得到保证，降低了数据分析结果的可信度。因此要想实现电网规划质量的提升，首先，要解决其基础数据信息较少的问题。其次，由于电网中使用的设备种类和数量较多，如果在规划过程中单纯依靠规划人员的经验对其进行设计，其设计质量难以达到现阶段对电网规划的要求。因此必须要采用先进的规划技术，实现对电网规划的有效辅助。

2. 不确定性因素影响较大

电网规划过程中要根据政府制定的发展规划进行，但是在具体规划过程中常常存在规划和实际不一致的情况，导致城市规划跟城市发展不协调。

3. 电网规划和其他规划脱节

电网规划过程中没有充分考虑跟其他类型项目之间的沟通，导致其规划方案跟其他设计方案出现非常严重的脱节现象，即规划方案制定过程中没有考虑到与其他项目建设之间的冲突，导致其建设过程受到的阻碍较大。

4. 信息化技术的应用较少

电网规划是一项非常复杂的规划内容，涉及的因素非常多。因此在规划过程中对信息量的大小和时效性要求较高。但是现阶段电网规划过程中缺乏有效的信息获取工具，且缺乏有效的数据分析工具，导致信息的利用率较低。另外在电网规划过程中采用的规划理念和模式比较落后，各个部门之间缺乏有效的沟通，不能实现整个电网规划项目的最优。

（二）项目立项方面

项目立项主要包括制订前期工作计划、获取前期路条、可研招标采购、可研编制和审查、建立投资项目储备库、完成支持性文件和项目核准等业务活动。通常根据规划项目储备库中的规划时序，形成项目前期工作计划建议并上报上级单位。

项目立项阶段可能存在的问题主要体现在以下方面：

1. 战略上存在失误的可能性

电力企业在项目立项时，若未根据项目重要性去选择运作策略，制定项目机制，对于立项工作披露不及时，内外部组织重视不够就会出现战略上的失误。战略失误主要是因为项目立项前未对项目进行充分必要的调查，未进行可行性与必要性的分析论证，特别是在重大项目上，未制定相应的策略就盲目立项。战略失误还表现在对市场和技术前景判断不够准确，以致项目进行中环境发生变化，项目价值缺失或被更好的项目替代。

2. 审批不严，管理规范缺乏

电力企业在立项前必须明确项目的总体目标，充分了解用户需求，完善对可利用资源认识，明确费用上线要求，充分理解项目持续时间、存在风险等，才能同意立项、投资方案。在项目立项阶段，对审批制度缺乏规范的管理，或是盲目和急于求成导致方案未经相关职能部门的会审就组织实施，都容易造成审批管理不到位和项目审批不严等问题。

3. 没有建立起完善的立项预算或预算编制

电力企业在项目立项阶段需编制项目预算。但很多情况下，立项预算较为粗糙或某种程度缺失，造成项目立项申请缺乏统一的书面材料，使项目在初步估算或预算放大的过程中进行。预算编制不完善的原因主要在于，项目立项管理的配套制度跟进不及时，产生项目意向后，对方案未及时进行调查分析和科学测算，便仓促实施项目，导致问题频发。

4. 立项规范不统一，导致错失良机

由于电力项目本身相对复杂，立项涉及部门众多，很多情况下有机遇却无法及时立项，立项后又缺少统一规划。现阶段立项往往有两种倾向，一是盲目乐观，二是相互间利益矛盾导致无法协调。这些都导致许多优质项目立项错失良机。

（三）投资管理方面

投资管理包括估算综合计划控制目标、测算财务资本性和成本性投入能力、制订年度投资计划、综合平衡确定整体投资方案、企业审核和下达年度投资计划等业务活动。电力企业通常会根据上级下一年度综合计划总控目标方案估算综合计划控制目标，并预测财务资本性和成本性投入能力，提出相应的投资计划编制要求和工作方案。

目前我国电力企业的投资管理模式一般从如何减少支出着手，以"节流"的方式降低成本，是单纯的降低成本思路。这样管理存在的问题是，电力企业颁布和使用的预算定额和项目实际运作中广泛采用的新设备、新工艺、新科技现状相对之后，无法编制出精确的投资预算，更谈不上对投资成本进行有效控制管理。这种模式只是投资管理的初级形态。

（四）后评估方面

目前电力企业已形成投资项目后评估机制，对基建、技改、大修等项目进行分析评价，包括对执行过程规范性、预期成效与实际成效、批复规模与实际规模等进行比对评估，并根据分析结果持续完善既有工作方法和流程，及时记录规划计划活动的过程信息，按季度分析相关资产全寿命管理绩效指标完成情况。

通过后评估，可以弥补电网建设项目前评估工作中存在的一些缺陷，如一般只注重对项目的技术经济分析，而对项目外部的宏观经济环境变化缺乏充分的考虑；在预测未来的用电负荷方面上出现较大的偏差，导致新建设的电力工程在投入使用短期内就面临新一轮的更新改造，造成资源投入浪费和供电能力不足。

电网建设项目后评估可能会出现以下问题：

1.缺乏后评估基础数据

后评估的基础是整体把握已经发生的情况，因此执行评估的关键是搜集历史数据资源。后评估所需要的项目资源通常包含了可行性研究报告、设计方案、验收报告、投产之后的运行数据等。但是由于各种原因，这些资源不够全面，其内容也出现了不少问题。例如在对未来电力市场规模与用户数量缺少科学的预测方式，对电网项目建设与运行风险缺少详细的考虑等，这些问题带来的结果通常是不能确定后评估的标准与基点。造成后评估在分析偏差方面大打折扣，甚至不能贯彻落实，进一步对评估的效果造成了影响。

2.缺少量化评估，结构应用单一

在电力企业建设项目的后评估报告中，存在较多的定性描述，而对量化分析进行支持的理论很少。在一定程度上后评估无法为项目后期投资提供充分的决策支撑。此外后评估并不是最终的目标，而是一种管理的方法，只有当后评估中的有利信息对企业的投资决策、内部管理等充分体现，才可以真正落实后评估的功能，也能充分发挥其作用。而电网建设项目后评估结果具体作用是为决策部门提供评估报告，使管理者对项目建设与运行状况有所了解，至于今后怎样做出决策，现在仍缺少有效的制度与方法。

第二节 采购建设的潜在问题分析

一、物资采购业务方面

现阶段，电网物资采购在组织管理、决策管理、业务流程等方面都较为规范。电力公司严格按照国家电网公司"一级平台管控、两级集中采购"的要求进行集中招标采购，招标范围内的所有工程及与工程有关的货物、服务必须依法严格采用公开招标的方式进行。同时，资质业绩要求、评标办法、评分权重和价格公式都建立了相关评标指导标准。两级集中招标采购模式的运用使物资采购从松散到集中、从粗放到精益、从单一采购业务到供应链管理的转变，物资集中采购的范围不断扩大、集中采购手段不断更新、规模效益不断提升。

但是，目前电网物资采购业务方面可能还存在着一些问题：

1.设备和材料的采购质量没有完全达到最优

电力企业常采用大型设备、材料的集中统一采购，以节约资金，提高采购效率，并通常按照要求统一通过招投标、竞争性谈判等采购方式确定供应商，然后进行设备监造，导致设备和材料的采购质量没有完全达到最优。主要表现在：部分集中采购物资可能存在与需求不一致的情况，不能完全满足使用要求；部分集中采购物资可能存在隐蔽性质量缺陷，如开关镀银层减薄、铝管代铜管、铁塔质量偏轻等问题；部分中标供应商产能可能不是很充足，不能及时按照招标需求时间保质保量提供货物等。

2.设备和材料采购质量的降低

设备和材料采购质量的降低在一定程度上影响了建设工程施工进度，表现为以下几方面：部分设备隐蔽性质量问题相对增多，造成投运初期缺陷率偏高，抵抗异常工况能力偏低，在一定程度影响电网可靠性，增加维修投入，影响设备寿命。

3.采购设备品种具有一定的分散性

随着统一集中采购的进一步深入，会合并汇总多个电力企业的采购需求并面向外界设备供应商市场公开招标，在此情况下，同种设备的中标厂商范围扩大，采购设备和材料的品种在一定程度上不集中。

二、工程建设业务方面

电网工程建设过程中主要包括决策阶段、设计准备阶段、设计阶段、施工阶段、动工前准备阶段、保修阶段。在工程管理过程中，电力企业形成了一系列的工程建设策略，采用标准化成果、完善建设标准化管理体系、构建建设标准化综合评价机制等手段可用来持续提升工程管理能力和建设水平，如推广应用通用设计、推广应用通用设备、推广应用通用造价、推广应用标准工艺，持续提升工程管理能力和建设水平。工程建设业务方面可能出现的问题有：

1.管理人员重视不足

通常情况下，不同工作面上的管理人员对项目立项、核准等工程项目内容比较重视，相对而言，对工程项目管理中质量管理、合同管理、进度管理等方面重视力度不足，影响电网工程整体质量。

2.部分地区补偿标准得不到切实的执行

基建工程政策处理工作中，对于各种补偿，大部分地区有相应的标准，比如各种塔基占地、粮食作物、经济作物、跨越建筑物都有具体的衡量标准和补偿单价。在某些地区，可通过当地政府顺利完成额政策处理工作，但在一些地区，不能切实按照补偿标准执行，甚至最终的补偿远远超过政府的补偿标准。

3.当地政府和居民的配合和支持不足

相关审批程序完成、与地方政府和居民达成一致一般是基建项目开工的前提，但某些基建项目（尤其是线路工程）由于相关程序没有完全完成而不能开工，由此导致下列的问题：

（1）在一定程度上阻碍工程进度。在政策处理过工作中，如果电网建设主体与当地居民、地方政府等相关方面无法就变电站选址、线路通道规划、补偿额度等问题达成一致，可能会导致电网建设工作受阻，施工人员反复进场、退场。

（2）增加建设成本。征地和苗青补偿资金在电力建设资金中的比例快速增加，个别项目甚至出现补偿费用与建筑费用持平的情况，从而大幅提高了电力建设成本。

第三节　运行维护阶段的潜在问题分析

一、运行维护管理业务方面

电网运行维护的关键环节一般包括状态评价和停电管理，状态评价在一定程度上减少了不必要的例行试验工作，而停电管理通过对停电计划的安排进行统筹协调，对临时停电、故障停电进行有效管理，捆绑安排计划工作，实现缩短设备停电时间、提高设备可靠性的目标。运行维护阶段的全寿命管理核心目标主要是提高设备健康水平和可靠性，延长设备使用寿命，降低维修成本。在运行维护管理业务中，形成了核心策略，核心策略一般包括检修策略和技改策略。

运维检修中可能存在的主要问题有：

（1）因采用不当的检修策略或技改策略而造成的设备维修不足和维修过度。检修策略一般包括故障检修、定期检修、状态检修、预测检修、以可靠性为中心的检修等一系列检修模式。故障检修、定期检修一般是比较容易定义的检修策略。

（2）带电检修和在线检测手段不充足影响状态检修策略的执行效果。

（3）部分设备履历信息不完整。企业输变配一体化 PMS 系统通常支撑运行、检修、在线监控、状态评价、技术监督等工作监督流程。PMS 系统可以实现单台设备履历管理的功能主要包括缺陷记录、实验报告、状态评价结果和检修周期。但 PMS 系统的设备履历在支持全寿命周期管理分析需要方面还存在一些不足，具体情况为：①设备运行阶段的部分信息与设备主数据的直接关联还不是很明确，在 PMS 系统中按设备查找获取的部分信息还不是很完整。②部分设备运行运行信息的动态还没有很好地在 PMS 系统中得到完善。③部分业务没有很好地纳入系统进行管理，造成部分数据不完善。④进行设备技改及报废等重大决策时部分数据不完整可能导致决策受到主观因素的影响。

成本管理精细化水平有待改善。成本管理精细化主要针对电网设备运行维护阶段发生的各项成本，从预算、核算、控制分析等环节进行精细化管理，实现合理控制资产全寿命周期成本，积累成本数据支撑全寿命周期成本相关分析和决策。

二、营销管理业务方面

电力营销管理是电力企业的核心业务，电力营销工作的质量关系到电力企业自身的生存和发展。近年来，供电企业坚持"强基固本、规范提升"的工作思路，推行营销精细化管理，强化过程管理和基础管理，营销工作取得了明显成效。在营销管理服务中，以市场和客户为导向，建立全天候面向客户的统一供电服务运行体系，完善"营销一口对外、内转外不转"的服务机制。同时整合省、地（市）、县公司营销业务，实施 95598 客户服务、计量检定配送、电费核算和账务处理等业务的向上集约，强化地（市）、县级公司营销业务协同化运作，提高营销优质服务水平和业务管控能力，实现规范高效的营销服务。

公司营销管理在组织管理、决策管理、业务流程、规章制度、协调机制等方面可能存在以下问题：

（1）营销项目未开展项目后评估工作。在方案制定、电网配套工程建设等跨部门间的流程还没有做到高效融合。

（2）客户用电需求等信息缺乏快速传递、共享渠道，业扩年度计划上报的准确性、有效性较低，尚不能及时将一些大项目用电需求列入业扩年度计划中。智能表推广与采集系统建设过程中有大量业务工程由外包施工队实施，由于外包施工队水平参差不齐，基层单位管控难到位，增加安全风险、服务风险。

（3）营销部门对电网配套工程建设等环节缺乏有效管控。营销项目管理中未与物资部建立有效的信息交流网络，对于未在国家电网公司、省公司集中招标计划内的物资，采购流程十分困难，导致物资供货相对不及时，影响了项目实施进度。

（4）部分 95598 后台接单人员专业知识不全面，业务综合水平不高，造成工单流转问题较多，影响客户故障抢修效率。运检、营销等专业部门针对 95598 业务衔接不够紧密，流程运转不够顺畅，存在踢皮球的现象，影响了故障抢修的工作效率。

（5）营销管理的信息化水平不高。缺乏对用户意向接电时间的有效管控机制，采集系统的运维监控统一平台应用比例偏低，信息化手段在业扩计划管理中的应用水平还有待提高。

第四节　退役处置阶段的潜在问题分析

一、财务物资管理业务方面

电力企业在"账卡物"联动工作上展开了一系列的工作，已经全面完成电网资产、信息通信资产清查工作任务，建立设备实物和资产价值的对应关系。基本实现电网资产 [10kV（不含）以下低压资产除外，下同] "账卡物"一致，实现设备资产联动。同时建立了相关考核机制，对资产变动流程规范性、设备资产对应情况进行定期考核。目前电力企业"账卡物"联动工作已经基本实现全覆盖，实现"账卡物"一致。

电力企业已实施了 220kV 及以上、110kV 及以上、35kV 及以下等电网资产清查工作，分阶段专项编制印发电网固定资产清查工作方案，如《关于印发 ×× 省电力公司 2013 年电网固定资产清查工作方案的通知》等。为确保清查工作的顺利进行，电力企业专门设立了公司资产清查项目领导小组、项目顾问组、各地区局资产清查组，以此开展设备资产清查专项工作。各单位共清查设备和资产，通过各级资产清查工作推进，促进了实物资产管理的提升。

目前财务物资管理可能存在的问题包括：台账在 PMS 和 ERP 中信息有不一致的现象，"账卡物"还无法达到完全的联动。台账管理流程执行不到位导致部分错误数据录入，数据集成通道稳定性不够完善。另外，数据管理的评价方法、评价标准及评价维度还需进一步完善。物资采购管理未体现后端业务要求，物资需求和使用部门与采购部门沟通不畅，例如物资质量情况反馈有固定的渠道，但实际上运转不畅，基层采购物资在运行上的质量问题难以反馈到采购部门。

二、资产退役处置业务方面

资产退出管理的主要任务是避免不必要的资产退出，充分利用设备设计寿命，避免还能使用或维修后还能使用的设备提前退出，减轻后续管理压力。目前，电力企业资产退役、报废管理水平逐步提高，现已经在资产退出处置方面制定了清晰严格的流程，资产退出管理流程主要包括申请退出、技术鉴定和批准实施三大环节，报废资产处置流程则包括资产报废、可利用部件转备品备件和废旧物资处置三大环节。从原因上来看，资产运行日久、损坏严重，以及可修复但修复费用过大和因运营方式改变全部或部分拆除、无法再使用而报废是资产报废主要原因。

但是，资产管理还存在一些潜在问题，主要包括可利用资产的再利用率较低，大部分可利用资产一般被留作事故备品，还有部分可利用资产最终被报废。其中，可利用资产再利用率不高的原因主要有以下两点：第一，在基建 / 技改项目立项过程中对退出资产再利用的管理控制不够充分。第二，部分物流服务中心仓储能力不充足，部分退出设备不能及时地入库集中管理，对退出资产整体情况掌握不充分，使得在基建 / 技改项目立项时，缺乏充足的信息来控制不必要的新设备采购。

第五节　资产管理支撑业务的潜在问题分析

一、人资管理业务方面

电力企业人力资源管理工作必须准确解读国家最新法律法规和经济形势，实现人力资源高效配置和流畅运转，为电力体制改革和企业稳步发展保驾护航。目前，电力企业在加强人力资源集约化管理、干部队伍建设、劳动用工管理、绩效管理、薪酬福利管理、人才和培训管理、人力资源精细化管理等方面取得显著成效，并创新了许多管理方法和模式，充分应用了信息化管理手段。

但由于经济社会快速发展等内外部因素，电力企业人资管理也可能存在一定问题。

在劳动用工管理方面，企业及其集体企业劳务派遣用工比例仍然较高，防范用工风险压力较大，外部舆论环境严峻。多种劳动用工长期积累的一些深层次矛盾逐步显现。

在人力资源发展方面，部分企业受困于一线员工年龄结构不断老化，管理人员、技术人员中坚力量出现断层，员工入口管控导致新生力量很难快速补充一线等严峻形势，企业人力资源日趋紧张，结构性缺员、"素质缺员"不断凸显，严重阻碍了企业可持续发展的脚步。

在资产全寿命周期人员培训方面，资产管理体系建设虽然取得了巨大的进步，但在人才培训上未覆盖全员，县级供电企业对资产全寿命周期管理的要求理解不到位，落实与要求差距较大。

二、科技信息管理业务方面

电力企业已初步建立资产信息管理体系，现有数据信息基本实现全面覆盖。现有资产信息管理的范围涵盖了规划计划、采购建设、运行维护、退役报废资产全寿命周期管理各阶段。电力企业构建了系统完整的纵向数据交换体系，实现了总部与省公司、直属单位之间两级数据中心的级联，完成了营销管理、生产管理、人资管控、财务管控、安全监督、审计管理、经济法律、农电管理、生产统计、投资计划、电力市场交易、应急指挥管理等22项业务应用数据的纵向贯通。电力企业通过应用集成，初步实现相关业务数据共享、信息交互和流程整合。制定了相关信息系统的管理办法及管理流程，确保关键信息的质量。与资产管理相关的信息系统均采用相关自动化手段确保系统内信息的高质量要求，且采用有效手段控制系统访问权限，并建立了信息安全相关规程。

在电力资产信息化管理不断强化的同时，仍有企业的部分业务尚未有信息化系统支撑，信息系统集成状况未满足资产全寿命周期资产管理对于信息化体系的整体要求。存在资产信息管理制度不健全，系统数据录入不及时、业务线下流转等问题。

当前，资产信息资源亟待更大范围集成共享，SG186工程已初步实现企业主要业务流程、信息化标准和数据模型定义的标准化，但仍有部分尚未完全统一。信息系统软硬件资源还未充分实现集约管控，统筹利用程度还不够深入，资源利用率不高，运维难度和成本偏高，软硬件资源优化整合工作有待进一步加强。同时，企业需进一步补充完善关键信息相关的管理办法及管理流程，完善信息系统实用化工作。

三、法制与制度管理业务方面

国家电网公司明确了各专业的标准制度管理的责任部门、要求、方法、内容及信息，基本实现资产管理体系业务、职责、流程全覆盖。在制度管理工作中，各级单位严格执行《国家电网公司规章制度管理办法》和《国家电网公司通用制度差异条款管理细则》，规范制度发文流程。同时组织制度宣贯培训，严格制度检查考核，积极倡导"制度管事、文化管心"的管理理念。构建法制工作机制，按时开展典型法律案例实例分析培训，实现重要决策、经济合同等内容合法合规。

根据资产管理规章制度梳理情况，电力企业各专业梳理的资产管理相关规章制度已覆盖了所有固定资产，同时也可能存在部分问题：

（1）资产管理制度标准体系在企业层面不完善。公司资产管理相关的制度、管理标准、技术标准、作业指导书、法律法规等分散在各部门，没有形成体系化的资产管理相关制度标准管理机制。

（2）规章制度尚未完全覆盖资产管理体系所有业务。主要是新增业务，如目标策略管理机制、评价改进机制、管理评审机制、协同管理机制等。

（3）部分规章制度需要新增、完善。根据调查分析，如某企业需要完善电力企业特高压线路运检管理制度和电力企业特高压站运检管理制度。

（4）资产管理法律法规管理中，没有完全明确识别与资产管理业务相关的法律法规。

四、行政事务管理业务方面

电力企业按照创建一流管理的要求，不断提升工作业务水平，强化行政后勤服务保障能力。坚持依法治企，巩固作风建设成果，不断强化制度执行，完善流程管理，确保事事有章可循，成效能控在控。充分应用信息化手段，协同化作业，有效提升业务时效和质量。从办文、办会、办事等具体业务入手，统筹要素配给，提高工作效率，确保政令畅通、协调一致、高效落实。加强品牌建设，为电网发展和企业发展营造良好环境。

行政事务管理业务可能存在的主要问题如下：

（1）业务流程需要进一步梳理完善，企业应按照资产管理体系建设的总体要求，做好管理支撑工作。提高人员服务意识和综合素质，提高办事效率和质量。

（2）品牌建设方面，一是在品牌传播上，中央权威媒体的传播质量和密度有待突破提升；二是在选题策划上，与基层单位信息沟通不够紧密，策划工作还没有闭环，选题实施停留在浅层次，没有做深做透；三是在品牌维护上，舆情应对的快速性、主动性需进一步提高，舆情处置的方式方法还有待完善。

（3）车辆服务方面，车辆编制缺乏，不能满足生产需要，需租用社会车辆，因社会运输企业及其服务车辆和从业人员总体管理松散，车辆技况及人员素质不佳，存在一定的安全风险。

五、安全质量管理业务方面

安全和隐私是电网设计和实现的关键问题之一，直接影响到电力企业的正常运行。电力企业一直加强电网安全风险管理体系建设，主要从安全监督管理、应急管理、质量监督管理、消防与治安保卫管理四个主要专业进行建设。通过加强专业建设，提高了各部门之间的默契程度，协调企业各部门分工与合作的关系，提高了企业保护生命、财产和环境的能力，达到安全生产的目的。

从组成成分、分布地域以及设计对象来看，电网是个非常复杂的系统，随着电网在全世界范围内的部署，越来越多的安全和隐私问题也暴露出来。由于电网的复杂性和不断有新技术的应用，传统的安全和隐私保护机制无法直接应用，亟须新的保护机制解决这些问题。安全质量管理业务可能存在的问题包括：

（1）从涵盖内容上来说，目前的安全风险管理体系侧重于对历史上的电网、设备、人身安全事故管理，对未来风险考虑不足。安全监督管理方面，安全风险的形势依然严峻。首先现场违章作业未得到根本遏制，各单位对违章问题的整改重视程度不足，部分单位违章者的处罚没有得到真正落实，导致重复性违章、严重违章时有发生；其次基层班组的安全管理仍有薄弱环节，基层安全监督的力量稍显不足，全员反违章、保安全的局面仍需不断加强；最后设备质量不过关、施工质量不高、三级验收不到位，给设备运维管理带来不小风险。

（2）从安全管理的环节上来说，风险评价、风险识别和风险评估又各自存在着一些问题。

风险评价方法多以定性为主，缺乏定量分析。由于缺少定量评估的资产风险评估标准，资产管理与风险管理体系相对独立，风险尚未完全实现闭环。

风险识别及评价结果信息未与资产管理计划紧密结合。

风险评估与业务脱节，并未形成对业务的指导。应急管理方面，事故后的应急响应速度慢，造成风险影响扩大。电网风险应急措施没有很好落实到位，职责不明，风险压力不能层层传递，风险应急处置不能很好落实。质量监督管理方面，日常质量监督管理还未形成一套较为完善的制度，导致监督成效不明显、整改措施不闭环，不规范化操作频发等问题出现。

六、评价改进管理业务方面

电力企业评价改进管理业务首先进行合规性评价，其次对事件管理、纠正和预防，最后针对问题持续改进。通过合规性评价，各专业识别了业务条线适用的法律法规（包括法律、行政法规、地方性法规、规章、规章制度及其他要求），初步建立了法律事务、规章制度管理及合规性评价管理等工作评价体系。而事件管理、纠正和预防，可以针对电网、设备、人身的事件（事故），根据事件（事故）责任部门（或主管部门）提交的情况报告，通过协调会、现场法律服务支持等方式，开展调查工作，针对电网停电事件（事故）调查发现的问题，严格依据法律规定以及公司规章制度要求，制定落实纠正和预防措施。此外，各业务部门针对自身业务开展常态化评价情况，及时查找各专业资产管理工作存在的短板，形成纠正或预防措施，并纳入资产管理持续改进计划。

目前电力企业评价改进管理可能存在的问题包括：尚未建立健全诊断、反馈、培训、整改、验收的闭环机制。此外，尚未建立资产管理审核及管理评审的管理机制，业务要求需进一步明确。同时，对于资产管理绩效缺少评价和改进记录。

第三章
通用技术方法

　　本章节主要介绍了资产管理方法关键技术的四种通用技术方法，包括全寿命周期成本模型、设备状态技术评价模型、风险评估模型和"资产墙"分析模型。通过设备状态评估模型得出的设备故障概率是全寿命周期成本模型计算资产运维成本、检修成本等成本的计算基础，同时也是风险评估模型用来评估设备和人身等风险时必须考虑的因素之一；风险评估模型和全寿命成本模型则相互影响，前者定性出风险严重等级，而后者则基于资产全寿命管理理念，计算出不同方案下全寿命成本，结合内外部环境共同影响决策的制定和实施；"资产墙"是对资产在历史时间范围内密集投运情况的形象描述，主要适用场景为资产的运维及改造中长期规划管理。

　　本章每节针对一种通用技术方法。每一节均首先介绍各通用技术方法的概念与意义；其次阐述各通用技术方法的发展历程；再次介绍四大通用技术模型方法；最后介绍各个通用技术方法在电力行业的运用。

第一节　全寿命周期成本方法

随着社会的进步，社会的发展和社会资源的缺乏产生了矛盾。如何使有限的社会资源在无限的社会发展中获得最大的经济回报成为社会经济发展的重要问题。在这样的经济环境下，全寿命周期成本管理方法应运而生。通过科学的成本管理理论，在保证项目可靠性的前提下，对项目实施成本最低的管理，化解发展和资源间的矛盾。

一、全寿命周期成本的概念

全寿命周期成本（Life Cycle Cost，LCC）是指一个设备或系统在从购置到报废的服役周期中，为其购置和维护所支付的全部费用，即设备或系统从购买、使用、维护直至报废所需的直接、间接、一次性、重复性等所有相关费用之和。LCC方法是以设备或系统或项目的长期经济效益为出发点，全面考虑设备或项目或系统的规划、设计、制造、购置、安装、运行、维护、改造、更新直至报废的全过程，在满足可靠性的前提下使全寿命周期成本最小的一种理念和方法。

资产全寿命成本的通用模型为

$$C_{LCC}=C_I+C_O+C_M+C_F+C_D \tag{3-1}$$

C_I为资本性投入成本，主要包括设备的购置费、安装调试费和其他费用。购置费包括设备费、专用工具及初次备品备件费、现场服务费、供货商运输费等；安装调试费包括业主方运输费、设备建设安装费和设备投运前的调试费；其他费用包括培训费用、验收费用、特殊试验费和可能要购置的状态监测装置费用等。

C_O为资产运维成本，主要包括设备能耗费、日常巡视检查费和环保等费用。其中设备能耗费包括设备本体能耗费、辅助设备能耗费用；日常巡视检查费包括日常巡视检查需要的巡视设备、工具费以及巡视人工费用；环保等费用指运行中设备为满足环保要求而额外需花的费用等。

C_M为资产检修成本，主要包括周期性解体检修费用、周期性检修维护费用。每项检修和维护项目的费用包括了针对该项活动需要供货方提供的设备材料费用以及服务费，所需业主方在该项活动中提供的设备、材料以及人工费用（含另请的第三方人工、材料费）。

C_F为资产故障处置成本，包括故障检修费和故障损失费。故障检修费包括现场检修费用和可能需返厂修理而引起的其他费用。故障损失费包括停电损失费用、设备性能及寿命损失费用以及间接损失费（如赔偿费、不良社会影响、公司信誉受损等）。

C_D为资产退役处置成本，设备残值以负数计入，即设备资产退役后拆除、运输等费用减去变电设备报废后可回收的费用，包括设备处置成本和设备净值，公式为：$C_D=C_{D_1}+C_{D_2}-C_{D_3}$，$C_{D_1}$为资产提前退役成本，$C_{D_2}$为资产退役处置过程成本，$C_{D_3}$为退役资产处置收入。

LCC管理理论的要点可归纳为以下四方面：

（1）追求设备全寿命周期成本最低。LCC管理的目标是全寿命周期成本的最优，在选择和采购设备时，不能贪图价格便宜，而要同时考虑设备购置后的一系列其他费用，事实上，购置价格便宜不一定全寿命周期成本最低，而寿命周期中还要考虑设备的性能，考虑设备的生产效率和对产品质量的保证程度等因素。因而，选择设备是以经济效益作为直接动力，以量化数据作为判断标准的。

（2）从技术、经济和组织方面对设备进行综合管理。设备的 LCC 管理涉及了规划、设计、采购、运行、检修和物资处理各个部门，涉及设备数据的积累和分析，因而设备管理不仅仅是物质的形态管理，还涉及组织协调、技术经济辩证的统一。各部门要以 LCC 最优为目标，而不是单纯追求某一阶段最优，横向联系的综合管理体制的建立是 LCC 管理的保障。

（3）重点研究设备的可靠性、可维修性。科学地从设备的整个寿命周期来考虑可靠性对整个寿命周期成本的影响，从一开始就把可靠性管理做好，必然大大推动可靠性预计技术在电力系统的应用，也必然促使设备制造厂家对其产品可靠性的跟踪与反馈，在产品设计制造过程中进一步提高可靠性。可维修性管理包括了设备结构简单、组合合理、易于检查、调换、互换性强，其最终目标是提供无维修产品，设备到达寿命周期后就报废更换。

（4）信息反馈对 LCC 管理起支撑作用。包含两个层面：一是企业内部的信息反馈，招投标中心在设备招标时，要充分了解由生产维护部门提供的设备技术、经济信息，用以衡量制造厂设备的优劣；二是用户和制造厂之间的信息反馈，及时解决和处理用户在设备使用中发现的问题，将故障损失减到最小，并在以后相应的产品设计制造中避免类似问题的出现，将故障损失减到最小提高社会资源利用率。

二、全寿命周期成本管理的发展历程

全寿命周期成本管理，是国际上目前较为前沿的建设成本管理理论。它的基本含义就是在满足可靠性要求的基础上，使设备和系统在全寿命周期内拥有成本（Owning Cost）为最低的管理。LCC 的管理包括对设备或系统的设计、选型、采购、运行、维护、改造和退役等整个寿命周期的管理，其核心内容是对设备、项目或系统的 LCC 运行分析，并进行决策。了解LCC 管理理论，并针对性地进行研究和推广应用，是现代企业管理层应该开展的一项工作。

我国正处于经济快速增长时期，随着新技术和新设备的不断出现和应用，各类工程项目的建设成本随之提高。积极探索应用新的科学技术与管理方法，解决设备技术发展与投资缺乏的矛盾，降低项目建设的成本，充分发挥有限资源的作用，成为各类建设和生产管理中的一个重点。

（一）LCC 管理理念的提出

20 世纪中叶，国际工程管理学界首先提出工程建设"全过程造价管理"（Whole Process Cost Management，WPCM）的概念。全过程造价管理是指对自工程可行性研究造价预测开始，至经济评价、建设期资金运用、工程实际造价确定，以及完工决算、后评价等各个阶段实行全过程的造价管理。显然，按照全过程造价管理的概念，工程造价管理是一项系统工程。造价管理贯穿于工程立项、决策，到建设实施、工程竣工的全过程。全过程工程造价管理虽然较以前有了很大的改进，但仍存在很多不足之处。这一深入研究，促进了"全寿命周期成本（LCC）管理"理论的成熟，当代西方英美发达国家的工程造价管理专家首先提出工程建设"全寿命周期成本管理"的概念。

全寿命周期成本管理将一般工程建设成本的外延扩大，要求人们从工程项目全寿命周期（包括建设前期、建设期、使用期、改造翻新期与拆除期等阶段）出发去考虑成本问题，它覆盖了工程项目的全寿命周期，考虑的时间范围更长，也更合理。

（二）国际 LCC 理论的发展与实践

20 世纪 70 年代末和 80 年代初，英美的一些工程界的学者和实际工作者提出了全寿命周期管理（LCC）观念。现在能够找到的最早使用 LCC 这一名词的文献是英国人 A.Gordon 于 1974 年 6 月在英国皇家特许测量师协会《建筑与工料测量》季刊上发表的"3L 概念的经济学"一文，以及 1977 年由美国建筑师协会（American Institution of Architects，AIA）发表的《全寿命周期成本分析——建筑师指南》一书。

进入 20 世纪 80 年代初，以英国成本管理界的学者与实际工作者为主的一批人，在全寿命周期成本管理方面做了大量的研究并取得了突破。

在这一阶段，英国皇家特许测量师协会不仅投入了很大的力量去推动全寿命周期成本管理的发展，而且还与英国皇家特许建筑师协会（Royal Institute of British Architects，RIBA）合作，直接组织了对全寿命周期成本管理的广泛而深入的研究和全面的推广，不仅在各种测量师和建筑师协会的专业刊物上发表了大量有关全寿命周期成本管理方面的研究论文，而且出版了一系列的行业专著和指南，以及许多有关工程项目全寿命周期成本管理的文件和报告。

现代意义上的 LCC 理论，首先是由美国军方于 20 世纪 60 年代中后期提出，主要应用于美军重要的军用器材系统的采购中，从开始提出到 70 年代初，主要发表文献多为对 LCC 的综述。在 20 世纪 70 年代，美国政府和军队部门为此颁布了一系列文件，包括有关的标准、规则、指令、通告以及手册（如 1971 年美国国防部发布的《全寿命周期费用采购指南》）等，使有关规定和方法更加具体化，所发表的文献包括费用的分解、估算、建模、校核以及分析和评估，并报道了一批实例。80 年代中后期，LCC 的方法和有关规定才开始逐步完善。

1999 年 6 月美国总统克林顿签署政府命令，各州所需的装备及工程项目，要求必须有 LCC 报告，没有 LCC 估算、评价，一律不准签约。同年，以英国、挪威为首组建了 LCC 国际组织，由 50 个国家、地区参加。该组织为保护参加国购置装备的经济利益，要求设备、工程中间商、推销商为买方提供 LCC 估算。

20 世纪 70 年代以来，许多国家和民间组织在设备管理中也着力推行 LCC 方法，如英国的设备综合工程学会就明确提出以追求全寿命周期成本的经济性为目标。日本设立了专门委员会推广应用 LCC 方法。20 世纪 80 年代以后，全寿命周期成本在广泛应用的基础上走向成熟和国际化。1987 年 11 月国际电工委员会（IEC）颁布了《全寿命周期费用评价——概念、程序及应用》标准，并获得国际标准化组织 ISO 批准。1996 年 9 月，IEC 颁布了 LEC300-3《全寿命周期成本评价》标准，并成为 ISO 9000 族质量管理和质量保障标准的重要内容。

全寿命周期成本方法上升为国际标准并以技术规范的形式加以推行后，各国为了推动本国的设备或工程的全寿命周期成本管理的开展，也相应制定了许多适合本国国情的标准。从行业分布上，LCC 管理工作已经在交通运输系统、航空航天工程、国防建设、能源工程、城市建设等方面发挥了突出作用。欧洲 LCC 技术已经走向国际合作的道路，由挪威、英国、法国等 65 家知名企业参加的 LCC 联合工业项目（JIP）就是专门研究 LCC 维护本组织成员利益，并提供咨询培训等服务。

最近几年 LCC 技术逐渐在电力系统推广应用，LCC 工作比较成熟的公司主要集中在美国和欧洲（瑞典为主），主要用于核电站、发电机、发配电线路等建设项目。

（三）国内 LCC 理论的发展与实践

我国 LCC 工作虽然起步较晚，但也已取得一定成效。

我国 LCC 研究应用的进程可分为三个阶段。第一阶段为引进、消化、吸收阶段；第二阶段为理论研究逐步深入，应用逐步开展阶段；第三阶段是在 2000 年后进入顶层推动阶段，其中顶层包括行政法规的制定、企业单位领导的重视等,顶层推动是 LCC 发展的主要牵引力。

我国在 1992 年 2 月颁发了《装备费用——效能分析》国家军用标准,其中费用指的就是全寿命周期成本。IEC 颁布 LEC300-3-3《全寿命周期成本评价》标准的同年即被 GB/T 1900.4-ISO 900-4《质量管理与质量保证标准 第 4 部分:可信性大纲管理指南》所采用。

华东电网有限公司、华东电力试验研究院有限公司和上海市电力公司从 2003 年起展开以 LCC 为主线的资产全寿命周期管理工作,将全寿命周期成本管理作为切入点,按照国际标准 IEC 60300 的规定,首先提出了 LCC 管理的目标,并在多个实践项目中实施和验证。

国内在工程成本决策方面的观点主要有两种。一种认为,必须根据单位发展战略和项目开发的需要,从技术、经济和环境保护等方面全面地、系统地论证拟建项目的必要性和可行性,力求编制的投资估算尽可能全面、充分地考虑到项目实施过程中可能出现的各种情况及不利因素对成本的影响,使投资估算真正起到控制项目总投资的作用。另一种观点认为,需要让决策人员能动性地参与项目全过程管理,包括参与经济决策、招标投标、建设实施、竣工决算等过程,使成本的制定及其变化始终反映工程实际。

在设计对成本的影响方面,有学者认为,设计阶段的投资控制对工程成本具有决定性影响,因为建设前期工作和设计方案的确定决定了项目性质,设计的优劣直接影响了成本和投资效益等。也有学者认为,应强化设计监理,严格执行设计标准,推广标准化设计,应用限额设计、价值工程等理论对项目设计阶段进行有效的控制。

招标、施工、竣工等阶段亦能对项目成本产生影响。如施工阶段,材料价格的掌控可以有效防止成本虚增;又如竣工阶段,对成本的审查可以发现项目管理上存在的问题和薄弱环节,有助于促使管理不断完善,提高投资效率。

目前国外的成本研究是在有序的市场运行环境基础上发展的,在成本的确定和管理上是以市场和社会认同为取向,在行业的管理归属上,民间协会组织发挥着巨大作用。当前,虽然我国在推广应用 LCC 方面取得了一定的成效,但与国外先进国家相比仍有较大差距,在运用过程中还需要考虑到我国实际情况。

三、全寿命周期成本的计算方法

LCC 在电力方面的应用极为广泛,不过电力系统规模庞大,内含设备繁多复杂,互相联动,因此,若仅靠逐一分析设备的 LCC 模型并将之简单地相加,必然导致结果精确度降低,还容易忽略掉设备互联对全网的影响。由此对于一个确定的电网规划方案,可将全网 LCC 建模分为设备层和系统层的建模,则全网 LCC 构成为

$$LCC_{全网}=LCC_{设备级}+LCC_{系统级} \tag{3-2}$$

两种层次的费用分解简表如表 3-1 所示。

（一）设备级 LCC 模型分析

在设备层的 LCC 模型中,可以分别考虑各个主要输变电设备的全寿命周期成本,包括变压器、断路器、GIS 设备、母线、输电线路、逆变器等,细化其成本组成;在系统级 LCC 模型中,从人工成本、输送电量、故障停电影响等角度,考虑其成本的组成,重点是对全网停电损失的计算。

设备级的全寿命周期成本是电网规划各个设备全寿命周期成本的总和,即

$$LCC_{设备层}=LCC_{变压器}+LCC_{断路器}+LCC_{GIS设备}+LCC_{母线}+LCC_{线路}+LCC_{逆变器} \tag{3-3}$$

表 3-1 设备级和系统级的费用分解简表

类别	设备层	系统层
C_I	设备购置成本	系统的研究费用、设计费用、土地改造和购买费用
	设备安装调试成本	系统运输费、监理费、公积金等一切相关的附属费用
C_O	设备的运维成本	系统的人工成本
C_M	单个设备的故障校正成本	系统多重故障下的维护成本
	单个设备的预防维修成本	
C_F	单个设备的故障成本	间接故障成本
		系统全网停电电量损失成本
C_D	单个设备的残值回收	报废设备的处理、残值回收、未报废设备的残值

1. 变电设备

（1）变压器类。

1）初始投资成本。变压器初始投资成本主要是在变压器正式投入使用之前所用的费用总和，包括变压器购置费用（C_{11}）、变压器可行性分析成本（C_{12}）、变压器选址定容分析成本（C_{13}）、项目前期工作费用（C_{14}）、安装调试费用（C_{15}）等。

变压器可行性分析成本一般是指对变压器的主要内容和配套条件，如市场需求、资源供应、建设规模、工艺线路、设备选型、环境影响、资金筹措、盈利能力等，从技术、经济、工程方面进行调查研究和分析比较的费用。

变压器选址定容分析成本一般是指综合考虑经济、技术、社会、环境等方面因素，科学得出变压器的选址及容量的费用。

项目前期工作费用一般是指项目法人在项目前期阶段发生的费用，主要包括土地预审、环境影响评价、劳动安全卫生预评价、地址灾害评价等费用，以及人工费用、资料费用及各种会议费用。

安装调试费用一般是从设备购买后到使其正常运行期间的费用，主要包括安装设备的人工及材料费用、调试设备的人工及材料费用。

变压器购置费用一般是指购买变压器设备的费用，该费用是初始投资成本中的主要成分，在计算初始投资成本时，如果可行性分析成本、安装调试费用等其他费用不容易得到，可以用变压器购置费用近似代替初始投资成本。

初始投资成本可以表示为

$$C_I = C_{11} + C_{10} \tag{3-4}$$

式中：C_{11} 为变压器的购置费用；C_{10} 为初期投资处购置费用以外的其他费用之和。

2）运行成本。变压器的运行成本一般是指变压器运行期间所花费的费用总和，主要包括能耗费用、人工费用、环境费用、维护保养费用及其他费用。

运行成本的费用主要与变压器的损耗相关，因此对费用的估算，可以利用变压器的负载损耗。变压器负载损耗引起的费用表示为

$$C_{2\text{Loss}}=8760 \times P_{\text{Loss}} \times \eta \times \alpha \times 10^{-4} \qquad (3\text{-}5)$$

式中：P_{Loss} 为变压器负载损耗，kW；η 为变压器负载率；α 为单位电价，元 /kWh。

变压器的运行成本可以表示为

$$C_2 = \sum_{i=1}^{N}\left(\frac{1+r}{1+R}\right)^{i-1}\left(C_{2P}+C_{2\text{Loss}}+C_{20}\right) \qquad (3\text{-}6)$$

式中：N 为变压器的寿命周期，年；r 为通货膨胀率；R 为社会贴现率；C_{2P} 为人工费用，万元；C_{20} 为其他费用，万元。

3）检修成本。变压器的检修成本主要包括变压器的小修成本及大修成本，每项检修成本主要包括设备材料费用、服务费用及人工费用。检修成本可以表示为

$$C_3 = \sum_{i=1}^{N_r}\left(\frac{1+r}{1+R}\right)^{i\times T_r-1}C_{3r} + \sum_{i=1}^{N_o}\left(\frac{1+r}{1+R}\right)^{i\times T_o-1}C_{3o} \qquad (3\text{-}7)$$

$$N_r = \text{Floor}\left(\frac{N-1}{T_r}\right) \qquad (3\text{-}8)$$

式中：T_r 为变压器小修周期，年 / 次；T_o 为变压器大修周期，年 / 次；C_{3r} 为变压器单次小修的费用，万元 / 次；C_{3o} 为变压器单次大修的费用，万元 / 次；Floor（·）为取整操作。

4）故障成本。变压器故障成本主要是指因变压器故障造成缺电或供电中断引起的损失成本。现将故障成本简化为停电引起的供电损失成本，计算公式为

$$C_4 = \sum_{i=1}^{N}\left(\frac{1+r}{1+R}\right)^{i-1} \times \frac{8760 \times UOC \times S_r \times \eta \times \alpha}{10} \qquad (3\text{-}9)$$

式中：UOC 为非计划停电率；S_r 为变压器额定容量，MVA。

5）报废回收成本。变压器报废回收成本一般包括处置变压器成本和变压器残值费用。处置变压器成本主要是指变压器退役时处置的人工费用、材料费用及运输费用等；变压器残值费用一般是指变压器报废后可回收的费用。在实际工程中报废回收成本可以近似等效为初始投资成本的某一比值，计算公式为

$$C_5 = \left(\frac{1+r}{1+R}\right)^{N-1} \times \beta \times C_{11} \qquad (3\text{-}10)$$

式中：β 为报废折算率。

因此，变压器的全寿命周期成本为

$$C = \left(C_{11}+C_{10}\right) + \sum_{i=1}^{N}\left(\frac{1+r}{1+R}\right)^{i-1}\left[C_{2P}+\left(8760 \times P_{\text{Loss}} \times \eta \times \alpha \times 10^{-4}\right)+C_{20}\right]+$$

$$\sum_{i=1}^{N_r}\left(\frac{1+r}{1+R}\right)^{i\times T_r-1}C_{3r} + \sum_{i=1}^{N_o}\left(\frac{1+r}{1+R}\right)^{i\times T_o-1}C_{3o} + \left(\frac{1+r}{1+R}\right)^{N-1} \times \beta \times C_{11} + \qquad (3\text{-}11)$$

$$\sum_{i=1}^{N}\left(\frac{1+r}{1+R}\right)^{i-1} \times \frac{8760 \times UOC \times S_r \times \eta \times \alpha}{10}$$

（2）开关类。

1）初始投资成本 C_I。开关初始投资成本主要是开关正式投入使用之前所用的费用总和，包括开关的购置费、安装调试费和其他费用。

购置费包括设备费、专用工具及初次备品备件费、现场服务费、供货商运输费等；安装调试费包括业主方运输费、设备建设安装费和设备投运前的调试费；其他费用包括培训费用、验收费用、特殊试验费和可能要购置的状态监测装置费用等。

初始投资成本可以表示为

$$C_I = 设备的购置费 + 安装调试费 + 其他费用$$

其中，购置费为开关设备价格经技术和供货范围调整后的费用；安装调试费中的业主方安装调试费应根据工程概预算确定；其他费用中的特殊调试项目费根据工程概预算确定，状态监测装置费用根据报价确定。

2）运行成本 C_O。开关的运行成本一般是指开关运行期间所花费的费用总和，主要包括能耗费用、日常巡视检查费和环保等费用。

能耗费用包括设备本体能耗费、辅助设备能耗费用；日常巡视检查费包括日常巡视检查的巡视设备、工具费以及巡视人工费用；环保等费用指运行中设备为满足环保要求而额外需花的费用等。

评标中开关类设备的 LCC 计算，因设备能耗费用很小，可以忽略。故 C_O 不考虑设备能耗费用，主要包括日常巡视检查费和其他费用，其他费用中的环保费用根据 SF_6 年漏气率来考虑。

$$第 n 年度 C_O = 年度日常巡检费用 + 年环保费用$$

$$年均环保费用 = 补气费用 \times （年漏气率 -0.5\%） \times 1000/ 寿命$$

年漏气率数据来自开关设备厂家，补气费用取自各自电力公司统计数据。几类开关设备中，隔离开关和接地开关不用考虑补气费用。

最后，将第 n 年度 C_O，乘以 $(1+i)^{-n}$ 折算到基准年度的现值，累加各年的 C_O，得到开关类 LCC 的运行成本 C_O。

3）检修成本 C_M。开关的检修成本主要包括周期性解体检修费用、周期性检修维护费用。每项检修和维护项目的费用包括了针对该项活动需要供货方提供的设备、材料费用以及服务费；还包括业主方在该项活动中业主方设备、材料费用以及人工费。

$$C_M = 周期性解体检修（大修）费用 + 各类周期性检修维护（小修及预试）费用$$

周期性解体检修（大修）费用 = 供货方设备、材料费用 + 供货方服务费 + 业主方设备、材料工具费 + 业主方人工费 + 业主方其他费用

其中，周期性解体检修费用按照各电力公司统计数据取值。

周期性检修维护（小修及预试）费用 = 供货方设备材料费用 + 供货方服务费 + 业主方设备、材料工具费 + 业主方人工费 + 业主方其他费用；周期性检修维护费用按照各电力公司统计数据取值。

将上述费用相加得到各年度 C_M，再以 $(1+i)^{-n}$ 折算到基准年度的现值。累加各年的

C_M，得到开关类设备 LCC 的 C_M 值。

4）故障成本 C_F。开关类设备故障成本主要是指因开关故障造成的故障检修费和故障损失费。

$$C_F = 故障检修费 + 故障损失费$$

a. 故障检修费：

年故障检修费 = 年故障概率 × 现场故障修复率

= 年故障概率 × [供货方设备、材料费 + 供货方服务费 + 业主方设备、材料工具费 + 业主方人工费（包括另请的第三方人工费）]

年故障概率 = 年故障次数 / 统计年度台（间隔）[次 /（台·年）]

年故障概率根据开关厂家提供的数据经置信度分析确定，必要时采用行业统计数据。现场抢修费用根据各电力公司实际经验数据确定。

b. 故障损失费：

年故障损失费 = 年故障概率 ×（停电损失费用 + 电网支援电量费用）

= 年故障概率 ×（停电损失负荷 × 停电时间 + 电网支援电量）× 供电电价

停电损失负荷、电网支援容量及停电时间根据电网运行经验取值，供电电价取各电力公司评价年度实际供电电价。

将当年度的 C_F 以 $(1+i)^{-n}$ 折算到基准年度的现值。累加各年的 C_F，得到开关类设备 LCC 的 C_F 值。

5）报废回收成本 C_D。开关类报废回收成本一般包括设备退役时处置的人工、设备费用以及运输费和设备退役处理时的环保费用，并应减去设备退役时的残值。

$$C_D = 退役处理费 - 设备退役时的残值$$
$$设备退役处理费 = 清理费费率 × 安装直接工程费$$

设备退役时的残值以概算为准，计为设备购置费的 5%。

由上得出开关类设备在寿命终结当年的设备处置成本，并以 $(1+i)^{-n}$ 折算到基准年度的现值。

（3）电缆类。

1）初始投资成本 C_I。电缆类本体初始投资成本主要是电缆正式投入使用之前所用的费用总和，包括电缆本体的购置费、安装调试费和其他费用。

购置费包括电缆本体购买费、专用工具及初次备品备件费、现场服务费、供货商运输费及相关税费、保险费等；安装调试费包括电缆本体建设安装费、业主方运输费、设备投运前的调试费；其他费用包括其他可能发生的有关等的费用。

初始投资成本可以表示为

$$C_I = 电缆本体的购置费 + 安装调试费 + 其他费用$$

a. 购置费：

购置费 = 电缆本体购买费 + 专用工具及初次备品备件费 + 现场服务费 + 供货商运输费及相关税费 + 保险费

电缆本体购置费以厂家价格为基础，是招标价格经技术和供货范围调整后的费用。

b. 安装调试费：

$$安装调试费 = 建设安装费 + 业主方运输费 + 调试费$$

安装调试费主要是电缆敷设安装费。

c. 其他费用：其他费用为电缆本体特殊调试项目费和可能要购置的状态监测装置费用等。

计算得出第 n 年度的当年值，即现值。得到 C_I 现值后，再乘以 $(1+i)^a$ 得到其对应的终值。

2）运行成本 C_O。电缆本体的运行成本主要包括电缆耗损费用和日常运行巡视费用。日常巡视检查费用包括日常巡视检查需要的巡视设备和材料费用以及巡视人工费用。日常运行工作包括环境巡视、专业检查、低温检测、感应电流测试、特巡、红外检测、紫外检测等。

$$第 n 年的 C_O = 年度电缆损耗费用 + 年度日常巡视检查费用$$

$$电缆年损耗费用 = 电缆年耗损电量 \times 成本电价$$
$$= （年交流电阻损耗电量 + 年介质损耗电量） \times 成本电价$$

年交流电阻损耗电量 $\Delta N = 3I_{if}^2 r_r L \times 年平均运行小时 \times 10^{-3}$（kWh）

式中：ΔN 为年交流电阻耗损电量；r_r 为电缆线路每相导线单位长度的30℃导体交流电阻值；I_{if} 为均方根电流值，取为：最大设计负荷电流 $\times$ 均方根电流系数 = 额定电流 $\times$ 年平均负荷率；L 为单位长度；年平均运行小时取 8760h。

电缆年介质损失 $N = U^2 w C_0 L \tan\delta \times 年平均运行小时 \times 10^{-3}$（kWh）

式中：U 为电缆工作电压；C_0 为电缆每相工作电容；$\tan\delta$ 为电缆绝缘介质损失角的正切；L 为单位长度；年平均运行小时取 8760h，均为业主直接输入。

$$年度日常巡视检查费用 = （环境巡视费用 + 专业检查费用 + 地温检测费用 + 感应电流测试费用 + 特巡费用 + 抽检费用 + 其他费用） \times 单位长度$$

由上求出第 n 年的当年值，并将第 n 年度的 C_O，乘以 $(1+i)^{-n}$ 折算到基准年度的现值，同时再由基准年的现值，乘以 $(1+i)^a$ 得到其对应的终值。

3）检修成本 C_M。开关的检修成本主要包括周期性维护和试验费用。周期性维护费用包括周期性维护时需要的人工、材料费用。试验内容包括电缆接地电阻测量、护层遥测、局放试验等三年一次的周期性试验。

$$第 n 年 C_M = 周期性维护和试验费 = 定期维护费 \times 单位长度$$

定期维护为三年一个周期，但若最后一年正好是 3 的倍数，则该年不发生 C_M。计算得出第 n 年的当年值，并将第 n 年度的 C_M，乘以 $(1+i)^{-n}$ 折算到基准年度的现值，同时再由基准年的现值，乘以 $(1+i)^a$ 得到其对应的终值。

4）故障成本 C_F。电缆类设备故障成本主要是指故障检修费、故障损失费。故障检修费主要包括故障测寻与修复费用。故障损失费包括停电损失费用等。

$$第 n 年 C_F = 故障检修费 + 故障损失费 = 总计单次故障费用 \times 故障率 \times 单位长度$$

总计单次故障费用包括修复费、配合费用、电量损失费用等,由业主直接输入;故障率为年平均故障次数/电缆安装长度,根据厂家投标信息综合考虑计算获得,由业主直接输入;单位长度由业主直接输入。

计算得出第 n 年的当年值,并将第 n 年度的 C_F,乘以 $(1+i)^{-n}$ 折算到基准年度的现值,同时再由基准年的现值,乘以 $(1+i)^a$ 得到其对应的终值。

5)报废回收成本 C_D。电缆类报废回收成本包括电缆本体拆除处置人工、设备费用以及运输费和设备退役处理的环保费用,并减去电缆本体在退役时的回收利润。

$$C_D = 退役处理费 - 废品回收费$$

$$设备退役处理费 = 拆除费用 = 62\% \times 安装直接工程费$$

安装费用取 C_I 中的安装费,退役处理费按测算规定确定。

$$废品回收费 = 铜的单价 \times 铜的密度 \times 单位长度铜的体积$$

铜的单价由市场价格预估确定;单位长度铜的体积 $= 3\pi r^2 L$,其中,r 为电缆界面半径,L 为单位长度。

计算得出 C_D 当年值,也即为终值。得到 C_D 终值后,再乘以 $(1+i)^{-a}$ 得到其对应的现值。

2. 输电设备

以架空输电线路为例建立 LCC 模型。

(1)模型约定。以某电力公司生产经营活动为依据,将线路全寿命周期成本划分为九个部分。初次投入成本和备件仓储成本是线路投运前的获得性成本;运行人工及维护成本、检修成本、定期维护成本、运行损耗成本、故障停电损失和责任成本是线路运行维护阶段的成本;退役处置成本是线路退役阶段的成本。

1)初次投入成本指线路投产前的成本支出,包括规划设计费、采购建设费、安装调试费等。

2)运行人工及维护成本指运行人工成本和其他维护费,包括运行人员的实发薪酬以及设备的保险费、设备贷款利息(除去本金)、站用电费用等。

3)检修成本指因线路失效引起的检修成本,根据设备失效程度,包括大修成本和临检成本,大修成本包括大修人工成本、材料成本、机械成本和装置性材料成本。临检成本包括临检的人工成本、材料成本和机械成本。材料主要指检修中消耗各种易耗品:机械指检修中需要使用的大型仪器设备、车辆、吊具等;装置性材料指大修需要更换的线路部件,属于备件使用。

4)备件仓储成本指为保证线路可靠性而必须长期储备的备品备件仓储成本,包括备品备件的采购成本和仓储成本,备件仓储成本包括库管人员的薪酬、仓库的日常维护费等。

5)定期维护成本包括定期检修成本,主要指线路周期性检修引起的成本支出,包括检修的人工成本、材料成本和机械成本。

6)运行损耗成本指线路运行中电量损耗引起的成本。

7)故障停电损失指因线路失效引起用户侧停电而造成的电量损失成本。

8)责任成本指因线路失效引起用户侧停电而造成的赔偿、线路失效引起重大事故的人员伤亡成本等偶发成本。

9)退役处置成本指线路退役引起的成本费用,包括退役清理处置成本、提前退役的价值损失，需要扣除残值回收。

（2）各项成本函数与 LCC 模型。线路 LCC 可以看成是初次投入成本、运行人工及维护成本、检修成本、备件仓储成本、定期维护成本、运行损耗成本、故障停电损失、责任成本以及退役处置成本和的现值。各成本要素由以下变量确定。

1）初次投入成本 C_A。

$$C_A = C_{AReal} \qquad (3-12)$$

式中：C_{AReal} 为线路转资的价值。

2）运行人工及维护成本 C_P。

$$C_P = \sum_{t=1}^{t_D} \frac{C_{PA}(t)}{(1+\delta)^t} \qquad (3-13)$$

式中：$C_{PA}(t)$ 为第 t 年设备的运行人工及维护成本；δ 为折现率。

假设人工维护成本：

$$C_{PA}(t) = C_{PAH}(1+\partial_1)^{t-1} + C_{PAM}(1+\partial_2)^{t-1} + [C_{ASS}+\partial_3(t-1)] + [C_{INT}+\partial_4(t-1)] \quad (1 \leqslant t \leqslant t_D) \qquad (3-14)$$

即成本随时间增加。其中，C_{PAH} 表示投运第 1 年线路的运行人工成本，∂_1 表示人工成本变化率，$0 \leqslant \partial_1 \leqslant 1$；$C_{PAM}$ 表示投运当年线路的其他运行维护成本，∂_2 表示其他运行维护成本变化率，$0 \leqslant \partial_2 \leqslant 1$；$C_{ASS}$ 表示线路在运第 1 年支付的保险费，∂_3 表示保险费的年变化额；C_{INT} 表示线路在投运第 1 年需要支付的贷款利息（除本金），∂_4 表示年还款利息金额的变化额；t_D 表示退役时间，随机变量。

假设投运第 1 年线路所在运行工区共有 n_H 人，平均薪酬为 $\overline{C}_{PAH}$，负责 500kV、220kV 和 110kV 条线路各 n_{500}，n_{220} 和 n_{110} 条。电压等级为 V_i 的线路 i 的长度为 L_i，截面界为 S_i，电阻率为 ρ_i。假设对于运行工区看守 500kV、220kV 和 110kV 条线路的关注系数分别为 e_{500}，e_{220} 和 e_{110}，那么线路投运当年的人工成本为

$$C_{PAH} = \frac{L_i}{\sum_{j=1}^{n_{v_i}} L_j} \times \frac{e_{v_i} n_H \overline{C}_{PAH}}{e_{500}+e_{220}+e_{110}} \qquad (3-15)$$

投运第 1 年整个线路的其他维护费用总额为 C_{PAMW}，线路投运第 1 年的其他运行维护成本为

$$C_{PAM} = \frac{L_i}{\sum_{j=1}^{n_{v_i}} L_j} \times \frac{e_{v_i} n_H \overline{C}_{PAMW}}{e_{500}+e_{220}+e_{110}} \qquad (3-16)$$

3）检修成本 C_M：

$$C_M = \sum_{t=1}^{t_D} \frac{r(t)\{C_{MAO}(t)\rho(t)+C_{MAMR}(t)[1-\rho(t)]\}}{(1+\delta)^t} \qquad (3-17)$$

式中：$r(t)$ 为线路在第 t 年的失效率；$C_{MAO}(t)$ 为线路在第 t 年一次大修的平均成本；$C_{MAMR}(t)$ 为线路在第 t 年一次临检的平均成本；$\rho(t)$ 为第 t 年线路失效后进行大修的概率；

$1-\rho(t)$ 为线路失效后进行临检的概率。

确定 $r(t)$ 的形式为

$$r(t) = M_i r_{\text{tower}}(t) + L_i r_{\text{wire}}(t) \tag{3-18}$$

式中：M_i 表示线路 i 的塔杆数；$r_{\text{tower}}(t)$ 和 $r_{\text{wire}}(t)$ 分别表示单位塔杆在第 t 年的失效率和单位长度单根导线在第 t 年的失效率。假设失效率 $r_{\text{tower}}(t)$ 和 $r_{\text{wire}}(t)$ 分别具有以下具体形式的浴盆曲线

$$r_{\text{tower}}(t) = \begin{cases} \lambda_1 m_1 t^{m_1-1}, & 0 \leq t \leq t_1 \\ \lambda, & t_1 \leq t \leq t_2 \\ \lambda_2 m_2 t^{m_2-1}, & t_2 \leq t \leq t_D \end{cases} \tag{3-19}$$

$$r_{\text{wire}}(t) = \begin{cases} \lambda'_1 m'_1 t^{m'_1-1}, & 0 \leq t \leq t'_1 \\ \lambda', & t'_1 \leq t \leq t'_2 \\ \lambda'_2 m'_2 t^{m'_2-1}, & t'_2 \leq t \leq t_D \end{cases} \tag{3-20}$$

其中，λ_1，λ_2，λ 是与塔杆特征寿命有关的参数；m_1，m_2 为其失效率浴盆形状参数，并且 $\lambda_1 > 0$，$\lambda_2 > 0$，$0 \leq m_1 \leq 1$，$m_2 \geq 1$，$\lambda_1 m_1 t_0^{m1-1} > \lambda$，$\lambda_2 m_2 t_D^{m2-1} > \lambda$，两个临界点为 $t_1 = \left(\dfrac{\lambda}{\lambda_1 m_1}\right)^{\frac{1}{m_1-1}}$ 和 $t_2 = \left(\dfrac{\lambda}{\lambda_2 m_2}\right)^{\frac{1}{m_2-1}}$。$\lambda'_1$、$\lambda'_2$、$\lambda'$ 是与导线特征寿命有关的参数，m'_1、m'_2 为其失效率浴盆形状参数，并且 $\lambda'_1 > 0$，$\lambda'_2 > 0$，$0 \leq m'_1 \leq 1$，$m'_2 \geq 1$，$\lambda'_1 m'_1 t_0^{m'_1-1} > \lambda^1$，$\lambda'_2 m'_2 t_D^{m'_2-1} > \lambda^1$ 两个临界点为 $t'_1 = \left(\dfrac{\lambda'}{\lambda'_1 m'_1}\right)^{\frac{1}{m'_1-1}}$ 和 $t'_2 = \left(\dfrac{\lambda'}{\lambda'_1 m'_2}\right)^{\frac{1}{m'_2-1}}$。

4）备件仓储成本 C_{SP}：

$$C_{\text{SP}} = \sum_{t=1}^{t_D} \frac{C_{\text{ware}}(t)}{(1+\delta)^t} \tag{3-21}$$

其中，线路投运当年配备备件，$C_{\text{ware}}(t)$ 表示第 t 年的备件仓储成本。假设线路投运第一年某线路检修工区的备件仓储总成本为 C_{in}，之后随年变化，$C_{\text{in}}(t) = C_{\text{in}}(1+\psi)^{t-1}$，$\psi$ 为变化率，$0 \leq \psi \leq 1$，$1 \leq t \leq t_D$。

该线路检修工区负责线路 W_1，W_2，$\cdots$，W_S（$S = n_{500} + n_{220} + n_{110}$）。该工区仓库有导线备件和塔打备件各 w 和 v 种。导线备件 B_{Di} 的购置金额为 D_{Di}，塔杆备件 B_{Ti} 的购置金额为 T_{Ti}。x_{ij}（$i=1$，$\cdots$，w，$j=1$，$\cdots$，s）为 0~1 变量，若 X_{ij} 为 1，表示导线备件 i 是为了线路 j 储备的。同理，y_{ij}（$i=1$，$\cdots$，v，$j=1$，$\cdots$，s）为 0~1 变量，若 y_{ij} 为 1，表示塔杆备件 i 是为了 j 储备的。

线路的导线备件仓储成本按照线路长度、回数和分裂方式和导线备件购置成本分摊，塔杆备件按照杆数、塔杆备件购置成本分摊，计算线路 i 的第 t 年的备件仓储成本 $C_{\text{ware}}(t)$，则

$$C_{ware}(t) = \frac{C_{in}(t)}{\sum\limits_{k=1}^{w} C_{Dk} + \sum\limits_{k=1}^{v} C_{Tk}} \left[\sum\limits_{q=1}^{w} \left(\frac{C_{Dq} N_i H_i L_i x_{qi}}{\sum\limits_{j=1}^{s} N_j H_j L_j x_{qj}} \right) + \sum\limits_{q=1}^{v} \left(\frac{C_{Tq} M_i y_{qi}}{\sum\limits_{j=1}^{s} M_j y_{qj}} \right) \right] \tag{3-22}$$

为简化参数，令库存中备件的线路长度向量 $L=(L_1, L_2, \cdots, L_s)$，线路杆数向量 $M=(M_1, M_2, \cdots, M_s)$，线路回数向量 $H=(H_1, H_2, \cdots, H_s)$，导线分裂数向量 $N=(N_1, N_2, \cdots, N_s)$，导线备件购置金额向量 $C_D=(C_{D_1}, C_{D_2}, \cdots, C_{D_w})$，塔杆备件购置金额向量 $C_T=(C_{T_1}, C_{T_2}, \cdots, C_{T_v})$，线路与导线备件的关系矩阵

$$X = \begin{pmatrix} X_{11} & \cdots & X_{1s} \\ \vdots & \ddots & \vdots \\ X_{w1} & \cdots & X_{ws} \end{pmatrix}$$

线路与杆塔备件的关系矩阵

$$Y = \begin{pmatrix} Y_{11} & \cdots & X_{1s} \\ \vdots & \ddots & \vdots \\ Y_{w1} & \cdots & X_{ws} \end{pmatrix}$$

5）定期维护成本 C_{CM}。定期维护成本主要指定期检修成本 C_{CM}，即

$$C_{CM} = \sum_{j=9}^{9} \sum_{i=1}^{[t_D/\Delta t_{CMj}]} \frac{C_{CMAj}(i\Delta t_{CMj})}{(1+\delta)^{(i\Delta t_{CMj})}} \tag{3-23}$$

式中：$C_{CMAj}(i\Delta t_{CMj})$ 为第 j 项定期检修项目在第 i 个检修周期的成本；Δt_{CMj} 为该项定期检修的周期。

6）运行损耗成本 C_N。理论上，线路损耗包括有功损耗和无功损耗。有功损耗由线路总电阻引起，无功损耗由总电抗引起（由于线路导线截面积的选择以晴朗天气不发生电晕为前提，而沿绝缘子的渗漏很小，故一般不考虑电导。线路长度 $L \leqslant 100\text{km}$，且线路电压不高时，线路总电纳的影响也不大，可略去），这里的运行损耗主要指有功损耗，运行损耗成本为

$$C_N = \sum_{t=1}^{t_D} \frac{8760 Q^2 l_N^2(t) R P_A(t)}{1000 U^2 (1+\delta)^t} \tag{3-24}$$

式中：Q 为线路的额定输送容量；$l_N(t)$ 为第 t 年的平均负载率；R 为输电线率的总电阻；$P_A(t)$ 为第 t 年的平均购电价。

预计投运初期负载率最低，之后总体来说随年递增，直到第 t_N 年达到最大负载率，并保持到退役，假设最小负载率为 $l_{N\min}$ 最大负载率为 $l_{N\max}$（$0 \leqslant l_{N\min} \leqslant l_{N\max} \leqslant 1$），假设预计负载率为

$$l_N(t) = \begin{cases} \dfrac{l_{N\max} - l_{N\min}}{t_N - 1}(t-1) + l_{N\min} & 1 \leqslant t \leqslant t_N \\ l_{N\max} & t_N \leqslant t \leqslant t_D \end{cases} \tag{3-25}$$

最小负载率、最大负载率和达到最大负载率的时间根据线路负荷曲线给出经验值。

输电线路总电阻为

$$R = \frac{3\rho_i L_i}{N_i S_i} \quad\quad (3-26)$$

式中：ρ_i 为导线材料的电阻率，铝为 31.5Ω·mm²/km；S_i 为导线截面积，单位一般为 mm²；N_i 为导线分裂数目；L_i 为导线长度，单位为 km。

在长达几十年的时间里，购电价是波动的，但总体趋势应该是稳步增长的，则

$$P_A(t) = \sigma_A \left[\frac{t-1}{\Delta t_{PA}} \right] + P_A \quad\quad (3-27)$$

式中：P_A 为投运第 1 年的平均购电价；Δt_{PA} 为增长周期；σ_A 为增长值。

7）故障停电损失 C_U：

$$C_U = \sum_{t=1}^{t_D} \frac{Q_U(t)[p_S(t) - p_A(t)]}{(1+\delta)^t} \quad\quad (3-28)$$

式中：$Q_U(t)$ 为第 t 年因线路失效引起客户端的停电电量；$p_S(t)$ 为第 t 年的平均售电价。

每年的故障停电量与线路当年的不可用小时数、年输送电量、终端停电概率有关，即

$$Q_U(t) = Q l_N(t) h\varphi \quad\quad (3-29)$$

式中：h 为平均不可用小时数；φ 为该条线路故障造成终端停电的平均概率。

与购电价类似，在长达几十年的时间里，售电价也是周期性波动的，但总体趋势应该是稳步增长的，假设 p_S 为投运第 1 年的平均售电价，σ_S 表示增长值，Δt_{PS} 表示增长周期，一般而言，购、售电价是同周期波动的，即 $\Delta t_{PS} = \Delta t_{PA}$。

$$p_S(t) = \sigma_S \left[\frac{t-1}{\Delta t_{PS}} \right] + P_S \qu\quad (3-30)$$

8）责任成本 C_L。

$$C_L = \sum_{t=1}^{t_D} \frac{C_{L1}(1+\xi)^{t-1}\tau(t)}{(1+\delta)^t} \qu\quad (3-31)$$

式中：C_{L1} 为预计第 1 年的平均一次责任成本；ξ 为责任成本的年增长率；$\tau(t)$ 为责任成本发生的概率。

9）退役处置成本 C_D。

$$C_D = \frac{C_R + C_V - C_{NS}}{(1+\delta)^{t_D}} \qu\quad (3-32)$$

$$C_V = C_{AReal} \left[1 - \frac{(1-\varepsilon)t_D}{T} \right]$$

式中：C_R 为线路在退役时候的清理成本；C_V 为提前退役线路的价值损失；C_{NS} 为回收的残值；T 为正常的寿命周期；ε 为预计残，$0 \leqslant \varepsilon \leqslant 1$。

由上面给出的输电线路各项成本函数可知输电线路全寿命周期成本理想模型为

$$LCC = C_A + C_P + C_M + C_{SP} + C_{CM} + C_N + C_U + C_L + C_D$$

$$= C_{AReal} + \sum_{t=1}^{t_D} \frac{C_{PA}(t)}{(1+\delta)^t} + \sum_{t=1}^{t_D} \frac{r(t)\{C_{MAO}(t)\rho(t) + C_{MAMR}(t)[1-\rho(t)]\}}{(1+\delta)^t} +$$

$$\sum_{T=1}^{t_D} \frac{C_{ware}(t)}{(1+\delta)^t} + \sum_{j=1}^{9} \sum_{t=1}^{\lfloor t_D/\Delta t_{CMj} \rfloor} \frac{C_{CMAj}(i\Delta t_{CMj})}{(1+\delta)^{(i\Delta t_{CMj})}} + \sum_{t=1}^{t_D} \frac{8760 Q^2 l_N^2(t) R_{PA}(t)}{1000 U^2 (1+\delta)^t} \qquad (3\text{--}33)$$

$$+ \sum_{t=1}^{t_D} \frac{Q_U(t)[p_S(t) - p_A(t)]}{(1+\delta)^t} + \sum_{t=1}^{t_D} \frac{C_{L1}(1+\xi)^{t-1}\tau(t)}{(1+\delta)^t} + \frac{C_R + C_V - C_{NS}}{(1+\delta)^{t_D}}$$

（二）系统级 LCC 模型分析

系统级的 LCC 模型关注的不再是单个设备的行为，而是设备总体对全网产生的影响。

1. 初始投资成本 C_I

系统级 LCC 的详细成本分解由以下内容组成：

（1）本年度新建工程可行性研究阶段的研究费用、设计费用和工程前期准备费用，设为 f_1；

（2）本年度新建工程地块改造和购买费用，包括房屋建筑、绿化场地部分，设为 f_2；

（3）各项与上述投入成本有关的本年度管理费用，如运输费、监理费、公积金等，设为 f_3。

则 $\qquad\qquad\qquad\qquad\qquad\qquad C_I = f_1 + f_2 + f_3 \qquad\qquad\qquad\qquad\qquad (3\text{--}34)$

通常，与系统有关的 C_I 并不能严格地按照上面的成本因子区分开来，例如有些情况下只知道新建工程的总体投资，这个总体投资就包含了诸如研究费用、管理费用等所有成本，或者所知道的成本因子比上述因子还要多，包括搬迁费、补偿费等。总之，C_I 成本的目的是将与系统有关的投资成本全部纳入到 C_I 成本中。

2. 运行成本

（1）人工成本，需要获取针对研究系统所投入的运行人员数。如改造后需要员工 x 人，每人年工资为 p 元，则这一部分的成本设为 f_4，$f_4 = xp$。

（2）线损成本，即由于提高了短路电流或其他措施后，系统年输送电量的变化影响。如改造后系统输送功率增加所带来的线损为 a kW，系统的年平均重载时间为 y h，以每 kWh 电量收益 z 元计，则线损成本为 $f_5 = ayz$，线损可以由全网潮流计算得到。

（3）可靠性成本，即运行调度方式变化或系统接线方法改变引起的可靠性变化影响。如改造后可靠性指标提高到 b，相应付出的成本为 f_6。注意到如果系统可靠性的变化不大，那么 f_6 可以近似考虑为 0。

则 $\qquad\qquad\qquad\qquad\qquad\qquad C_O = f_4 + f_5 + f_6 \qquad\qquad\qquad\qquad\qquad (3\text{--}35)$

其中线损成本采用的是近似值，对最高峰负荷下的系统文件进行潮流计算，得到线损量，再乘以系统年平均重载时间，在可用数据资源不足或时间有限的前提下，可以有效地近似系统全年的线损量。

3. 检修成本 C_M

根据历史数据，得出系统多重故障下校正维修的频率为 p，在多重故障的情况下，设每次维修成本为 c（人工、设备、备品备件、修理时间），则这一部分的成本为 $f_7 = pc$。例如，这一部分可以在进行网络 $N-2$ 故障校验时，由各设备故障率乘积得到此类故障的发生概率，再将所有涉及新增设备的多重故障频率相加求和，即得到校正维修率 p。则 $C_M=f_7$。

系统级中 C_M 不再考虑预防维护成本，因为多重故障的概率其实非常小，此外，在设备级 C_M 中预防维护成本实际上就已经包含了多重故障的维护。目前以可靠性为中心的维护大量应用在电力系统中，是一个在预防维护和校正维护之间寻求最佳平衡的系统方法，它以状态监测系统为基础，将可靠性经典理论转化为资本。因此为了考虑可靠性为中心的维护的影响，C_M 又可以进一步包括基于状态的维护成本。

4. 故障成本 C_F

（1）直接故障成本为系统多重故障导致的直接经济损失，通常是指停电损失，可以用断供成本 f_8 来表示。

断供成本是一个很重要的参数，目前对断供成本采取以下几种简单估算方法：①按GDP计算。这种计算方式是按每缺 1kWh 电量而减少的国民生产总值GDP计算平均断供成本，即 GDP/ 总用电量。它反映了断供对整体经济的影响，但无法描述各类用户受到的实际影响。②按电价倍数计算。根据对各类用户进行缺点损失的调查和分析，用平均电价的倍数来估算断供成本。③按缺电功率、缺电量、缺电持续时间及缺电频率计算。通常计算年断供成本，即

$$UEC=\sum_{i=1}^{N}(K_w \times P_i + K_e \times E_i) \tag{3-36}$$

式中：K_w，K_e 分别为单位缺电功率和单位缺电量损失系数，与工业用户大小有关；P_i，E_i 为第 i 次缺电功率及缺电量。

（2）间接故障成本，包括赔偿费用、对社会造成的不良影响以及公司信誉受损等间接费用，设为 f_9，则

$$C_F=f_8+f_9 \tag{3-37}$$

5. 报废回收成本 C_D

（1）包括系统总原有旧设备退役的报废处理成本，设为 f_{10}。

（2）考虑旧设备的运行年限以及退役时的年限，假设旧设备成本为 a，折旧率为 b，已使用年限为 c，则旧设备替换时的残值为 $f_{11}=a(1-bc)$。

（3）考虑系统中原有未退役旧设备的运行年限，假设旧设备成本为 a，折旧率为 b，已使用年限为 c，则旧设备替换时的残值为 $f_{12}=a(1-bc)$，得到

$$C_D=f_{10}-f_{11}+f_{12} \tag{3-38}$$

其中，系统级 LCC 成本中 C_D 成本的研究对象是除所研究设备以外的旧设备，如果 LCC 模型是单纯针对所研究设备而建立的，例如进行设备更换策略、维修策略研究，那么其他旧设备的影响不予考虑。但如果 LCC 模型是针对设备互联所组成的一个资产管理等，那么系统级中的 C_D 成本就必不可缺。残值是不能回收的设备剩余价值，旧设备退役时，残值可以通过设备的售卖实现回收，因此 f_{11} 是以负值加入到 C_D 成本中，而未退役的旧设备这一部分残值仍然是不能回收的，所以 f_{12} 也是成本的一部分。

四、全寿命周期成本的应用

资产作为企业生产经营的重要部分，在业务运营过程中发挥着举足轻重的作用。资产管理水平的高低从某种意义上来说决定着企业的长久发展能力，是一个企业能否盈利甚至生存的关键要素。通过 LCC 方法对业务管理进行指导，可以逐步实现对资源的有效配置和优化，充分发挥资产作用，为企业创造最大价值。以下对电力及其他领域的应用情况举例说明。

[电力领域应用]

全寿命周期成本管理在电力系统内的实际应用，目前仅限于几个较发达的国家，较集中的有美国和瑞典，日本、加拿大、澳大利亚等国家在技术讨论上也出现过零星报道，因而该项技术在电力系统内应用，是较具前瞻性的。

美国将 LCC 管理方法首先应用于核电站，因为核电站建设主要是以可靠性作为优先考虑因素，因而在可靠性的基础上进行 LCC 管理，更具有必要性和紧迫性。在此基础上，再将该项技术推向发电机、大型变压器、励磁机、低压输配电系统、仪用空气系统等各个领域。加拿大和欧洲一些国家将 LCC 管理同可持续性发展结合起来，更偏向于电力系统中的绿色能源，在计算成本时也考虑了对环境的影响。来自制造厂的专家也提出 LCC 管理方法在高压开关、变电站等方面的应用。因而，LCC 管理方法在电力系统中有逐渐推广应用之势。LCC 引入中国后，广泛应用于电网企业各个业务环节。

通过对目前资产管理在规划计划、物资采购、资产退出等环节上的分析和阐述，建立 LCC 应用体系，实现对资产管理流程的再造，以期提升企业业务水平，实现投资有效性，增进企业效益。以 LCC 理念为指导，业务管理可划分为多个环节，具体可分为规划计划、采购建设、运行检修、退役报废等。其中，LCC 应用比较广泛的为规划计划阶段的方案比选、采购阶段的采购招标、工程建设方面的工程初设和退役报废方面的技改大修，以下展开介绍。

（一）规划计划阶段

规划计划阶段属于业务开展流程的最前端，是决定资产存续与否的重要阶段。规划计划阶段主要包括电网规划、项目立项和投资计划等主要业务流程。

随着形势不断发展和规划工作逐渐深入，电网在规划过程中遇到了一定的困难和挑战。主要困难包括：电网建设外部条件面临的环保压力大，电网规划项目落地困难；电网规模扩大后，短路电流超标日益突出等等。规划工作所面临的困难既是客观存在的事实和挑战，同时也总结出了电网规划工作在规划理念、管理制度和工作方式上需注意的问题。在立项阶段，许多电力企业在立项前尚未明确项目的总体目标，对可利用资源认识不周，对费用上要求不明确，对用户需求了解不足，对项目持续时间、存在风险等理解欠妥，就直接同意立项、投资方案。而且很多情况下，立项预算较为粗糙或存在某种程度缺失，造成项目立项申请没有统一的书面材料，使项目在初步估算或预算放大的过程中进行。

目前从如何减少支出着手，以节流的方式降低成本是我国电力企业的普遍投资管理模式，这也是一种单纯的降低成本思路。这种管理模式存在一定的问题，如电力企业颁布和使用的预算定额和项目实际运作中广泛采用的新设备、新工艺、新科技现状相对之后，无法编制出精确的投资预算，更谈不上对投资成本进行有效控制管理。这种模式只是投资管理的初级形态。

要解决以上种种问题，就需要对电网进行有效合理的分析，从电网企业的全局高度考虑企业全寿命成本的最小化和投资效益的最大化。电网建设由许多具体的工程构成，不但需要对单一的工程也要对全网（包括电网企业资产所属范围的电网，也可指某一区域的局部电网）进行综合分析，明确每个工程的功能定位、建筑规模等要求，分析内容需要涉及土地、能源、多种电力设备等众多客观因素。其目标是根据负荷增长及电源发展情况合理地确定今后若干年的电网结构，使其既安全可靠又经济合理。因此，在进行规划计划的过程中，确定一个方案或采用一项设备，不仅要了解初投资和运行费用的影响，更要注重规划方案的社会成本或社会效益，克服短视行为，转变各阶段发生费用相互独立的观点，重视规划决策对于方案的长期影响。

在该阶段，基于 LCC 的应用研究可归纳为在不同容量和不同可靠性指标方案之间不同成本的研究，这就需根据电网系统发展的要求，确定所选的变电站或者设备的容量和可靠性指标。具体而言，在规划计划阶段要处理好以下平衡过程：因容量变化引起的设备投资变化与设备故障率变化的平衡、可靠性指标的裕度和所增加的成本之间的平衡。

电力设备全寿命周期成本从狭义上指的是在设备经济寿命周期内所支付的总费用，涉及的阶段主要包括可研论证、采购、安装、运行、维护、报废回收等过程。随着时间的延伸，全寿命周期成本也越来越高。相关数据研究表明，一套复杂电力设备系统寿命周期成本在可研论证阶段的费用约为总成本的 2%，到采购阶段发生的费用约为总成本的 17%，到安装阶段约为总成本的 20%，从开始使用到正式运行，其费用约为总成本的 45%，而到维修阶段，该费用约为总成本的 96%，剩余的 4% 为报废回收残值。

规划计划阶段，LCC 在电网方面的应用计算如下：

电网规划方案的规划周期为 m 年，a 为利率，则第 i 年的全网寿命周期成本为

$$LCC_{全网 i} = \left(LCC_{设备层} + LCC_{系统层} \right) \left(1+a \right)^{m-i+1} \qquad (3-39)$$

整个规划方案的全寿命周期成本终值为

$$LCC_{终值} = \sum_{i=1}^{m} LCC_{全网 i} \qquad (3-40)$$

电网规划方案评价要以给定技术方案为前提，如果可行的技术方案有很多，分别计算出它们的全网 LCC 再去进行方案评价工作量太大。尽管全寿命周期成本 LCC 是设备或系统整个寿命周期内发生的费用总和，但应用 LCC 的目的并不是全面、完整、准确地计算费用，而是通过计算各方案之间 LCC 的差别，为选择最佳方案提供决策依据，即 LCC 更重要的作用是方案优选。

全寿命周期成本在电力设备中的应用是其他所有应用的基础，目前已有一定的基础工作，包括对变电站改造的经济性评价、对输电线路绝缘设计方案的选择、对变电站的设备规划选择等。其应用范围和内容主要包括以下四个部分：①设备选型、采购；②设备运行检修策略；③设备更新改造；④设备寿命评估与延长。

1.规划方案比选

在电网规划方案比选方面，传统方法偏重在项目前期的资本投入，在方案评估上相对短视，从而暴露出电网规划环节与工程施工、项目运维、设备报废处理等多个环节之间联系薄弱的弊端。

　　而基于 LCC 的项目规划方案比选方法，综合运用资产技术状态评价、全寿命周期成本评价、风险评价等方法，对规划研究周期内的设备购置、运行维护、土地占用、可靠性水平等进行量化，对规划方案进行技术经济和敏感性分析，对滚动规划成果进行评价，选取安全、效能、寿命周期成本等综合评价最优的规划方案。

　　考虑全寿命周期成本的电网规划方案比选方法如图 3-1 所示。

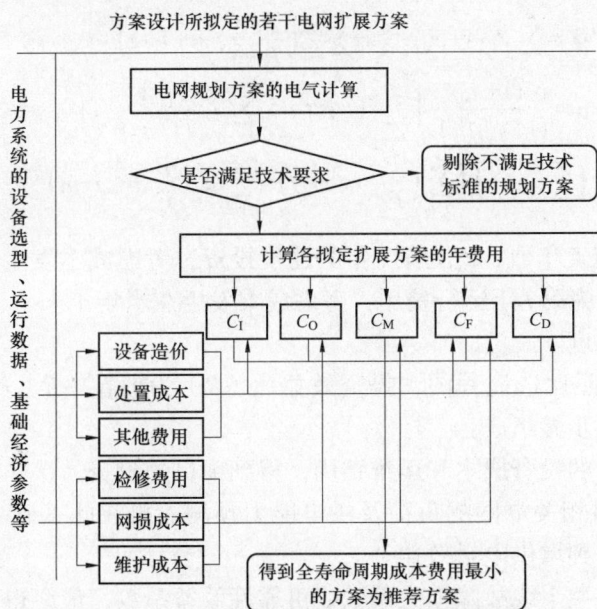

图 3-1　电网规划方案比选全寿命周期成本模型

　　基于 LCC 的项目规划方案比选项目方法的研究和应用，改变了过去的制定项目投资安排时定时定性的传统决策方法，减少了人为干扰因素，提高了科学管理水平，为项目投资提供决策支持，最终提升了电网项目的整体投资效率效益。由于目前国内外没有比选的固定标准，以下选取两个较为通用有效的计算方法作为参考。

　　（1）最低年费用成本角度。由于电网项目成本分布在其整个寿命周期内，为了得到能正确评价方案的全寿命成本，需采用贴现法对资金的时间价值量进行折算，把当前时刻成本的现值 P 和某一时刻等效成本的将来值 F 折算到基准时间值，而后再平均分布到项目运行期的各部分，得到相应的年费用成本 A。考虑全寿命周期成本电网规划方案比选的准则，即认为年费用成本低的方案在经济上较优，其目标函数即可表示为

$$\min \quad A_{LCC}=A_{CI}+A_{CO}+A_{CM}+A_{CF}+A_{CD}$$

假定某个建设周期为 m 年，运行寿命为 n 年的规划方案的全寿命周期如表 1 所示。

表 3-2　　　　　　　　　　　　　电网规划项目全寿命周期

年度 t	投资 Z_t	年运行 u_t
建设（$t=1, 2, \cdots, m$）	$Z_1, Z_2, \cdots, Z_m$	$u_1, \cdots, u_m$
运行（$t=m+1, m+2, \cdots, m+n$）	—	$u_{m+1}, \cdots, u_{m+n}$

则折算到项目投运年的年费用成本可表示为

$$A = Z\left[\frac{r_0(1+r_0)^n}{(1+r_0)^n-1}\right] + \mu = Z\left(\frac{A}{P}, r_0, n\right) + \mu \tag{3-41}$$

式中：A 为年费用成本（平均分布在 $m+1$ 到 $m+n$ 期间的 n 年内）；Z 为折算后的工程总投资；r_0 为电力工业投资回收率；n 为工程的设计使用年限；μ 为折算年运行费用。

$$Z = \sum_{t=1}^{m} Z_t(1+r_0)^{m+1-t} = \sum_{t=1}^{m} Z_t\left(\frac{F}{P}, r_0, m+1-t\right)$$

$$\mu = \frac{r_0(1+r_0)^n}{(1+r_0)^n-1}\left[\sum_{t=t_0}^{m}(1+r_0)^{m-t} + \sum_{t=m+1}^{m+n}\mu_t\frac{1}{(1+r_0)^{t-m}}\right] = \tag{3-42}$$

$$\left(\frac{A}{P}, r_0, n\right)\left[\sum_{t=t_0}^{m}\left(\frac{F}{P}, r_0, m-t\right) + \sum_{t=m+1}^{m+n}\mu_t\left(\frac{P}{F}, r_0, t-m\right)\right]$$

式中：m 为工程施工年数；Z_t 为第 t 年的建设投资，考虑成本发生在当年年初；t_0 为工程部分投产的年份；μ_t 为第 t 年运行费用，考虑成本发生在当年年末。

（2）投资效益比角度。

1）流程介绍：参照比选流程图，投资效益比（R）为效益（B）与投资（C）的比值，其计算流程由以下五大步骤组成：

第一步：计算项目的投资成本和运维费用，得到项目的投资。

第二步：进行项目相关电网的负荷及供电能力预测，再在此基础上计算项目的增供负荷、增供电量，最终得到增供电量效益。

第三步：计算线路主干线故障损失系数、可靠性效益系数，最终得到可靠性效益。

第四步：计算降损效益系数，最终得到降损效益。

第五步：由效益和投资相除得到投资效益比。

2）投资效益比的计算。投资效益比（B/C）= 投资效益等年值（B）/ 电网项目投资等年值（C）=（增供电量效益等年值 + 可靠性效益等年值 + 降损效益等年值）/（一次性投资等年值 + 运维费用等年值）。

投资效益比示意图见图 3-2。

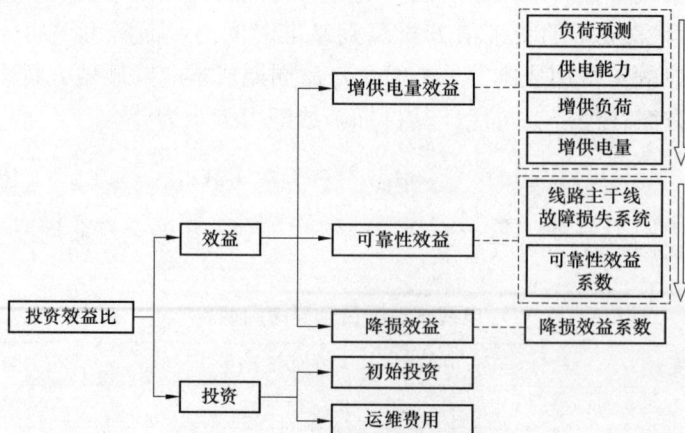

图 3-2 投资效益比示意图

比选基于全寿命周期成本管理，采用收益/成本评估法，既考虑了项目投资的成本，也考虑到项目的收益，适用于多项目的比选。

3）方案成效。运用投资效益比的规划方案比选方法，深入分析了规划、建设、运营阶段的各种投资和效益，考虑资金的时间价值，对比选规划项目分别计算项目全寿命周期内投资费用、运维费用、增供电量收益、可靠性提升收益和网损降低效益，在保证安全、可靠的前提下，筛选电网投资项目，实现了全寿命周期成本最小化和经济与社会效益最大化。

2. 电网规划方案评价

以规划某一电网的主网架举例，将部分数据作为基础，比选两套技术上可行的规划方案。研究思路如图3-3所示。

（1）数据准备工作。全寿命周期成本计算是建立在对每一年资料的收集和整理工作上，因此，数据准备是实现一个良好评价工作的基石。规划电网主网架工程方案比选工作，所需的数据包括整个项目和设备的前期各项投资成本、主要设备的校正和预防维护频率、维护成本、人工成本、每一年的潮流数据、每一年的过网电价、购/售电价格、税率、折旧率等。

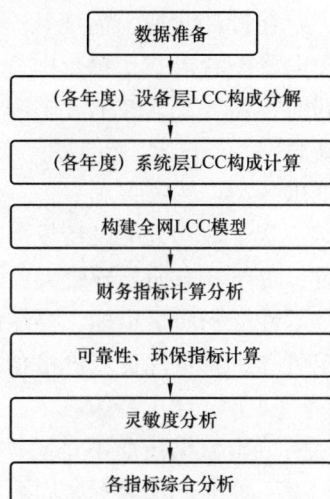

图3-3 考虑LCC的电网规划方案评价研究思路

（2）LCC成本计算。在明确LCC的费用分解基础上，具体考虑各年度的设备层LCC模型和各年度的系统层LCC模型，将其视为各年年初的LCC折算到规划年末，就可以获得全网的LCC成本。

建立全网的LCC成本模型后，利用动态评价法对方案的经济效益进行评价，计算经济性指标和财务性指标。动态评价法考虑了资金的时间价值，采用复利计算的方法，把不同时间点的费用折算到同一时间点进行比较，考虑了时间因素对费用评价的影响，主要用于对方案的最终决策。

（3）方案比选。目前，电力系统的可持续发展越来越受到人们的重视，在满足生产需求的条件下，人们开始关注规划项目对环境的影响，因此需要进行环保指标的计算。根据输电走廊可架设的备选路径，综合分析项目投资费用对土地资源的占用和使用情况，还可考虑增加对土地的回收和再次处理费用。

根据电网设备运行可靠性统计数据，对电网主网架进行可靠性指标计算，并对方案停电损失进行评估，将其融入全网LCC模型当中，最终指导两套规划方案的比选，做出最优的决策。

（二）采购建设阶段

资产管理中的采购建设阶段主要任务是根据计划部门下达的项目计划制定采购方案进行物资采购。其中，工程物资在领用出库后，通过工程建设，使资产达到可使用状态，真正发挥生产功能的是将采购的物资变成资产的过程。

1. 工程初设

在工程建设过程中，工程设计是工程建设的灵魂，是工程寿命周期的起点。将全寿命周期管理理念引入设计环节，能有效地避免设计阶段可能发生的短期行为，使设计人员从一开始就立足于工程项目的全寿命，提出多种技术方案进行比较，从中选出技术可靠、经济合理的最佳方案，从而实现项目整个寿命周期内的效益最大化。

在设计阶段，需要从全寿命周期的角度对工程建设进行总体策划，制定工程土建方案和电气配置形式，提出电气设备的技术要求和性能指标，分配各分项工程的造价控制指标。同时，需要结合工程所在地的地理、地质、气候、环境、人文等特点，积极应用电网发展新思路、新技术、新工艺、新材料和新装备，确保工程投运后能够满足电网运行和发展要求，抵御各类自然灾害。

变电站建设中设备投资占工程总投资一半以上，且不同制造厂商提供的设备在技术、质量、价格等方面差异较大，因此设备配置对工程全寿命周期综合成本影响很大。对于设备的技术性能和质量指标，要在设备采购和供应环节把好关口，确保设备技术先进适用、性能稳定可靠、质量优良、价格合理。

（1）设计选型策略。在设计选型方案比选时，将 LCC 成本落实到具体设备层面，以实际的成本数据（而不是同类相关成本估算）支持 LCC 分析，统筹考虑设备的安全可靠、可扩展、可维护及全寿命周期成本，进行设备的布置方案及选型设计的优化，重点比较不同方案下的运行检修成本和故障损失成本。按照不同设计方案进行建模，分专业分内容计算全寿命成本，进行量化分析。

（2）统一组织、确定原则。统一组织开展设计方案的研究，根据相关规则、要求、标准，以资产全寿命周期管理评价模型、资产技术要求和安全性评价为基础，确定相应的技术原则、方案比选内容、全寿命周期成本分析方法，制定工程设计方案控制目标体系。

（3）重点明确，有序开展。开展涉及电气一次、电气二次、变电土建专业的专题研究工作，针对变电站主接线选型、主设备选型、二次设备集成整合、一体化电源、建构筑物等方面进行了全面优化。依托试点工程，以"三通一标"为基础，应用资产全寿命周期管理理念，统一技术原则，细化评价方案，组织开展专题研究，对设计方案进行全寿命周期经济效益评价，进一步优化设计方案。

（4）典型测算。下面以选型规划 110kV 输电线路为例，详细阐述基于 LCC 法的规划方法。

1）规划方式。采用公开招标、资格后审的招标方式。

2）输电线路规划方法。针对 110kV 输电线路的规划，可根据线路建设运行的工作特色和实际经验设计评价指标体系，一级指标由风险指标（R）、效能指标（E）、LCC 指标（C）、和谐指标（H）四部分构成 RECH 指标，分别反映线路选型规划的不同侧面。

3）规划总体要求。

a. 规划应有一定的超前性，尽量避免重复改造。在建设过程与改造过程中，应积极采用新技术、新设备、新材料、新工艺；应通过试点，逐步慎重推广，确保电网安全运行。

b. 规划应与当地各项发展规划相适应，同步实施，必须纳入电网总体发展规划并与上级规划相衔接。

c. 规划线路实施后期应满足电网在负荷增长和容量裕度、电能质量和线路损耗、设备安全可靠性方面的要求；建设项目、资金合理安排，取得应有的经济效益。

4）各指标意义。

a. 风险指标（R）反映方案运营过程中可能存在或遭遇的风险性问题，包括线路运行的安全性（R_1）和线路适应性（R_2）两个二级指标；全面准确的风险性分析有助于找出可能存在的技术经济隐患，以利于做好防范准备工作，对风险指标进行有效的控制可以减少线路安全稳定运行和线路经营的不确定性，以避免重大损失的发生。

b. 效能指标（E）反映规划方案在公司成本以外的隐性成本与效能，主要包括线路利用程度（E_1）、外部效能（E_2）两个二级指标，该指标用以降低线路项目的隐性成本与社会成本，促使整体的社会效益最大化。

c. LCC 指标（C）反映规划线路在其寿命期内需要电力公司支出的成本值，精细化的分析和管理有助于电力公司对规划方案的各项成本做好决策与优化工作，以促进电力公司的成本节约和利润提升。

d. 和谐指标（H）是线路规划与建设项目特有的指标（也可以说是应用型、建设型项目特色指标），它反映的是线路建设与后期运行、改造整个过程中，由于外部风险（尤其是地方政府土地规划、社会群体利益诉求）产生的、需要支付的一种社会隐性成本，兼具社会风险性、外部效能性、项目成本性三个方面的特征，它由平衡性补偿成本（H_1）、潜在的改道成本（H_2）两个二级指标组成；对和谐指标的内容进行有效控制，可以减少线路后期建设中遇到的外部阻力、运行过程中不必要的改道迁移，以此推动项目的顺利开展和平稳运营，降低企业不必要的额外开支，提升企业社会形象，促进社会整体和谐。

事实上，单就企业成本而言，LCC 指标已经能够比较全面地反映规划方案的电力企业的成本支出情况，不需要风险性指标、效能性指标和和谐指标就能够做出对企业有利的决策。然而作为关系到国计民生的公用事业，电力企业的经营必然要考虑到社会成本和效益，并且确保电网设备的安全稳定性。

5）综合评价方法。基于 LCC 理论的线路选型指标体系 RECH 见表 3-3。

表 3-3　　　　　　　基于 LCC 理论的线路选型指标体系 RECH

综合指标	一级指标	二级指标	三级指标	动因
RECH	风险指标 R	运行安全性 R_1	满足初期容量能力 R_{11}	系统安稳需要
			N–1 通过能力 R_{12}	
		线路适应性 R_2	负荷波动适应性 R_{21}	负荷预测误差
			线路 T 接适应性 R_{22}	规划变化
			灾害适应性 R_{23}	不可抗力
	效能指标 E	线路利用程度 E_1		容量冗余或不足
		外部效能 E_2	环境效能 E_{21}	环境破坏或修复
			社会效能 E_{22}	技术示范
	LCC 指标 C	建设成本 C_1	设备购置费 C_{11}	
			安装工程费 C_{12}	
			其他费用 C_{13}	
		能损成本 C_2		
		运行成本 C_3		
		检修成本 C_4		
		故障成本 C_5		
		退运处置成本 C_6	退役处置费 C_{61}	
			设备残值 C_{62}	
		财务风险 C_7		经济性、政策变化
	和谐指标 H	平衡性补偿成本 H_1		社会主体利益冲突
		潜在的改道成本 H_2		土地利用变化

按照综合评价指标体系的设定，总体的 *RECH* 指标公式为

$$RECH=f_R+f_E+f_C+f_H \tag{3-43}$$

其中，f_R、f_E、f_C、f_H 分别为四个一级指标的折算函数，若能够将四个一级指标全部量化为同量纲的经济量化指标，则式（3-43）可以简化为

$$RECH=R+E+C+H \tag{3-44}$$

对于尚不能转化为经济量的指标，简化的处理方式是取折算函数为一次函数，即对计算得到的非经济量化指标乘以一定的权重系数，即

$$f(a)=\alpha \times a$$

其中，a 表示 R、E、C 或 H 指标，α 表示该项指标的权重系数。

则总体指标

$$RECH=R_1 \times R_2+E+C+H \tag{3-45}$$

其中运行安全性指标

$$R_1=\frac{1}{\prod_{i=1}^{2} R_{1i}} \tag{3-46}$$

即为两个运行安全性三级指标的乘积的倒数。

适应性指标

$$R_2=R_{21}+R_{22}+R_{23} \tag{3-47}$$

其中，$R_{21} \sim R_{23}$ 均为可以量化成经济成本的指标，效益或收益值取为负值，成本或损失取为正值。

效能性指标

$$E=E_1+E_{21}+E_{22} \tag{3-48}$$

效能性指标均为可以量化为经济性成本的指标，效益或收益值取为负值，成本或损失取为正值。

LCC 指标

$$C=\sum_{i=1}^{7} C_i \tag{3-49}$$

建设成本

$$C_1=C_{11}+C_{12}+C_{13} \tag{3-50}$$

C_1 为投产年份的建设成本。

能损成本

$$C_2=p\eta 2 \Delta P_{max} \times 8640 \times 103 \tag{3-51}$$

运行成本

$$C_3=C_1 \times 2.2\% \tag{3-52}$$

维护成本

$$C_4= 单位长度维护费 \times 线路长度$$

报废处置成本

$$C_6=C_{61}+C_{623-49} \tag{3-53}$$

和谐指标

$$H=H_1+H_2 \tag{3-54}$$

和谐性指标均为可以量化为经济性成本的指标，效益或收益值取为负值，成本或损失取为正值。

最终，当总体指标为无穷大时，说明方案运行安全性指标 $R_1= \infty$，线路运行安全性不能满足基本要求，规划方案不能通过；在总体指标为有限值的情况下，指标值越小说明规划方案的性能越好。

2. 采购招标

采购招标阶段是整个采购过程的重要环节之一，采购物资的技术规格要求和采购成本在一定程度上影响了资产全寿命的安全质量、成本等方面。采购招标环节通常按照采购需求的内容，对物资进行分标分包，撰写物资采购的技术文件和商务文件，并按照相关规定和要求进行发标、收标、评标等，最终确定中标厂商、中标价格、技术要求等。

现阶段，电网物资采购在组织管理、决策管理、业务流程等方面都较为规范。电力公司严格按照国家电网公司"一级平台管控、两级集中采购"的要求进行集中招标采购，招标范围内的所有工程及与工程有关的货物、服务必须依法严格采用公开招标的方式进行。同时，资质业绩要求、评标办法、评分权重和价格公式都建立了相关评标指导标准。两级集中招标采购模式的运用使物资采购产生了从松散到集中、从粗放到精益、从单一采购业务到供应链管理的转变，物资集中采购的范围不断扩大、集中采购手段不断更新、规模效益不断提升。

但是，目前电网物资采购业务方面还存在着一些问题。电力企业在新建工程招标中，常采用大型设备、材料的集中统一采购，往往仅选择初投资最低的方案以节约资金，提高采购效率，并通常按照要求统一通过招投标、竞争性谈判等采购方式确定供应商，然后进行设备监造，很少或没有考虑工程因为运行、维护及设备失效引起的成本可能高于最初购买成本，导致大大增加了整个工程费用的支出，没有完全达到招标方案最优。

在设备采购或工程招投标中实施 LCC 管理则是保证设计阶段所计算的 LCC 值得到有效控制的必备条件，其核心内容是对设备或系统的 LCC 进行分析计算，以量化值进行决策。其适用阶段包括从设备招投标和采购直到通过验收正式进入商业运行。适用情况主要包括以下几种：

（1）设备的运行或检修的总费用相当大。

（2）设备处于系统的关键部位。一旦出现故障损失较大。

（3）制造厂商有机会或有条件提供多选方案来进行设计，减少 LCC。

（4）可以在设备投运后一定时间内验证 LCC。

对于同一类型设备，招标方可选择不同的制造厂家，在设备的采购中，不仅仅是考虑设备的购买价格，更要考虑设备在整个寿命周期内的成本，包括安装、调试、运行、检修、改造、更新直至报废的全过程。具体说来，在电力系统的设备采购中，要处理好如下平衡过程，如设备的价格和设备的可靠性之间的平衡，设备的选型和设备维修方式之间的平衡，主设备的选型和以后备品备件、二次控制元件费用之间的平衡，主辅设备的不同寿命周期的平衡以及采用整体式设备和采用为便于调换而采用模块式结构的平衡，将 LCC 评估作为一项重要的招评标内容，并反映在合同中。

在安装调试投用阶段，根据设备的浴盆曲线，大多数设备在调试投运阶段会体现出较高的故障率，而由于在此时设备尚没有正式接入系统或另行考核，用户往往对此不予重视。而实际上调试时间的延长，调试人工的投入增加或者调试中造成的设备寿命消耗都会造成 LCC 的变化，因而在设备选型时，也应该对制造厂提出在调试投运时成本控制的要求。

以 LCC 基础理论模型为核心，选择适应 LCC 招标设备，开展采购招标的全过程管理。具体步骤包括选择招标设备、建立模型、准备招标书、供应商资格预审、评标、签订合同、后评估等环节。

在物资采购阶段，可以基于 LCC 技术方法开展物资招标采购的比选工作。根据 LCC 方法的特点，可将全寿命周期成本 LCC 计算得到的评分值纳入综合评分法中替代投标价格评分值，同时将非计划性停运（故障）成本中无法量化的间接损失，利用可靠性指标纳入技术性能指标的评分中，并确定合理的权重。通过对投标方案进行分析研究，计算或评估出 LCC 成本最低的投标方案。主要通过以下几个阶段开展 LCC 物资采购工作。

（1）前期准备工作。为确保 LCC 方法在招标采购中的顺利应用，应做好以下几个方面的准备工作。

一是全面收集 LCC 模型计算所需的基础数据。由于科学技术的飞速发展，新技术的不断应用，20 世纪 80 年代投运的 500kV 变电站设备除变压器外大部分已基本淘汰，或新建变电站已不选用，同时数据收集也很困难。鉴于电网设备的运行情况，基础数据收集拟按不同的设备区别对待，如变压器，时间跨度越大越好，而断路器及其他类型主设备以已投运 10 年、5 年、2 年为收集目标。

二是同类型设备供应商的选择应考虑具体设备及电网应用情况，结合收集、统计工作量，以选择 5 家厂商为宜，但不得少于 3 家。

三是注重设备可靠性指标的统计和收集工作。同时，可以通过国家电力监管委员会电力可靠性统计中心，收集年度可靠性统计指标。

四是从供应商获取计算 LCC 所需的数据，并进行甄别。

五是进行模拟计算，获得变电站主设备各供应商的全寿命周期成本，建立 LCC 模拟方案。

（2）投标人的投标数据要求。在实际招标中，要求投标人在投标文件中提供以下相关数据。

1）设备的设计寿命及使用寿命，以及影响寿命的因素，如过负荷等。

2）寿命周期内维护策略及间隔、易耗件的消耗、零部件更换、是否需现场服务等所涉及的费用，是否需要配置一定数量的备品备件。另外，在维护过程中是否对环境造成影响及影响程度，并提出对应措施及所需费用。

3）维护过程中是否需要特殊的专用工具及仪器仪表，列出相关工器具采购费用或租用费用。

4）设备运行过程的电能损耗情况，包括辅助设备。举例而言，对于变压器的铜损及铁损，根据目前的运行情况调查分析，铜损有逐年上升的情况，应以适当的增量计入最终 LCC 的计算中。

5）设备的可靠性指标，一般为以次 /（百台·年）为统计单位的故障率情况。

6）设备模拟故障的处理预案以及所需发生的费用。

7）设备故障时，是否会对周围设备或设施造成破坏。

8）其他说明事项。

投标人提供数据的准确性高，可以大大降低评审专家的甄别工作量，在商务评分值中应设立数据准确性分值，以评判投标人所提供数据的准确性。

（3）成效分析。LCC 方法在电网设备招标采购中的应用，将大大提高电网主设备的先进性、可靠性、健康性、经济性及可维护性，提升电网设备全寿命周期管理和设备专业管理水平。同时，通过 LCC 方法采购制度的建立和采购流程的不断完善，电网企业的物资采购应逐步促进统一招标、统一采购、统一配送、统一结算、统一标准的五统一，降低物资采购成本，有助于电网企业资产全寿命管理能力的提高，全面促进电网企业经济效益、安全水平、节能降耗和管理水平的提升。

（4）典型测算。下面以 10kV 箱式变压器的采购为例，详细阐述基于 LCC 法的评标方法。

1）采购方式：采用公开招标、资格后审的招标方式。

2）设备的招标采购 LCC 评标方法：针对 10kV 箱式变电站，需要厂家提供的相关内容与数据有：设备容量（kVA）、设备报价、空载损耗（W）、负载损耗（W）、变压器重量（t）、故障率（次 / 百台·年）、声级水平（dB）、设备定期检修维护内容、设备检修维护周期。然后对相关数据进行分析，与电力公司所掌握的数据进行比对，尤其对故障率数据根据抽检试验情况进行调整。

3）投标总体要求。投标方除满足标书的基本技术要求外，还应提供涉及 LCC 计算的数据和内容，主要有以下方面：

a. 可靠性分析，设备的设计可用率和实际统计的可用率；

b. 对应运行方式下的运行费用，主要包括主设备能耗、辅助设备能耗、运行巡检方式和要求、状态监测方式和要求等；

c. 对应一定方式下的设备设计寿命，以及影响寿命的主要因素；

d. 设备在寿命周期内的检修维护方式，如检修维护性质、检修维护项目、检修维护周期等，以及费用，如备品备件数量、制造厂派员到现场服务、工厂资源、所需时间等；

e. 主要故障模式分析统计及故障率、检修策略、检修费用；

f. 寿命周期内日常试验项目、试验周期及要求；

g. 其他投标方认为应该计入全寿命周期费用内的因素。

投标方在提供上述涉及 LCC 计算的数据和内容时需同时说明上述数据和内容的设计或统计依据，保证值、验证方法和验证条件。

不能提供上述数据及内容或所提供的数据及内容明显不合理的，将会有导致废标的风险。

招标方在评标时将对上述数据及内容进行采信度分析，过大的偏离将导致投标方信用度的损失。招标方保留使用所掌握的统计数据进行修正评标的权利。

4）LCC评价。要求投标方说明在设计、制造、材料选用、试验方面为减少故障率，降低检修维护等费用投标方所采用的措施，让招标方了解制造厂在减少LCC方面的经验和所做出的努力。投标方提供的涉及LCC计算的数据和内容将作为保证值写入合同，并作为惩罚条款依据。

招标方将对投标方提供的数据进行采信度分析，综合叠加发生在招标方和投标方双方的费用，完成LCC即前文提及的PLCC（i）的计算和评价。

5）箱变框架招标采购评标LCC计算和评价方法说明。LCC计算方法包括现值法、终值法、等额年金法等。本次采用现值法。即评标时比较不同厂家LCC现值的计算结果。

设定利率为λ，LCC的计算年数为n（箱变的计算年数$n=20$），年份变量为a年，a在0~20间变化。按照C_I、C_O、C_M、C_F和C_D五个功能模块计算LCC值。现值指第0年度末的当年值，终值指计算年份终结的当年值。将所有的$C_I+C_O+C_M+C_F+C_D$的现值相加，得到该设备LCC的现值。

6）LCC各参数的具体计算。

a.故障率计算。根据电网企业10kV预装式变电站的数次抽检试验和电网实际运行情况，以最近一次的抽检试验情况，对各厂家的年平均故障率做计算。未参加过抽检的单位按抽检最差情况的1.1倍为计算取值。

箱式变电站的抽检项目包括了噪声温升短路电流承受能力试验等内容。对于没有抗短路能力试验数据、采用其他厂家变压器的预装式变电站，抗短路能力试验数据参照其他相关厂家试验数据。

设定的基准年平均故障率为x次/（百台·年），以0次/（百台·年）为起点计算，抗短路能力试验的步骤中每有一步不合格则增长x次/（百台·年），温升试验温升每超过标准1K则增长$3x$次/（百台·年）；所有厂家的年平均故障率的平均值为10kV箱式变电站的年平均故障率。具体计算方案如下：

温升每超过标准（65K）1K，则该厂家设备年平均故障率增长为$3x$次/（百台·年）；抗短路试验根据GB 1094.5—2003《电力变压器　第5部分：承受短路的能力》相关内容规定，以9次短路电流试验和以下5个内容是否合格共计14个步骤，来确定增加抽检不合格厂家设备的年平均故障率。a.短路试验的结果及短路试验期间的测量和检查没有发现任何故障迹象；b.重复的绝缘试验和其他的例行试验合格，雷电冲击试验（如果有）也合格；c.吊心检查没有发现诸如位移、铁芯片移动、绕组及连接线和支撑结构变形等缺陷或虽发现有缺陷，但不明显，不会危及内部放电的痕迹；d.没有发现内部放电的痕迹；e.试验完了后，以欧姆表示的每相短路电抗值与原始值之差不大于规定值。

每项内容在不能通过的情况下每项增加年平均故障率：x次/（百台·年），例如，若在第1次短路电流试验不能通过则增加$14x$次/（百台·年）；在第2次短路电流试验不能通过则增加$13x$次/（百台·年）；而在最后一项"e.试验完了后，以欧姆表示的每相短路电抗值与原始值之差不大于规定值"不能通过则增加x次/（百台·年）。这样得到各厂家年平均故障率计算值表达式。根据电网10kV箱式变电站实际运行情况和以往的10kV箱式变电站的年平均故障率，取定年平均故障率值。由此得出各厂家的10kV箱式变电站的年平均故障率计算值。

b. 损耗计算。10kV 箱式变电站评标中采用的空载损耗值、负载损耗值以抽检试验结果为重要依据。抽检合格的产品，评标实际计算时按照各厂家的实际投标考核值计算。抽检不合格的数据按照标准值与超出标准部分一半的值进行计算。标准值参照有关标准的相关规定。

c. 安装调试费用取设备购置费基准价 ×15%，设备购置费基准价为各厂家的均价。

d. 运输费用取设备购置费基准价 ×3.5%。

e. 年运行小时数取 8760h。

f. 年平均负荷率参照调研结果，取 17%。

g. 成本电价（待定）。

h. 电价年递增率（待定）。

i. 环保费用。

单次环保费用取值为拆除超标变压器的费用、安装合格变压器费用以及两次运输设备的费用之和，并根据抽检试验的情况，对曾抽检不合格的厂家，在评标 LCC 计算时，按噪声试验超过标准每 1dD 对应超标概率为 0.5%。厂家的环保费用发生在设备投运时第一年，取值为：2% ×（拆除噪声超标变压器的费用 + 安装噪声合格变压器费用 +2+ 运输一台设备的费用）。

若抽检合格则厂家该项费用为 0。

j. 巡检人员年工资（待定）。

k. 巡检时间间隔和花费时间。

根据调研情况，箱变取 6 人·次 / 年，考虑巡检其他设备，每次 1h。

l. 工资年增长率，取待定。

m. 单次周期性维护费用。

取设备购置费基准价的 5%。

n. 发生故障平均停电时间。

调研知，10kV 预装式变电站发生故障平均停电时间 12h。

o. 材料平均回收价。

预装式变电站：1.8 万元 /t（按变压器总重量算）。

p. 拆迁费用。

$$拆迁费用 = 拆迁系数 × 安装费$$

拆迁系数取 0.468（国家电网公司的安装工程相关新规定）；

安装费 = 设备购置费基准价 ×10%。

7）授标规则。在满足本招标文件规定的技术性能各规定值的前提下，以 LCC 评价结果作为定标的依据，在各投标方案的 LCC 值相同 的情况下，优先选择可用率高的设备。

（三）运行维护阶段

运行维护阶段是指决算完成之后，责任部门对资产在报废消亡之前对资产进行精细化管理的业务管理流程。

电网运行维护的关键环节一般包括状态评价和停电管理，状态评价在一定程度上减少了不必要的例行试验工作，而停电管理通过对停电计划的安排进行统筹协调，对临时停电、故障停电进行有效管理，捆绑安排计划工作，实现缩短设备停电时间、提高设备可靠性的目标。运行维护阶段的全寿命管理目标核心主要是提高设备健康水平和可靠性，延长设备使用寿命，降低维修成本。

现在电网企业对设备的检修主要是以时间为周期的定期预防性维修，这种以时间为周期的检修方式不考虑设备的实际运行状况及设备运行环境的千差万别，可能造成检修不足，构成电网运行安全隐患，或者检修过剩，增加了设备的不安全性，缩短设备的使用周期。

大多数省级电网企业对资产管理缺乏精细化的管理，对资产在整个寿命周期的效益和成本考虑缺乏协调性。以变电设备为例，设计、建设、经营管理由不同的部门分头进行，缺乏统一性，注重对前期资本的投入，对运行、维修等费用不做考虑或者考虑不足。还有电网企业在安全运行压力逐级加大的情况下，单纯地追求设备的安全性、可靠性和降低维修量，使得设备还在运行周期内较早的时期被更换，造成设备没有得到有效的利用，全寿命周期成本缺乏精细化核算，不符合企业精细化管理的要求。

为改善现状，引入全寿命周期管理理念，研究设备的全寿命周期成本，为变电设备的技改、维修、更换等提供依据，保证变电设备安全可靠的前提下，实现设备管理的经济性。

资产的运行维护管理是在资产管理中占据时间最长的管理过程，是资产实物管理和能力管理的重要环节。

为了进行检修策略的决策，必须要先对特定方案的检修成本进行定量建模。

检修成本制定的方法可分三个步骤：第一，建立检修成本的模型；第二，编制相关的检修定额；第三，编制检修成本预算规定以及说明。

（1）建立检修成本的模型。

$$检修成本 = 检修工程费 + 部件购置费 + 其他费用$$

其中，检修成本包括检修工程中的人工、材料、使用的机械台班费用、措施费、政府规定必须缴纳的费用、利润、税金等；部件购置费包括检修更换部件购置费用以及运输等费用；其他费用包括检修场地租用费、安全措施费、开工方案准备及验收投运后的档案整理、预备费等。

（2）编制相关的检修定额针对不同的设备、不同的检修分类、不同的工艺导则，编制检修工程费中的有关人工、消耗性材料，使用机械台班费用的定额。

（3）编制检修成本预算规定及说明确定编制要求、适用范围、依据、原则等，费用的构成，以及编制说明。

检修成本模型和定额标准建立起来之后，就可以进一步考虑维修决策问题了。运维检修阶段的全寿命周期成本分析，需要结合设备失效率和风险分析，综合决策维修策略。只考虑设备大修的情况，小修的费用考虑在设备每年的平均维护成本中，因此得到设备的 LCC 表达式为：

$$LCC = C_1 + \sum_{j=1}^{T} C_{Oj} + \sum_{i=1}^{n} C_{Mi} + \sum_{j=1}^{T} C_{Fj} + C_D \qquad (3-55)$$

式中：T 为设备的最佳寿命周期；C_O 为第 j 年的运行成本；C_M 为第 i 次维修的维修成本；C_{Fj} 为第 j 年的平均故障成本；n 为大修的总次数。

$$\min C_{\mathrm{A}} = LCC_{\mathrm{(NPF)}} \times \frac{i\,(1+i)^T}{(1+i)^{T}-1}$$　　　　　　（3-56）

式中：C_{A} 为年金成本；$LCC_{\mathrm{(NPF)}}$ 为 LCC 的现值；i 为利率、通货膨胀率和汇率的综合折现率。

考虑利用年金成本进行比较，进行最佳寿命周期和最佳维修策略决策。

（四）退役报废阶段

资产管理中的资产退役报废管理是用来达到维护资产完整性、保证资产的使用效率和确保账实相符而进行的业务管理流程。

在国外电力公司，替换退役资产已经成为资本性支出的重要组成。此阶段研究的内容可包括工程资产的物理寿命、技术寿命、经济寿命以及与系统可靠性之间的关系，统计调研现有设备退役的原因，分析与设计寿命或国外同类产品的差异，制定在全寿命周期管理理念下的设备退役原则和具体实施方法，逐渐改善电力系统现有的高服务、高投入的局面。退役处置阶段产生的成本，主要包括退役处置费用和残值回收的费用。

除此之外，LCC 技术在退役处置阶段，往往还用于设备更新和技术改造的决策过程中。设备更新是指当一个设备达到经济寿命，维修已经无法比设备更换带来更大经济效益的时候，选择的更新策略。技术改造是通过改变现有设备的结构，安装或更换新型部件、装置、附件，以改善设备的有形磨损和无形磨损，进而改善和提高设备的技术性能，甚至增加设备的功能，使其部分达到或全部达到新设备的水平。

随着资产管理的发展，对资产的技术改造，关注的重点已从技改方案的技术可行性论证逐步转移到在满足技术可行条件下的经济可行性论证，其目的是使资产在其寿命周期内效益最大化。技术改造方案只有在与大修和更新的 LCC 分析比较后才可能被选择实施。

资产退役报废管理是资产管理中的重要环节。一方面满足企业对资产"账卡物"相符的要求，另一方面对投资效益、资产管理效益等进行评估，为未来的为投资决策、资产配置等提供决策支撑，是组织完成各环节资产管理效果考核工作的重要过程，是对资产投资管理的总结性业务管理流程。

1. 设备更新与技术改造决策

设备的更新改造阶段，也是"故障浴盆曲线"的第三阶段，即耗损失效期。研究资产全寿命周期中的 LCC 成本控制，与资产运维策略、公司技术路线、EVA 财务策略等息息相关。概括而言，设备的更新改造原因一是出现了不可修复的缺陷；二是设备到期、超期服役，可靠性下降；三是增容改造；四是节能改造；五是改善劳动环境。

设备的技术改造是通过改变现有设备的结构，安装或更换新型部件、装置、附件，以改善设备的有形磨损和无形磨损，进而改善和提高设备的技术性能，甚至增加设备的功能，使其部分达到或全部达到新设备的水平。随着资产管理的发展，对资产技术改造的关注重点已经从技改方案的技术可行性论证逐步转移到在满足技术可行条件下的经济可行性论证，其目的是使资产在其寿命周期内效益最大化。

因此在进行技改决策时，一是需要考虑到设备可靠性，即设备健康水平、缺陷情况，是否符合继续安全稳定供电的要求。二是考虑使用寿命，即设备的实际使用寿命与设计使用寿命。三是需要考虑使用效率和在系统运行中的作用、地位。四是考虑技改成本，包括设备残值、改造成本、改造后的预期效益、改造前的运维成本、设备损坏造成的后果成本等。

对于需要大修或需要技改的设备，要根据上述的决策影响因素来制定设备的最终处置方案。设备大修，需花费较大的人、财、物，且大修后的设备运行时间又受到设备剩余年限的限制。更换新设备，一次性投入巨大，但新设备能够安全运行较长的时间。无论哪一种处置方式，都必须以满足可靠性为前提，然后再采用全寿命周期计算出分别的成本，选择成本最低的一种决策方法。因此，应通过计算比较技改 LCC 年均值与大修 LCC 年均值，选择最低成本。

LCC 年均值等于初始投资及后续使用的成本净现值之和除以剩余使用年限。其中，成本净现值是折算到当年的成本 [等于 "成本 / （1+ 利率）的 N 次方"，N 等于差异年]；剩余使用年限：大修 = 设计使用年限 – 已使用年限，技改 = 设计使用年限。

技术改造方案只有在与大修和更新的 LCC 分析比较后才可能被选择实施。为了解决变电站改造工程中的技术评价和经济评价过于独立的问题，可以考虑从 LCC 角度建立变电站改造风险评估模型的研究方法。研究的主要思路是通过建立变电站风险评估模型，分析设备风险和系统风险，并对风险成本采用 LCC 方法进行量化分析，然后把量化后的风险成本作为重要的一项添加到 LCC 的计算模型中，最后通过多方案对比、论证及选择和优化，决策改造方案 [4]。

2. 典型测算

（1）算例概述。某变电站出线间隔 211 开关为 ABB 生产的 220kV 六氟化硫断路器，根据检修导则和制造厂维护说明书要求，其大修年限为 20 年，目前该断路器已出现漏气症状，每年需补气一次。为了研究 211 开关采取哪一种措施（大修或技改）才是最经济的，根据当年的设备状态和运行操作次数，采用全寿命周期成本进行建模计算，模拟 211 开关大修和技改的 LCC 年均值，然后对两者进行对比，为类似的大修技改决策提供参考意见。

方案一：对断路器进行大修，继续运行 20 年，届时运行寿命达到设计运行寿命，再进行更新；

方案二：更换新的断路器，然后继续运行 40 年。

（2）计算模型。假定两个方案的产出均一样，净现金流以 NPV 为依据。主要从成本方面予以计算，其中投入（初投）成本 C_I，方案一包括修理费和调试费的人工成本、材料费用、机械费用，以及基本预备费。方案二包括技术改造投入，包括安装工程费、调试单位调试费、启动试运费、断路器耐压试验费用、拆除费，以及基本预备费。

运行成本 C_0，包括装置运行的能源成本、人工成本和运行管理成本，这里主要指断路器的常规巡视总成本。由于不同年限的断路器的 C_0 净现值不同，方案一和方案二的运行成本不一样。

维护成本 C_M，是各种维修活动成本的总和，包括它们的人工费、材料费、机械费、规费及相应的利润和税费。与运行成本类似，由于两个方案断路器的年限不同，故它们的检修维护成本净现值也不一样。

故障成本 C_F，可分为直接成本和间接成本。直接成本是故障发生概率，故障时间和损失电能、维修更换成本的函数，计算的是由电量损失而引起的直接经济损失。间接成本是指由于故障导致停电或降低负荷，对用电客户造成的损失及其对社会的综合影响。本模型只考虑直接成本。由于大修方案的断路器运行年限为 20 年，技改方案是更换新模型，根据浴盆曲线，同一时期内假设采用大修方案，则故障发生率更高。

废弃成本 C_D，指设备运行寿命或经济寿命终结时，将其拆除或因环境保护要求进行废弃处理时所发生的成本。由于两个方案断路器的年限不同，故二者的检修维护成本净现值也不一样，同时，方案二的技改 LCC 还包含设备的净值。

（3）参数选择。通过梳理全寿命周期成本模型及计算公式，得出全寿命周期成本数据来源包括定额、公式计算和统计分析三类，针对不同的数据来源，会采用不同的数据标准：

1）定额：属于定额类型的数据有电网技术改造工程预算定额和电网检修工程预算定额。其中，人工、材料、机械的费用按照电力行业定额（造价）管理机构定额计算。编制年价差根据本省、市地区定额调整标准得出，实现本省、市的人工、材料、机械成本定额调差。220kV 六氟化硫断路器系数按照变电站和 220kV 的调整系数计算。

2）公式计算：公式计算的数据不同地方也有不同的来源标准，各省、市级公司根据本省、本市的取费标准计算。其中，数据标准根据本省、市的定额调整标准来计算。数据包括间接费、利润、税金和其他费。技改项目、大修项目和拆除的计算依据有差别。

3）统计分析：需要统计分析的数据类别有：采购价格，可以参考断路器及其配件的采购合同；财务信息，可以用固定资产折旧计算公式；故障发生概率、故障后设备检修方式概率；网络架构、主变运行参数、线路运行参数。

统计分析所需的取数标准有三种，分别是类比法、统计计算以及从其他部门获取。其中，类比法是取最近 2 次的平均值。统计计算需要采集一定范围和时间的数据进行统计计算，如故障率。从其他部门获取的数据有调度相关数据（负载率、停电时间）。

（4）计算结果。从表 3-4 可以看出，大修的 LCC 年均值和技改项目的 LCC 相比节约了近 15 000 元，因此，对于本算例中的 211 开关，采用大修与技改决策相比更加经济。

表 3-4　　　　　　　　　　　两个方案的 LCC 计算结果　　　　　　　　　　单位：元

全寿命成本	方案一（大修）	方案二（技改）
初始投资成本 C_I	83954.2	437970
运行成本 C_O	156640	462800
检修维护成本 C_M	187158.4	552968
故障损失成本 C_F	18630.7	17318.6
退役处置成本 C_D	2200	27300
LCC 年均值	22429.2	37458.9

根据断路器设计使用寿命为 40 年为参考，阐述了大修方案和技改方案的具体情况，得出大修方案优于技改方案的结论。应用上述模型计算当 SF_6 断路器运行至 26 年时，大修的 LCC 年均值将会超过技改，也就是说无家族性缺陷的断路器在使用寿命周期在全寿命周期 65% 左右时，应选择更换断路器。

[桥梁设计领域应用]

传统的建设管理体制和桥梁设计理念的先天缺陷是我国目前桥梁出现质量和耐久性问题的关键原因之一。传统的基于现状（Design for the Status）的桥梁设计方法不再适合现在的发展趋势。20 世纪 70 年代以后，国内外学者在认真总结过去工程经验教训的基础上，逐步提出基于结构耐久性设计（Durability Design）的理念，将全寿命周期的概念引入到结构设计中。20世纪90年代，又进一步明确提出基于结构寿命周期的设计理念，对促进桥梁设计理论的进步、贯彻可持续发展的方针，降低桥梁全寿命周期总成本，推动桥梁设计、施工及维护、管理水平的提高，都具有十分重要而深远的意义。

LCC在桥梁设计中，不仅考虑初始建造成本、设计成本，还考虑服役期间桥梁检查、养护、维护等各种成本，将未来成本折现为净现值（NPV），才可用于对设计方案的评估。从本质上说，不论事先采取基于时间的养护措施还是事后采取基于性能的改造方案，都要在设计阶段作出经济规划、预算和比较，得出最优的方案。其目标是以最小的全寿命投入获得最优的桥梁长期服务水平性能，核心是在设计阶段便考虑桥梁建成后的养护、维修和管理问题，综合评估桥梁建造成本、用户成本和社会成本，力求达到总体资源消耗最小。

采用LCC对工程项目评估的原则是保证结构正常服役的前提下（$BSI>BSImin$，BSI为桥梁服务水平指标，$BSImin$为桥梁最低可接受服务水平），整个寿命周期内总成本的净现值最小。全寿命周期成本模型的计算式为

$$NPV=\sum_{t=0}^{T}\frac{[\sum_{k\in K}\sum_{j\in J}Cost(k,j,t)]}{(1+r_t)^t}\times p_c(k,j,t) \tag{3-57}$$

式中：NPV为一个工程寿命周期成本总和的净现值；k为成本种类，包括管理单位成本、用户成本、社会成本；j为每个成本种类项目，如管理单位成本材料、人工、设计等成本；t为成本发生的时间；T为分析周期；r_t为该年的基准贴现率；$p_c(k,j,t)$为对应每一种成本发生的概率。

桥梁结构全寿命周期成本分析是交通基础设施管理和辅助决策的有效评估工具。美国联邦公路总局（FHWA）陈述了全寿命周期成本分析的主要作用，即在寿命周期内安全运营的前提下，使综合花费成本最少，实现技术可靠、经济合理。以Frangopol为代表的美国学者对全寿命周期成本进行了全面研究，介绍了桥梁全寿命周期成本的框架，包括设计成本、施工成本、检测成本、预防性或完全性维护成本、改造成本、失效成本、地震灾害作用成本等。缅甸、英国、日本、荷兰等多国学者也对此进行了深入研究，论证了维护成本同可靠性的关系。

近年来桥梁全寿命周期成本管理也在国内兴起，许多学者对此展开了研究。有学者通过分析典型大桥桥型结构构件的掩护、维修和专项检测成本，对桥梁全寿命涉及的建设期、运营期和拆除器的各个阶段的成本构成进行了框架分析，将桥梁全寿命周期成本计算模型归纳为

$$C=C_1+C_2+C_3+C_4+C_5+C_6+C_7+C_8+C_9+C_{10}+C_{11} \tag{3-58}$$

式中：C为全寿命周期成本；C_1为建设期成本；C_2为管理成本；C_3为养护成本；C_4为专项成本；C_5为维修成本；C_6为保险成本；C_7为阻塞引起的成本；C_8为绕行引起的成本；C_9为事故引起的成本；C_{10}为环境影响成本；C_{11}为拆除成本。

也有学者通过研究桥梁结构寿命成本的框架，将空气污染物及用户耽搁时间同成本损失建立相对关系，通过改良事件树法反映桥梁结构寿命周期内的维护事件，模型为

$$C_{LCC}=C_A+C_U+C_P$$

式中：C_{LCC} 为全寿命周期成本；C_A 为机构成本；C_U 为用户成本；C_P 为社会成本。

桥梁项目的寿命周期成本示意图见图3-4。

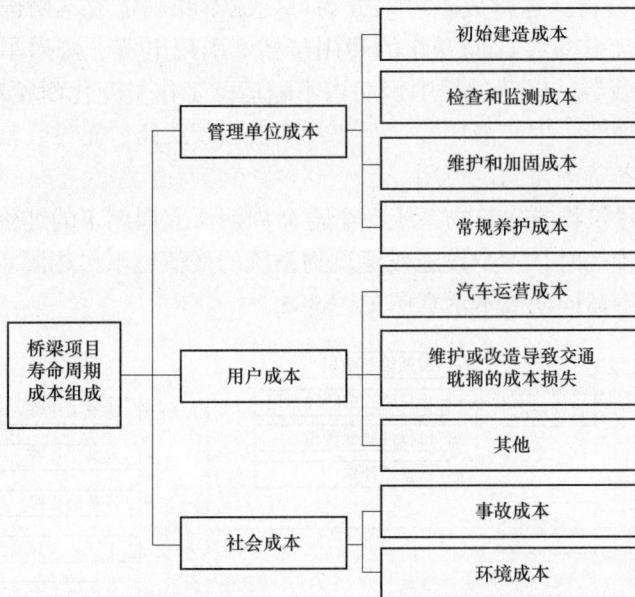

图3-4 桥梁项目的寿命周期成本示意图

概括来说，全寿命周期成本主要由管理单位成本、用户成本和社会成本组成，其中管理单位成本包括初始造价、将来改造和维护成本、周期养护成本、日常管理成本、设计费用成本以及荷载试验成本等，用户成本包括汽车运行成本、交通耽搁成本和其他（不舒适）等，社会承包包括事故成本、环境影响成本以及其他。

管理单位成本中，初始成本、设计成本和荷载试验成本比较容易确定。养护成本、将来的维护或改造成本比较难确定，养护成本与桥梁寿命可靠度、将来采用的维护方案有关。用户成本与桥梁结构所处的路线、桥梁结构的性能状态以及环境等因素相关。

［城市轨道建设领域应用］

城市轨道交通项目全寿命周期成本一般可包括前期规划设计费用、建设费用、运营维护费用和残值等部分。

前期规划设计费用包括前期策划费用、项目建议书阶段费用、可行性研究费用及勘察设计费。

建设费用由建筑工程费、安装工程费、设备购置费、工程建设其他费用、基本预备费/价差预备费、车辆购置费、建设期贷款利息、铺底流动资金等组成。建筑工程费指为建造车站、区间、轨道、房屋建筑等工程所需要的费用；安装工程费用指工程中需要安装的机电设备的装配和装置工程费用，与设备相连的工作台、梯子等的装设工程费用；设备购置费以设备原价加设备运杂费计算，设备包括本体及附带的配件、备件；车辆购置费用是购买列车的费用；工程建设其他费用主要包括建设用地费、场地准备及建设单位临时设施费、建设管理费、研究试验费、联合试运转等费用；预备费包括基本预备费和价差预备费。

运营维护费用是指轨道交通系统为完成乘客运输所消耗的以货币形式表现的一切费用支出。按照成本费用的经济性质划分，城市轨道交通运营成本可以分为运营工资、职工福利费、动力、材料、折旧、税金、资本成本和其他费用 8 个要素。从城市轨道交通运营成本与运营工作量的关系分析，运营成本可以分为可变成本和固定成本两部分。其中，可变费用即直接随线路运营工作量变化而变化的费用包括牵引用电费、按列车公里发放的工资附加费和车辆维修材料费等；运营过程中短期内不随运营工作量变化而相对固定的费用支出，如计时工资及工资附加费、生产消耗费、企业管理费以及线路、车站、信号和牵引用供电设备的折旧费和维修保养费等为固定费用。

残值是指设备、建筑物或建筑物系统在全寿命周期研究周期末的纯价值。当估价的项目方案有不同的全寿命预期时，一个设施或建筑物系统的残值也不尽相同。

城市轨道项目全寿命同期成本示意图见图 3-5。

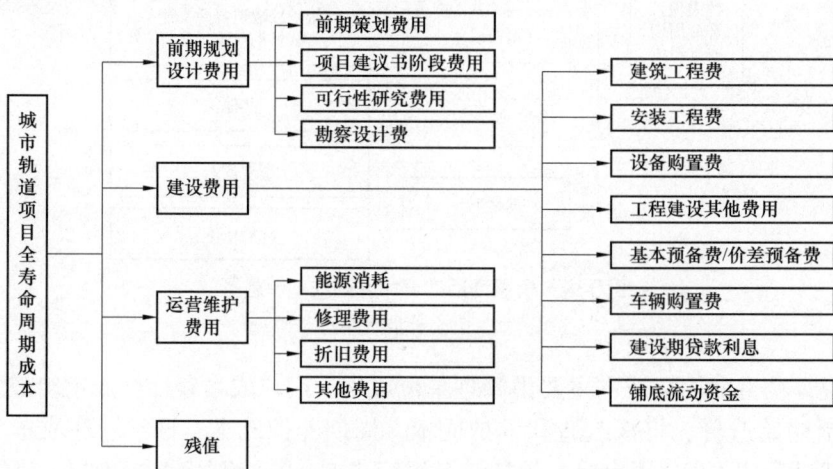

图 3-5 城市轨道项目全寿命周期成本示意图

第二节 设备技术状态评价模型

供电设备的安全运行关系着国民经济的发展，为保证供电设备安全运行，对供电设备进行即时有效的维护检修，设备技术状态评估模型受到各供电公司的普遍关注和广泛应用。这种模型优化了设备状态检修流程，能够使设备及时、经济、有效地得到维修，对保障供电企业的安全运行有重要作用。

一、设备状态评价的概念

设备状态评价模型是一项以设备状态监测和故障诊断技术为基础的新兴技术，用于确定设备当前的运行状态。从状态维修的角度考虑，要求在充分利用设备状态监测与故障诊断技术、可靠性技术、寿命管理与预测技术的基础上实现设备状态的综合评价。设备状态评价需要根据设备系统运转过程中的各种特征参数，对设备整机运行状态的健康状况进行评估，并对其运行状态进行状态等级划分。设备的状态评价是一个复杂的过程，包括评价目标对象的选择，评价目的的确定，评价指标体系的建立，指标权重的确定及评价模型的选择等多个方面。合理运用设备状态评价模型，可以科学精准地评价电网设备技术状态，是制定实物资产管理策略的重要基础。

二、设备状态评价的发展历程

在我国电力设备检修维护执行的以预防性试验规程为基础的计划检修制度（Time Based Maintenance，TBM），我国已有 40 多年的历史，其主要依据是现行试验标准 DL/T 596—1996《电力设备预防性试验规程》。

设备检修发展历程主要有三个阶段：

第一阶段为事故维修阶段。设备发生了故障或事故以后才进行维修，即坏了再修，存在盲目、不科学的特点，广泛应用于 20 世纪 50 年代之后的检修活动。

第二阶段为定期维修阶段。维修工作的内容与周期都通过计划预先安排和设定，即按照固定的时间周期维修，存在维修过量、维修不足的特点。广泛应用于 20 世纪 60 年代之后的检修活动。

第三阶段为状态维修阶段。通过对设备状态进行检测，后按照设备的健康状态来安排维修，即以运行状态决定维修周期，是以在线监测为基础，存在科学、可靠、经济、可预见的特点。广泛应用于 20 世纪 80 年代之后的检修活动。

伴随全国大区电网逐步实现互联后，电网中设备数量剧增，按传统的定期检修模式，设备维修工作量随之大幅度上升。同时，电力设备维护不当（过修或欠修）将对电网安全稳定造成重大的威胁，并造成设备维护资源的大量浪费。因此国家电网公司自 2010 年起开始全面推广实施设备状态检修，全面提升设备智能化水平，推广应用智能设备和技术，实现电网安全在线预警和设备智能化监控。

三、设备状态评价的计算方法

设备状态评价主要是指根据有关标准、算法和经验对在线或离线采集到的数据进行综合分析，从而确定设备的当前状态，预测其剩余寿命或潜在故障。对于状态评价而言，最主要的依据是评价指标，由于评价对象的复杂性，单一的评价指标通常无法全面有效地反映评价对象的实际状态，因此需要对评价指标进行信息的融合处理，得到一个综合指标，从而能够综合评价待评价对象的本质特征。综合状态评价方法需要具备以下特点：评价指标应包含多个，并能分别反映评价对象的不同特征方面；评价方法最终以一个总指标来反映评价对象的总体特性。

一般来说，设备状态评价问题需要考虑完整的构成要素，主要包括：①状态评价目的，确定评价对象的具体评价方面；②状态评价对象，不同的评价对象，评价的内容、技术和方法有很大不同；③评价者，一般是专家或专家小组，其主要作用是选择评价对象、确定评价目的、确定评价指标、确定权重、选择评价模型；④状态评价指标，需要能够反映评价对象的某一特性或全部特性，且每个评价指标都需要从不同侧面来反映不同对象的不同特性；⑤权重系数，通过权重系数来反映不同指标的相对重要性，权重系数的合理性直接影响到评价结果的可信度；⑥状态评价模型，模型的作用是对多个指标进行综合处理以得到一个可反映评价对象的综合特性的指标；⑦评价结果分析，即对输出的结果进行解读和说明，根据评价结果作出相应的决策。

由此，可以总结出进行设备状态评价的过程，即确定状态评价对象、建立状态评价指标体系、确定权重系数、选取状态评价模型、评价结果分析。

（1）设备状态评价指标体系的建立。状态评价指标反映了所评价设备的不同特性，因此，指标的选取对评价结果有很大的影响，状态评价指标体系的建立是评价过程的基础，需要遵循一定的原则，包括：①评价指标数目需要合理；②评价指标具有独立性，每个指标只刻画评价对象的单个特征，指标间绝不相互重叠、不存在因果关系；③评价指标需要具有代表性、可比性；④评价指标具有操作可行性，应符合实际，便于操作和测量。

对于评价指标，还需为其设置指标的特征参数，并确定指标的阈值。在实际操作中，评价指标的特征参数只允许在一定的范围内变动，当特征参数值超过阈值时，设备将从一种状态跳转到另一种运行状态，如图 3-6 所示。

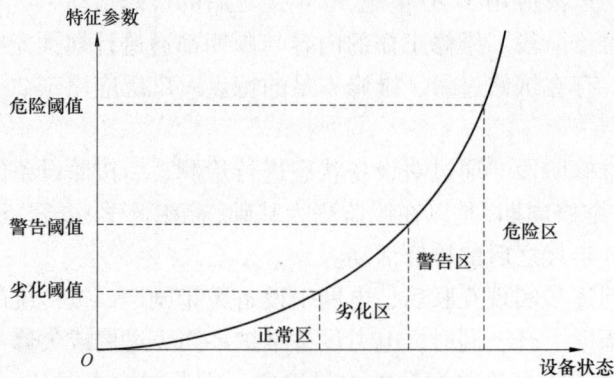

图 3-6　设备状态演变模型

当特征参数超过劣化阈值时，表明设备运行已经偏离正常的运行状态，进入状态劣化区。此时，应密切监测设备运行状态。当特征参数超过警告阈值时，可能会引发功能性故障。当特征参数超过危险阈值时，应立即停止设备运行，避免恶性事故的发生，并采取相应的维修措施。另外，评价指标阈值的设置应恰当合理。若阈值设置过低，则容易出现谎报、误报，此时外界的微小干扰都将对设备运行状态产生较大影响。如果阈值设置过高，则容易出现漏报现象。所以，合理的评价指标阈值才能达到状态评价的目的。

评价指标阈值的确立有很多方法，在实际工程中，一般参照绝对标准或使用相对标准法确定相应的指标阈值。在绝对标准方法中，设备状态的监测一般是将测得的参数值与判断标准进行对比，从而判断机械状态的好坏。在相对标准法中，是根据相同类型设备在正常状态下的运行参数值来确定报警和停机阈值。相对标准的建立方法有：数理统计法、冲击系数法、参考同类设备确定法等。

（2）权重的确定方法。在设备状态评价体系中，每个评级指标的重要性并不相同。因此，在确定评价体系指标后，应赋予每个指标不同的权重系数。指标权重分配的合理性十分重要，因为它会直接影响评价结果的准确性。一般来说，确定权重系数主要有两种方法：一种是经验加权法，主要由专家直接评估；另一种是数学加权法，有一定的数学理论背景，具有较强的科学性。

（3）设备状态评价模型。目前，应用于设备状态评价的数学模型主要有：层次分析法模型、人工神经网络评价模型、模糊综合评判模型及灰色综合评价模型。方法如层次分析法、灰色理论及人工神经网络已被广泛应用于状态评价模型的构建。

层次分析法（The Analytic Hierarchy Process，AHP）是一种定性与定量分析相结合的多准则决策的方法，可用于电厂设备状态分级评价方法。首先，它对决策问题进行层次划分，将相关因素分解为目标、准则、方案三个层次，并对每一层次进行定性和定量分析。其次，通过对思维过程进行层次化处理，使用数学对策过程提供一个定量化的依据。在使用层次分析法构建层次结构模型时，需要把握决策问题的本质，掌握其主要的影响因素及内在关系，然后使用数学方法对决策问题进行量化处理。此方法是解决多目标问题或无明显的结构特性的复杂问题的一种较为简便的决策方法。其主要应用于需要人来作出定性判断的场合以及对决策结果难于直接把握的场合。

人工神经网络评价模型（Artificial Neural Network，ANN）是一种模拟人脑工作原理，使用先验经验知识完成模型的学习和训练的一种方法。首先应进行相应的学习和训练，然后才能进行判断评论等工作。主要根据所提供的样本数据，通过学习和训练，分析确定输入和输出的相互联系。在输入新的样本时，根据此关系确定输出的解。人工神经网络以神经元为信息载体，储存输入和输出之间的关系，具有运算速度快，适应能力、学习能力及自组织能力强等特点。其实，实际问题一般都很复杂，其影响因素之间联系性较强，一般表现为非线性特点。人工神经网络可以较好地表达这种复杂的非线性关系，是处理非线性问题的很好的工具，其处理非线性关系数据的能力，是目前其他方法所无法比拟的。

模糊综合评判模型是以模糊数学理论为基础，应用模糊关系将一些不确定的因素实量化，以隶属度来区分因素所处的类别的一种方法。在客观世界中存在大量的模糊概念和模糊现象，模糊数据利用数学工具将不确定的、模糊的事物进行量化处理，以精确的数学方法来表示模糊的事物，并使用隶属度来表示属于某一状态的程度。由于模糊综合评判法解决模糊事物关系的优越性，其在设备状态评价中得到了广泛应用。模糊综合评价主要特点是，能够将一些不易定量的因素，借助模糊数学的概念，以模糊数学为基础，进行定量化处理，从多个因素对被评价事物隶属等级状态进行综合性评价。当需要多个指标来刻画事物本质特征，并对事物的评价不能使用简单的好或者坏的标准时，可以采用模糊语言分为不同程度的评语。因此，对于许多带有模糊性的问题，使用模糊综合评价方法将会取得更好的效果。

灰色综合评价中使用的关联分析方法是一种应用较为广泛的方法，使用关联值表示系统中各因素间的关联程度。同时，关联程度表示着设备状态的好坏。它是从信息的非完备性出发，研究和处理复杂系统的理论。关联分析方法并不是从系统内部的特殊规律出发去讨论，而是通过对系统某一层次的观测加以数学处理，以达到了解系统内部辩护趋势及相互关系等机制的目的。灰色综合评价对数据量没有太高的要求，其数学原理不依据统计理论，并不要求数据满足统计要求。对于具有较大的不完全性和不确定性的指标数据，具有更好的实用性。由于灰色系统是贫信息系统，往往具有明显的层次复杂性、动态变化的随机性、指标数据的不完全性和不确定性，统计方法对其难以奏效。灰色综合评价主要用于对样本没有严格的要求、没有要求样本服从任何分布的场合。

（4）设备状态评价结果分析。设备正常运行的标准是设备系统能否实现其特定的性能要求。一般，按照满足设备特定性能要求的程度将设备运行状态划分为四个等级：良好状态、一般状态、注意状态和危险状态。良好状态表明设备运行状态良好，不存在故障；一般状态表明设备运行状态略有问题，但仍在可接受的范围内，应该加强对该设备状态的监测；注意状态表明设备已经存在异常征兆，可能发生潜在的故障，该设备的运行状态应该引起注意，并立即采取纠正措施；危险状态表明设备可能处于高风险运行状态下，此时需要采取全部或部分停止运行的措施，立即进行紧急处理，防患于未然。

在实际操作设备过程中，除了将设备运行状态划分为良好、一般、注意和危险四种状态，还可以使用健康度定量指标来表示。健康度 HV 的取值范围为 0~1。当 $HV=0$ 时，表明设备运行状态极差，设备存在严重故障，当 $HV=1$ 时，表示设备运行状态正常，不存在故障。

对应上文"设备状态演变模型"图，健康度 HV 将量化设备运行状态。假设特征参数为 V，良好状态阈值为 V_B，一般状态阈值为 V_C，危险状态阈值为 V_D，可根据下面的式子将设备状态等级进行量化处理为健康度值。

$$HV=\begin{cases} 0.8 + 0.2 \times \left| (V-V_A)/V_A \right|, V \leq V_A \\ 0.6 + 0.2 \times \left| (V-V_B)/(V_B-V_A) \right|, V_A \leq V \leq V_B \\ 0.4 + 0.2 \times \left| (V-V_C)/(V_C-V_B) \right|, V_B \leq V \leq V_C \\ 0.4 \times \left| (V-V_D)/(V_D-V_C) \right|, V_C \leq V \leq V_D \\ 0, V > V_D \end{cases} \quad (3-59)$$

在此基础上，我们建立健康度定量指标与设备运行状态评价等级映射表（见表 3-5），以表示两者间的映射关系。

表 3-5 健康度与设备状态评价等级

健康度取值范围	运行状态等级	设备运行状态描述
$0.80 \leq HD \leq d$	良好	没有检测出故障，设备运行状态良好
$0.6 \leq HD < 0.80$	一般	设备所处运行状态有所劣化，仍可接受
$0.4 \leq HD < 0.6$	注意	对设备所处的运行状态应引起注意，应立即采取纠正措施
$0 \leq HD < 0.4$	危险	表明设备由于振动过高可能导致潜在的灾难性失效，需要立即停机

四、设备状态评价的应用

应用设备状态评价模型进行科学的设备状态评价，能够帮助设备管理人员对各类设备的运行风险进行预测和分析，为设备的日常检修维护以及风险防范工作提供支持，切实提高设备的运行水平。以下对电力及其他领域的应用情况举例说明。

1.电力领域应用

以断路器为例，断路器的检测技术大体上经历了从离线测试、周期性在线检测、长期在线监测的发展过程。

国外的开关设备制造厂商将状态在线监测技术应用于产品中。德国西门子公司在高压断路器和 GSI 中采用了在线检测子系统；ABB 公司在其开发的新型中压开关柜中，采用了温度传感器和感应式位移传感器来实现对断路器状态的检测。新技术和方法还在不断的引入，在信号传感方面新的技术，如光学技术已被用在断路器的状态监测上。20 世纪 90 年代出现了微机型高压开关机械特性测试仪。

总体来看，断路器在线监测的实质性进展缓慢，其原因为：

（1）断路器结构复杂。如最重要的一个部件—灭弧室，由于其封闭性强，电弧燃烧的不确定性，测量方式很难确定，测量效果不能保证。

（2）传感技术仍待突破。限制了监测的发展，断路器部件繁多，如操动机构，很难判断哪些部件容易发生故障，并对其进行监测，造成了监测的盲目性，缺乏监测经验。

2. 冶金领域应用

以某钢铁厂为例，其炼钢厂使用由日本三菱公司制造的起重机 440/80t-23.4m，这种设备在 1985 年投入使用，在使用了 22 年之后，进入了性能指标逐步下降，疲劳损伤逐步显现的时间窗。该设备主要承担钢水包搬运工作，具有满负荷工作载荷十分频繁的显著特点。

系统综合安全评估包括：根据设备质量检测、强度试验、有限元计算，对结构做出静强度安全评估，在实际生产负荷工况下，对主梁关键部位进行连续的应力 – 时间历程实时跟踪测试，并达到 2~3 个工作班次实际工作统计量；在随机信号处理机上进行数据统计分析，编制主梁工作载荷谱；依据真实的工作载荷谱及 Miner 线路累计损伤理论，结合国内最新的偏轨箱形主梁疲劳寿命试验研究成果及数据，对主梁的疲劳强度及工作寿命进行评估；对主梁下盖板主副腹板的对接焊缝，腹板与会上下盖板之间的角焊缝，主梁中部下盖板母材部位进行磁粉无损监测和超声波无损检测；通过对主梁上拱度检测司机室侧主梁上拱值为 3mm，非司机室侧主梁上拱值为 5mm，分别低于标准要求的 81.7% 和 69.5%。表明主梁结构在长期频繁工作状态下的抗变形能力出现明显弱化。主梁加筋板与 T 型钢焊接处已经出现多处宏观裂纹，并已裂穿 T 型钢母材。主梁端部截面变化角全部出现宏观裂纹，并已裂穿腹板母材。可知，主梁结构多处应力集中区的疲劳损伤程度严重，主梁疲劳强度可靠性明显不足。

如果生产工况一直未变，主梁结构疲劳寿命应达到 626547 个工作循环，当每天工作循环数取 75 时，已经完成的工作量为 594000 个循环，约占主梁寿命的 94.8%，主梁结构的疲劳寿命已经接近完成。当每天工作循环数取 80 时，已经完成的工作量为 633600 个循环，表示主梁结构已经达到使用极限。

第三节 风险评估模型

随着电网规模逐渐扩大，电网设备日益增多，随之而来的设备运行风险亦逐渐显现，设备运行风险随时威胁着电网安全稳定的运行。因此，必须站在尽可能减少电网设备运行风险的角度，建立起科学合理的风险评估模型，实现风险预控，保证电网设备和电力系统安全稳定的运行。

一、风险评估的概念

风险是指未来的不确定性对公司实现其目标的影响，它可能导致正面或负面结果。这种不确定性的来源可以是技术的、人员的、经验的、外部竞争对手的、商业环境的、经济法律环境的。

风险评估是指在经济效益和社会效益、风险和费用三者之间寻求达到风险最小、效益最大的目标。风险评价实质上是对风险量化的高低做出评估，使用科学方法计算出风险发生的概率，并据此规避风险。风险评价包括将风险分析的结果与预先设定的风险准则相比较，或者在各种风险的分析结果之间进行比较，确定风险的等级。定性方法包括了头脑风暴法和风险矩阵法；定量方法一般指风险指数法等。

电网发展往往受技术、经济、政策、自然等诸多客观条件的影响，具有很大的不可预见性和随机性，使电网发展面临着较大的风险，因此对电网项目风险综合评价进行研究具有十分重要的意义。

风险评估分为风险识别、风险分析、风险评价三个阶段。

（一）风险识别

风险识别是构建项目风险评估指标体系的一项基础性工作，它是指对项目所面临的以及潜在的风险源和风险因素加以判断、归类，并鉴定风险性质的过程，也就是要找出风险之所在和引起风险的主要因素，并对其后果做出定性的估计。风险识别是风险评价的重要基础和前提，没有风险识别，那么没有办法对风险进行有效评价。风险的识别过程包括两个环节：感知风险环节和分析风险环节。风险识别的步骤主要包括：①收集数据资料或信息。②分析不确定性。③确定风险事件。④编制工程项目风险识别报告。常用的风险识别方法包括，检查表法、流程图法、头脑风暴法、故障树分析法、情景分析法和德尔菲法。

（二）风险分析

风险分析通常涉及对风险事件潜在后果及相关概率的计算，以便确定风险等级。定性方法包括故障树分析法、德尔菲法等方式。定量方法包括敏感性分析法、影响图法、蒙特卡洛模拟法等。

1.定性方法

（1）故障树分析法。故障树分析法（Fault Tree Analysis）由美国贝尔实验室于20世纪60年代初提出，随后波音公司研制出了故障树分析法的计算机程序，到了60年代中期，随着概率风险估计在核电站安全分析中的应用，该方法逐渐成为主要的定性分析方法之一。

故障树分析法在选取顶事件之后，建立故障树，求出故障树的最小交割集，最后求出系统故障概率。本分析法逻辑性强，不仅可以用于部件故障分析，还可以用于人为因素、环境因素等其他因素引起的故障分析。

（2）德尔菲法。德尔菲法又称专家调查法，在风险识别的基础之上，请专家对风险因素的发生概率和影响程度进行评价，再综合整体风险水平进行评价。该方法简单易行，可以与采用德尔菲法进行风险识别同时进行，节约成本和时间，缺点是主观性强，依赖于专家水平。

2.定量分析法

（1）敏感性分析法。敏感性分析法是指在假定其他风险因素不变的情况下，评估某一个（或几个）特定的风险因素变化对项目目标变量的影响程度，确定它的变动幅度和临界值，计算出敏感系数，据此对风险因素进行敏感性排序，供决策者参考。这种方法应用广泛，常用于项目的可行性研究阶段，有助于发现重要的风险因素，具体又可分为单因素敏感性分析和多因素敏感性分析。其缺点在于只能体现风险因素的强度而不能反映发生概率，也不能反映众多风险因素同时变化时对项目的综合影响。

（2）影响图法。影响图是指由风险结点集合和反映风险关系的有向弧集合构成的无环有向图，它是在决策树基础之上发展起来的图形描述工具，包含了对风险变量相关性的描述，既可以表示变量之间的概率依赖关系，又可用于计算，能够有效地把决策问题转化成模型，是决策问题定性描述和定量分析的有效工具。其优点是概率估计、备选方案、决策者偏好等资料完整；图形直观、概念明确；计算规模随着风险因素个数呈线性增长。缺点是需要获取大量的概率和效用值，对于复杂问题建模困难。

（3）蒙特卡洛模拟法。蒙特卡洛模拟法又称统计试验法或随机模拟法，其原理是将项目目标变量（风险评价指标）和各个风险变量综合在一个数学模拟模型内，每个风险变量用一个概率分布来描述，然后利用计算机产生随机数（或伪随机数），并根据随机数在各个风险变量的概率分布中取值，算出目标变量值，经过多次运算即可得出目标变量的期望值、方差、概率分布等指标，绘制累计概率图，供决策者参考。

风险变量的确定，一般采用前述的风险识别方法，如果风险因素较多，可以先进行敏感性分析，选择敏感的风险因素作为风险变量。风险变量的概率分布描述是进行模拟分析的基础，常用的有正态分布、β 分布、三角分布、梯形分布、阶梯分布等，销售量、售价、产品成本等变量多采用正态分布，工期、投资等变量多采用三角分布描述。对有历史数据的风险变量可根据数据做统计分析，估计其概率分布，对没有历史数据的风险变量，可以采用专家调查法确定变量的概率分布。

该法由法国数学家 John.ron.neuman 创立，由于其依赖的概率统计理论与赌博原理类同，因此以欧洲著名赌城摩纳哥首都 Monte Carlo 命名。该方法的优点是使用计算机模拟项目的自然过程，比历史模拟方法成本低、效率高，结果相对精确；可以处理多个因素非线性、大幅波动的不确定性，并把这种不确定性的影响以概率分布形式表示出来，克服了敏感性分析的局限性。不足之处是依赖于特定的随机过程和选择的历史数据，不能反映风险因素之间的相互关系，需要有可靠的模型，否则将导致错误。

（三）风险评价

风险评价包括将风险分析的结果与预先设定的风险准则相比较，或者在各种风险的分析结果之间进行比较，确定风险的等级。定性方法包括了头脑风暴法和风险矩阵法；定量方法一般指风险指数法等。风险评价模型如图 3-7 所示。

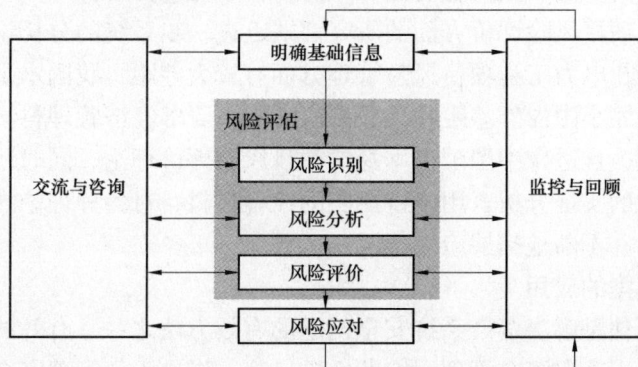

图 3-7　风险评价模型

设备风险评估是在可靠性评价的基础上，将潜在的风险在社会、经济等方面的影响进行量化，考虑成本、环境与安全等多个方面。

设备风险评估以风险值为指标，综合考虑资产重要性、资产损失程度（风险后果）、设备发生故障的概率三者的作用，一般来说，风险值的公式为

$$R(t) = A(t) \times F(t) \times P(t) \tag{3-60}$$

式中：A 为资产重要性等级，考虑了设备价值、用户等级和设备所处的地位三个因素；F 为设备风险后果，包括设备、电网、社会（人身、环境）；P 为设备故障率，可以通过地区年度统计的配网设备故障发生次数进行计算；t 为时间。

资产风险产生的后果是 LCC 的重要组成（惩罚性成本），资产风险评估的结果应当作为 LCC 分析的输入。

二、风险评估模型的发展历程

最早对风险评估进行的研究主要集中于金融领域。1952 年，美国经济学家马柯维茨发表《资产组合的选择》一文，将统计学中期望与方差的概念引入资产组合问题的研究，提出用资产收益的期望来度量预期收益、用资产收益的标准差来度量风险的思想，1965 年，William Sharpe 提出了 CAPM（资本资产定价模型）对均值 – 方差模型的风险度量方法进行优化，成为当时处理风险问题的重要工具。1973 年，Black 和 Scholes 提出的期权定价理论，开创了金融衍生品定价理论的先河，对投资决策风险管理工具的发展产生了极其重要的作用。20 世纪 90 年代起，风险评估模型（VAR）使风险管理技术在风险定量化方面发挥着重要作用并得到广泛运用。目前，风险管理研究和应用已成为管理学科的一个重要分支，风险管理的应用日益普及。

20 世纪 80 年代中期以来，随着中国经济的不断发展，国外各种风险管理的理论与书籍被介绍到中国，风险管理教学、研究和应用开始起步，我国一些学者发起并推动了风险管理运动，在理论研究方面取得了一些成绩，各种分析和评价方法也都有所应用。随着决策理论学派的形成，贝叶斯法和决策树法成为最早的风险评价和管理方法。1986~1996 年，我国开始研究风险评估问题，提出了风险强度、风险系数、风险临界点等概念，总结了风险数量分析的方法。1997 年以后，随着对金融风险问题重视程度的提高，一大批与世界同步的风险管理技术在中国得到应用，诸如估值理论、期权定价理论、实物期权等。同时，各种自然科学的前沿技术，如遗传算法、人工智能也在风险评估中有所体现。

目前，所有有关项目风险评价方面的研究都缺乏进一步系统的分析论证。同时，与西方发达国家相比，我国在电力工程项目风险管理方面有较大差距，我国水平仍处于引进、吸收和消化阶段，为尽快缩小国内外差距并力争有所突破，要求经济管理科学工作者提出一整套对解决现实问题有益，且适合中国国情本身的项目风险评价理论，同时还要求对各种历史和现实的问题进行细致的实证分析，用丰富翔实的经验材料，对各种理论的科学性和各种方法的有效性做出检验，并不断地拓展应用范围。

三、风险评估模型的应用

资产管理风险评估是解决资产系统安全问题的有效方法之一，有效的安全评估可以明确资产系统的安全现状、确定资产管理系统的主要风险、指导资产管理安全技术体系与管理体系的建设。以下对电力及其他领域的应用情况举例说明。

[电力领域应用]

针对电力行业的实物资产特点并参照资产风险评估的各类相关标准及规范，并根据大量的工程实践经验，建立风险评估模型如图 3-8 所示。

通过此模型的构建，可以加强舆情监测和预警，完善舆情监测、预警、报告体系建设，加强网络舆情分析研判。省检修公司实现风险信息识别与共享。风险信息识别方面，分别从电网设备、管理及环境三个方面，组织开展风险识别，建立风险信息库，对风险实时管控，及时评价分析，从而减少事故发生，降低各类资产管理损失。

对于电力行业而言，资产风险评估可分为对电力设备、电网、财务内控和人身等的风险评估。在电力设备方面，根据设备状态评价与风险评估技术导则中所规定的设备状态评价的

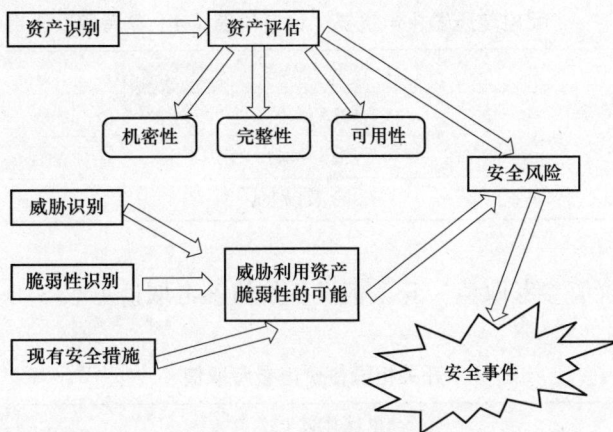

图3-8　风险评估模型

模型、流程和方法，设备风险评估一般流程如图3-9所示。

（一）设备风险评估应用策略

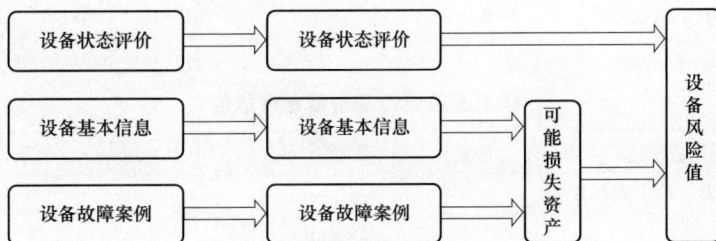

图3-9　设备风险评估流程图

1.设备风险级别分类

综合考虑可能损失的资产及设备故障概率，计算风险值，根据风险值，将风险危害程度分为Ⅰ、Ⅱ、Ⅲ、Ⅳ、Ⅴ、Ⅵ6个等级，Ⅰ级为最高风险级别，Ⅵ级为最低风险级别，见表3-6。

表 3-6　　　　　　　　　　　　　　　设备风险级别分类表

风险级别分类	Ⅰ级	Ⅱ级	Ⅲ级	Ⅳ级	Ⅴ级	Ⅵ级
风险值	$R \geqslant 5$	$5 > R \geqslant 3$	$3 > R \geqslant 1$	$1 > R \geqslant 0.5$	$0.5 > R \geqslant 0.1$	$R < 0.1$

2.资产的量化

设备资产评估主要考虑设备价值，即模型中的资产 A，可直接反映设备固有成本及损坏后的维修或更换成本，根据设备的电压等级划分为三个级别，取值范围为1~3。设备价值具体取值时，变压器考虑容量的影响，GIS 和断路器考虑定额电流、开断电流的影响，架空输电线路考虑铝线截面的影响。具体取值如下：

（1）配电变压器（电抗器）设备价值参考取值。配电变压器（电抗器）设备价值参考取值见表3-7。

表 3-7   配电变压器（电抗器）设备价值（A）参考取

电压等级（kV）	容量（MVA）	取值范围
10	315 以下	1
	315~630	2
	800 及以上	3

（2）开关柜设备价值参考取值。开关柜设备价值参考取值见表 3-8。

表 3-8   开关柜设备价值参考取值

设备	电压等级（kV）	取值范围
开关柜	0.4	1
	10	1.5
	12	2

（3）柱上断路器（含柱上断路器）设备价值参考取值。柱上开关（含柱上断路器）设备价值参考取值见表 3-9。

表 3-9   柱上断路器设备价值参考取值

设备类型	开断电流（kA）	取值范围
柱上负荷断路器、柱上隔离开关	—	1
柱上断路器	≤ 20	2
	> 20	3

（4）电力电缆设备价值参考取值。电力电缆设备价值参考取值如表 3-10 所示。

表 3-10   电力电缆设备价值（A）参考取值

电压等级（kV）	截面积（mm²）	取值范围
10	$S \leqslant 200$	1
	$200 < S \leqslant 300$	1.5
	$300 < S \leqslant 400$	2
	$400 < S \leqslant 500$	2.5
	$S > 500$	3

3. 要素损失等级划分

（1）成本。成本损失可划分为两个等级：设备一类障碍与设备二类障碍。

（2）环境。按环境因素划分，可分为轻度、中度、严重污染三个等级。

（3）人身安全。人身安全损失等级可划分为两个等级：重伤事故、轻伤事故。

（4）停电时户数。停电时户数按照高压用户来计算，每台配电变压器为一个用户。停电时户数分为三类：第一类是停电时户数在 100 时户及以上；第二类是停电时户数在 50 时户以上，100 时户以下；第三类是 50 时户及以下。

4. 要素损失值

要素损失值 I_{ij} 取值参考见表 3-11。

表 3-11　　　　　　　　　　　　要素损失等级和取值范围

成本		环境		人身安全		停电时户数	
设备一类障碍 I_{11}	2	严重污染 I_{21}	9	重伤事故 I_{31}	5	第一类停电时户数 I_{41}	2
设备二类障碍 I_{12}	1	中度污染 I_{22}	6	轻伤事故 I_{32}	3	第二类停电时户数 I_{42}	1
—	—	轻度污染 I_{23}	3	—	—	第三类停电时户数 I_{43}	0.5

5. 要素损失概率

从大量的历史统计数据中可以分析计算出要素损失概率（Probability of Failure，POF），POF 统计分析步骤如下：

（1）划定统计范围。

（2）明确统计时间。

（3）明确设备类型。

（4）故障信息收集。

（5）分类统计样本。

（6）确定样本的损失等级。

根据上述步骤，设计要素损失次数统计表见表 3-12。

表 3-12　　　　　　　　　　　　要素损失次数统计次数

设备类型	故障总次数	次数									
		成本		环境			人身安全		停电时户数		
		设备一类障碍	设备二类障碍	严重污染	中度污染	轻度污染	重伤事故	轻伤事故	第一类停电时户数	第二类停电时户数	第三类停电时户数
变压器	$N_{变总}$	$N_{变11}$	$N_{变12}$	$N_{变21}$	$N_{变22}$	$N_{变23}$	$N_{变31}$	$N_{变32}$	$N_{变41}$	$N_{变42}$	$N_{变43}$
开关柜	$N_{柜总}$	$N_{柜11}$	$N_{柜12}$	$N_{柜21}$	$N_{柜22}$	$N_{柜23}$	$N_{柜31}$	$N_{柜32}$	$N_{柜41}$	$N_{柜42}$	$N_{柜43}$
柱上断路器	$N_{开关总}$	$N_{开关11}$	$N_{开关12}$	$N_{开关21}$	$N_{开关22}$	$N_{开关23}$	$N_{开关31}$	$N_{开关32}$	$N_{开关41}$	$N_{开关42}$	$N_{开关43}$
架空线路	$N_{线路总}$	$N_{线路11}$	$N_{线路12}$	$N_{线路21}$	$N_{线路22}$	$N_{线路23}$	$N_{线路31}$	$N_{线路32}$	$N_{线路41}$	$N_{线路42}$	$N_{线路43}$
电缆线路	$N_{电缆总}$	$N_{电缆11}$	$N_{电缆12}$	$N_{电缆21}$	$N_{电缆22}$	$N_{电缆23}$	$N_{电缆31}$	$N_{电缆32}$	$N_{电缆41}$	$N_{电缆42}$	$N_{电缆43}$

注：N 为设备故障发生次数的统计值。

（7）要素损失概率。

POF_{jk} 为某一等级下的要素损失概率，计算公式为

POF_{jk}= 某一等级下的要素故障次数 / 故障发生总次数 ×100%。根据公式，损失概率可以参照表 3-12 设定。比如：设备一类障碍 $POF_{11}=N_{变11}/N_{变总}×100\%$；设备二类障碍 $POF_{12}=N_{变12}/N_{变总}×100\%$；以此类推。

6.资产损失程度

资产的损失程度按式（3-61）计算。

$$F=w_1×F_1+w_2×F_2+w_3×F_3+w_4×F_4 \tag{3-61}$$

式中：F 为资产损失程度；F_1 为成本损失程度；F_2 为环境损失程度；F_3 为人身安全损失程度；F_4 为停电时户数损失程度；w_1、w_2、w_3、w_4 为要素的损失程度权重系数（分别为 0.1、0.2、0.2、0.5）。

（1）资产的成本损失程度 F_1 计算。

$$F_1=I_{11}×POF_{11}+I_{12}×POF_{12} \tag{3-62}$$

（2）资产的环境损失程度 F_2 计算。

$$F_2=I_{21}×POF_{21}+I_{22}×POF_{22}+I_{23}×POF_{23} \tag{3-63}$$

（3）资产的人身安全损失程度 F_3 计算。

$$F_3=I_{31}×POF_{31}+I_{32}×POF_{32} \tag{3-64}$$

（4）资产的停电时户数损失程度 F_4 计算。

$$F_4=I_{41}×POF_{41}+I_{42}×POF_{42}+I_{43}×POF_{43} \tag{3-65}$$

（5）每个要素的损失程度由要损失值和要素损失概率确定。

式（3-61）~ 式（3-65）中，POF_{ij} 为要素损失概率（probability of failure）；I_{ij} 为要素损失值。

（二）电网风险评估应用策略

1.集对故障树法

故障树分析法是一种分析系统可靠性的数学模型，它是对可能造成系统失效的各种因素（包括设备、环境、人为因素）进行分析、画出逻辑框图（即故障树），从而确定系统失效原因的各种组合方式及其发生概率，进而计算出系统事故发生的概率，并据此采取相应的纠正措施来提高系统可靠性的一种方法。其分析步骤为：确定顶事件、调查事故的原因、构造故障树、求最小割集进行定性分析、进行定量分析、制定预防事故（改进系统）的措施[7]。

传统的故障树方法都采用精确的概率来表示发生的情况，但电网安全运行风险的原始数据可能存在统计误差或者原始数据本身就具有变化波动的特点，因此精确的概率只能体现电网安全运行风险而确定的一面，却无法体现其受外界影响而不确定的一面。而集对分析法恰好可以将确定性与不确定性结合起来，用联系度来表示：

$$u=a+b_i+c_j \tag{3-66}$$

其中，a 表示同一度；b 表示差异度；c 表示对立度，$a+b+c=1$。i 和 j 既是差异度和对立的标记，还可以赋值计算联系度。在计算中，$j=-1$，而 i 的取值范围为 [-1，1]，视具体问题而定。

基于联系度的概念，电网安全运行风险可定义为：在 t 时间内，如果电网的一个组成部分有 P 次属于供电完好状态，有 S 次属于跳闸、完全失效状态，有 F 次既不是供电完好状态又不属于跳闸状态，且 $S+P+F=N$，那么该设备在电网供电安全的联系度为

$$U(t)=\frac{S(t)}{N}+\frac{F(t)}{N}+\frac{P(t)}{N}j \qquad (3-67)$$

采用联系度来描述影响电网安全的每个风险因素，既可以忽略风险因素的概率分布类型，又可以对其确定性、不确定性和中介等进行描述，因此更加符合实际情况。

2.电网安全运行风险的集对故障树分析

故障树的建立是故障分析法最关键和最重要的一个环节，需要对电网安全运行风险进行全面细致的分析和研究。电网安全运行风险就是对用户中断供电，因此把这一最不希望发生的事件作为顶事件。电网系统的供电中断分为500kV系统、220kV系统和110kV以下的系统，而每个系统又包括变压器故障、断路器故障、线路故障和继电保护误操作，每个故障又可对应若干影响因素。下面对2006年某电网公司的跳闸事故进行深入调查研究，找出导致电网安全运行风险的因素，并构建了故障树逻辑图（见图3-10），以500kV电力系统为例，见表3-13和表3-14。

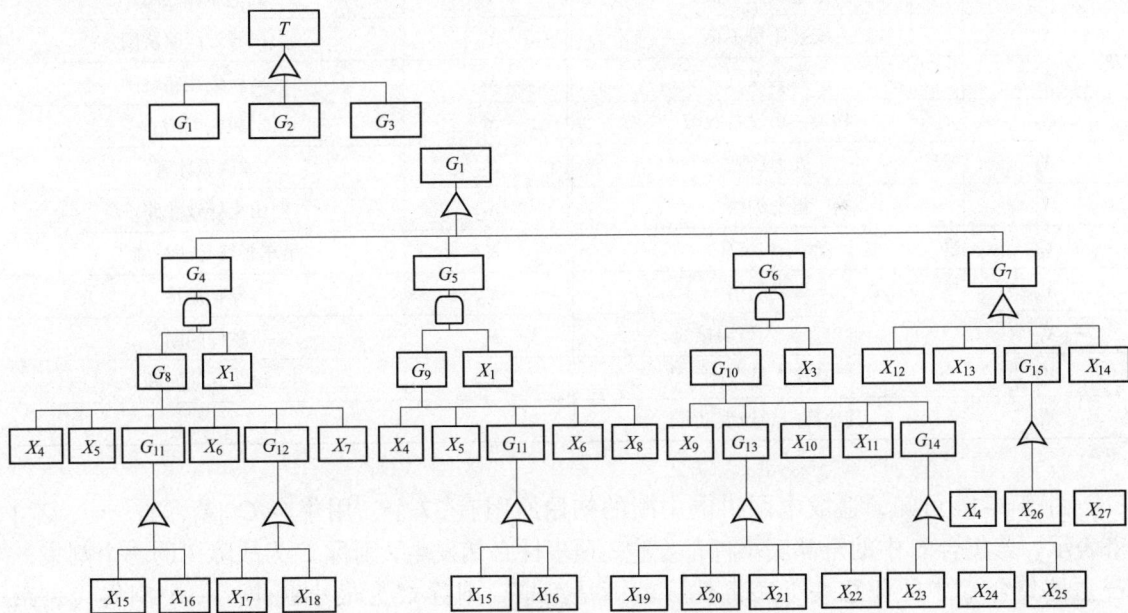

图3-10　500kV电力系统的故障树

3.电网安全体系结构分析

（1）定性分析。通过定性分析来确定最小割集，可采用从下到上的上行法：从底事件开始，由下向上逐级进行，直到所有结果事件均已处理，将所得表达式逐次代入，按布尔逻辑运算规则，将顶事件 T 表示为底事件相乘之和的最简式，其中每一项对应一个最小割集，从而得到电网安全运行风险故障树所有的最小割集。

表 3-13 故障树中间事件

G_i	中间事件	G_i	中间事件
G_1	500kV 系统故障	G_9	断路器跳闸
G_2	220kV 系统故障	G_{10}	线路断路器跳闸
G_3	110kV 以下系统故障	G_{11}	检修人员责任
G_4	变压器故障	G_{12}	变压器本体故障
G_5	断路器故障	G_{13}	自然灾害类跳闸
G_6	线路故障	G_{14}	外力破坏类跳闸
G_7	继电保护不正确动作	G_{15}	制造厂家责任
G_8	变压器断路器跳闸		

表 3-14 故障树底事件

X_i	底事件	X_i	底事件
X_1	没有备用变压器	X_{15}	检修质量不当
X_2	没有回路可代替	X_{16}	运行维护不当
X_3	没有备用线路	X_{17}	渗漏油
X_4	制造质量不良	X_{18}	其他本体故障
X_5	安装质量不良	X_{19}	大风导致线路跳闸
X_6	恶劣天气	X_{20}	倒塔所致线路跳闸
X_7	相关一次设备故障	X_{21}	风偏闪络
X_8	外力所致	X_{22}	冰闪及冰害
X_9	雷击闪络	X_{23}	山火导致线路
X_{10}	污闪（雾闪）	X_{24}	吊车碰线等违章施工
X_{11}	鸟粪闪络	X_{25}	异物短接
X_{12}	继电保护人员误接线	X_{26}	软件问题
X_{13}	基建人员误碰	X_{27}	设备其他问题
X_{14}	其他部门导致误动作		

由表 3-14 可知，造成电网供电中断的初始原因有 27 个，用集合 $C=\{X_1, X_2, \cdots, X_{27}\}$ 来表示。若集合 C 中的全部底事件都发生，顶事件必然发生，则称 C 为故障树的一个割集；若去掉集合 C 中的任意一个底事件后就不是割集，则称 C 为最小割集。一个割集代表系统故障发生的一种可能性，即系统的一种失效模式。根据 500kV 系统故障树逻辑图，利用 Semanderes 算法可求得每个割集和最小割集。具体算法为：

$G_{11}=X_{15}+X_{16}$

$G_{12}=X_{17}+X_{18}$

$G_{13}=X_{19}+X_{20}+X_{21}+X_{22}$

$G_{14}=X_{23}+X_{24}+X_{25}$

$$G_{15} = X_4 + X_{26} + X_{27}$$

$$G_8 = \sum_{k=4}^{7} X_k + \sum_{k=15}^{18} X_k$$

$$G_9 = \sum_{k=4}^{6} X_k + X_8 + \sum_{k=15}^{16} X_k$$

$$G_{10} = \sum_{k=9}^{11} X_k + \sum_{k=19}^{25} X_k$$

$$G_7 = \sum_{k=12}^{14} X_k + X_4 + \sum_{k=26}^{27} X_k$$

$$G_4 = X_1 \left(\sum_{k=4}^{7} X_k + \sum_{k=15}^{18} X_k \right)$$

$$G_5 = X_2 \left(\sum_{k=4}^{6} X_k + X_8 + \sum_{k=15}^{16} X_k \right)$$

$$G_6 = X_3 \left(\sum_{k=9}^{11} X_k + \sum_{k=19}^{25} X_k \right)$$

那么，500kV 电网系统故障树的最小割集为

$$G_1 = \sum_{k=4}^{7} G_k = X_1 \left(\sum_{k=4}^{7} X_k + \sum_{k=15}^{18} X_k \right) + X_2 \left(\sum_{k=4}^{6} X_k + X_8 + \sum_{k=15}^{16} X_k \right) +$$
$$X_3 \left(\sum_{k=9}^{11} X_k + \sum_{k=19}^{25} X_k \right) + \sum_{k=12}^{14} X_k + X_4 + \sum_{k=26}^{27} X_k \tag{3-68}$$

将式（3-68）展开，共有 30 项，故最小割集数为 30 项。可看出，X_1、X_2、X_3 在 30 个集合中出现的频率最高，因此它们是影响电网安全风险的主要因素，也是电网安全运行中的最薄弱环节，如果采取一些针对性的有效措施，电网安全将会得到进一步改善。这是符合电网实际情况的，因为当电网受到外界干扰而发生电网跳闸时，如果有相应的备用系统，将会大大减少电网事故、提高电网供电安全性。

（2）定量分析。电网安全运行风险故障树的定量分析就是计算顶事件 T（即电网系统中断用户供电）发生的概率。为了研究问题方便，假设底事件 X_k（$k=1$，2，…，27）之间是相互独立的无重复事件。确定底事件失效的概率值 P_k 需要通过对以往电网系统的情况做大量统计。由于底事件发生的概率是不确定的，且很难确定其分布函数，因此将采用集对分析中的联系度来表示底事件发生的概率。基于联系数的概念，底事件发生概率为

$$U(P^k) = a^k + b^k j + c^k j \quad (k=1，2，…，27) \tag{3-69}$$

式中：a^k 为底事件一定发生的概率；c^k 为底事件一定不会发生的概率；b^k 为底事件可能发生也可能不发生的中介状态的概率。

500kV 系统发生供电中断的联系度为

$$U(G_1) = u(X_1) \left[\sum_{k=4}^{7} u(X_k) + \sum_{k=15}^{18} u(X_k) \right] + u(X_2) \left[\sum_{k=4}^{6} u(X_k) + u(X_8) + \sum_{k=15}^{16} u(X_k) \right] +$$
$$u(X_3) \left[\sum_{k=9}^{11} u(X_k) + \sum_{k=19}^{25} u(X_k) \right] + \sum_{k=12}^{14} u(X_k) + u(X_4) + \sum_{k=26}^{27} u(X_k) \tag{3-70}$$

将统计得出的底事件发生的联系度系数 a^k、b^k、c^k 代入式（3-66），运用联系度的运算法则，

可求出 500kV 系统发生供电中断的联系度为

$$u(G_1) = 8(a_1+b_1i+c_1j)[(\sum_{k=4}^{7} a^k + \sum_{k=15}^{18} a^k)/8 + (\sum_{k=4}^{7} b^k + \sum_{k=15}^{18} b^k)/i + (\sum_{k=4}^{7} a^k + \sum_{k=15}^{18} a^k)/8j] +$$

$$6(a_2+b_2i+c_2j)[(\sum_{k=4}^{6} a^k + a_8 + \sum_{k=15}^{16} a^k)/6 + (\sum_{k=4}^{6} b^k + b_8 + \sum_{k=15}^{16} b^k)/6i + (\sum_{k=4}^{6} c^k + c_8 + \sum_{k=15}^{16} c^k)/6j] +$$

$$10(a_2+b_2i+c_2j)[(\sum_{k=9}^{11} a^k + \sum_{k=19}^{25} a^k)/10 + (\sum_{k=9}^{11} b^k + \sum_{k=19}^{25} b^k)/10i + (\sum_{k=9}^{11} c^k + \sum_{k=19}^{25} c^k)/10j] +$$

$$(\sum_{k=12}^{14} a^k + \sum_{k=26}^{27} a^k + a_4)/6 + (\sum_{k=12}^{14} b^k + \sum_{k=26}^{27} b^k + b_4)/6i + (\sum_{k=12}^{14} c^k + \sum_{k=26}^{27} c^k + c_4)j$$

（3-71）

设定电网公司的安全运行风险阀值，当电网安全运行风险的联系度值超过它时，表明电网安全超出了电网公司的最大承受能力，需要采取一些有效措施减少电网安全事故的发生。

（三）人身风险评估应用策略

下面以电网冰冻灾害应急救援人员的风险评估选择为例，介绍风险评估在人身方面的应用。

电网冰冻灾害应急救援队伍管理涵盖了应急救援的全过程，从应急预期期间覆冰信息收集阶段，到应急响应期间现场抢修、观冰特巡、安全巡查阶段，至响应后重建恢复阶段，应急救援队伍管理工作相互关联，形成了一个完整的系统。科学选择和优化派遣电网冰冻灾害应急救援人员，是冰冻灾害应急救援预警、快速响应等活动的最基本保障，是完善抗冰保电应急管理的关键环节，直接关系到对冰冻灾害事件的有效控制。但应急救援人员在冰冻灾害的情况下会遇到何种风险，在风险情况下的作业能力如何都是需要我们事先考虑的问题。电网冰冻灾害应急救援的人身危害和风险如下[8]：

冰冻灾害对人体的伤害，主要是低温伤害。依据 GB/T 14440—1993《低温作业分级》规定：在生产劳动过程中，其工作地点的平均温度等于或低于 5℃的作业称为低温作业。该标准按照工作地点的温度和低温作业时间率，将低温作业分为 4 级，级别高表示冷的强度大。而低温冰冻伤害主要通过全身冷、四肢冷、对流冷、传导冷、通风冷等方式作用于人体，通过组织低温和冻伤引起机体生理功能改变，以及产生次生风险。

针对冰冻灾害给救援人员造成的这些伤害，要提前做出风险预估，救援人员的选择需要从体能、经验、知识技能、心理素质、协调能力 5 个方面进行考察，并将这些条件作为救援人员的选择标准。

1.体能

体能特指身体健康方面的状态。对基本生存条件的适应、对日常生活和基本活动的适应、对生产劳动的适应是体能的最基本要求，对运动训练和运动竞赛的适应是体能的高级要求。在高原环境下从事救援工作，良好的体能是救援队伍最基本的条件。针对高原电网冰冻灾害气候特点，救援人员体能除了要能忍受寒冷气候外，还要能应对高原缺氧环境。为了能更好地适应寒冷环境的工作，基于低温工效学，不宜选用有冠心病、支气管炎、关节炎、胃肠炎等病史的人员，应尽量选择健壮、肌肉发达、个头适中（170cm 左右）、年轻（25~35 周岁）的人员。

2.经验

救援抗灾想要取得成功，必须有良好的现场组织与控制能力。面对混乱的灾害现场，队员尤其是指挥人员应能始终保持镇静，以最快的速度建立现场救援指挥系统，快速观察救灾抗灾现场，判估现有的和潜在的威胁以及需要处置的情况，正确预估实际救援所需要的资源，判断并发现危险因素，将主要精力集中在需要救援的地方。要做到这些，不仅需要技术和能力，还需要救援人员长期的经验积累。

3. 知识技能

救援人员只有具有相应的知识和技能才能实施救灾抗灾。救援人员战斗在灾害的最前沿，面对特殊的对象，队员知识技能的强弱直接关系到救灾抗灾能否成功。只有救援队员具备相应的知识，熟练使用手中的救援工具，才能够在救援过程中减少拖延；除了专业知识外，还要具备多方面知识，比如心理疏导、语言沟通、民俗民风等知识，妥善处理好可能随时出现的其他情况，这样才能使抗灾救灾工作取得胜利。

4. 心理素质

电网冰冻灾害发生的场面是难以预料的，有时甚至是非常恐怖的，没有良好的心理素质或者未受过专门心理训练的人员，是很难承受的。所以，救援人员具备良好的心理素质也是保证救援成功的关键。

5. 协调能力

在灾害救援中，难免要和当地政府、协作单位甚至是当地群众进行合作。良好的协调沟通能力会减少资源的浪费，提高救援效率，在有限的时间内快速展开救援行动，为抢救灾区人民的生命安全和财产做出更多贡献。一定规模的队伍可整合多种资源，为救灾抗灾带来更多方便。因此，队员的协调能力是提高救灾抗灾效率的一个非常重要的方面。

在模型原型的基础上，电网公司还在作业方面创新运用了风险评估模型，衍生出了静态风险 LEC 风险评估法和动态风险 PR 法。

（1）静态风险 LEC 评估法。静态风险 LEC 评估法是以发生的可能性、暴露在生产环境下的频度、导致后果的严重性三点为根据的专门针对静态风险的一种风险评估方法。

评估法的公式为

$$风险值 D=LEC$$

其中，L 为风险发生的可能性大小，从实际角度出发，为事故发生的可能性进行人为制定分数值，例如将发生事故可能性极小的分数定为 0.1，必然会发生的事件定为 10，具体的对应数值见表 3-15。

表 3-15　　　　　　　　　　事故发生的可能性（L）

事故发生的可能性	分数值
必然会发生（100%）	10
相当可能（50%）	6
可能，但不经常发生（25%）	3
可能性很小，可以设想（10%）	1
很不可能，完全意外（1%）	0.5
极不可能（>1%）	0.1

E 为暴露于危险环境的频度。人员暴露在危险环境中频度越高，则危险越大。同样的，将频繁暴露在危险环境的情况定为 10，极罕见的暴露于危险环境的情况定为 0.5，具体的对应数值见表 3-16。

表 3-16   暴露于危险环境的频度（E）

暴露频度	分数值
持续（每天多次）	10
频繁（每天一次）	6
有时（每天一次 – 每月一次）	3
较少（每月一次 – 每年一次）	2
很少（50 年一遇）	1
极少（百年一遇）	0.5

C 为发生事故的严重性。把造成重大及以上的人身、设备、电网事故的分数定为 40，造成人员轻伤事故及设备或电网异常运行的分数定为 4，具体的对应数值见表 3-17。

表 3-17   LEC 分数值对应表

分数值	后果	
	人身	电网设备
100	可能造成特大人生死亡事故	可能造成特大设备事故；可能引起特大电网事故
40	可能造成重大人生死亡事故	可能造成重大设备事故；可能引起重大电网事故
15	可能造成一般人生死亡事故或多人重伤	可能造成一般设备事故；可能引起一般电网事故
7	可能造成人员重伤事故或多人轻伤事故	可能造成设备一类障碍；可能引起电网一类障碍
3	可能造成人员轻伤事故	可能造成设备一类障碍；可能引起电网一类障碍
1	仅需救护的伤害	可能造成设备电网异常运行

得出风险值 D 之后，得出风险程度。具体数值关系见表 3-18。

表 3-18   风险程度与风险值的对应关系

风险程度	风险值
重大风险	$D \geqslant 160$
较大风险	$70 \leqslant D < 160$
一般风险	$D < 70$

（2）动态风险 PR 评估法。动态风险 PR 评估法是根据风险发生的可能性、导致后果的严重性、针对动态风险所采取的一种风险评估方法。

P（Possible）代表事故发生的可能性，即在风险已经存在的前提下，发生事故的可能性。按照事故的发生率将 P 值分为四个等级，见表 3-19。

R 代表后果严重程度，即在某风险导致事故发生之后，造成对人身、电网或者设备的危害程度。根据《国家电网公司安全事故调查规程》的分类，将 R 值分为特大、重大、一般、轻微四个级别，见表 3-20。

表 3-19　　　　可能性定性定量评估标准表（P）

级别	可能性	含义
1	发生可能性很小	事故仅在例外情况下发生
2	可能发生	事故可能发生，概率在 1%~10%
3	很可能发生	事故很可能发生，概率在 10%~50%
4	几乎肯定发生	事故非常可能发生，概率在 50% 以上

表 3-20　　　　严重性定性定量评估标准表

级别	后果	严重性	
		人身	电网设备
1	轻微	仅需要救护的伤害	可能造成设备或电网异常运行
2	一般	可能造成人员重伤事故或多人轻伤事故	可能造成设备一二类障碍；可能引起电网一二类障碍
3	重大	可能造成一般人神死亡事故或多人重伤	可能造成一般设备事故；可能引起一般电网事故
4	特大	可能造成重大及以上人身死亡事故	可能造成重大及以上设备障碍；可能引起重大及以上电网障碍

将可能性和严重性结合起来，就得到重大、较大、一般的风险水平描述，如图 3-11 所示。以风险水平评估为依据，电力公司采取相应级别的措施。

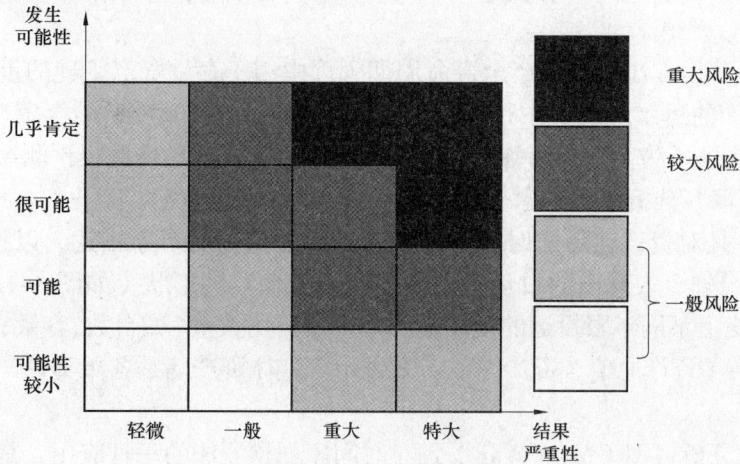

图 3-11　风险水平评估

[隧道工程领域应用]

在工程项目方面，风险评价模型被广泛运用于桥梁、隧道、路面建设的风险管控中。以水下隧道施工风险评价模型为例，简要介绍风险评价模型的应用。

风险管理一般包括以下程序：风险管理目标确定、风险辨识、风险估计、风险评价、风险处理方案、方案计划实施、检查和反馈等。水下隧道与山岭隧道、城市地铁隧道等其他形式隧道的风险评价的主要区别就在于风险源识别。水下隧道具有水源补给丰富，且施工中不具有自然坡排水条件的特点，施工的扰动很容易引起隧道围岩产生裂隙，涌水是隧道施工常见的地质灾害，它不仅引起掌子面围岩坍塌及流失、埋没坑道、地表塌陷、支护结构变形等，甚至会引发泥石流，导致在施工中常常要改变施工方法、增加辅助的工法和工程建设费用。

隧道施工阶段的风险评估应根据设计阶段风险评估结果，依据施工地质、资源配置及实施方案进行再评价。提出相应的施工措施，着重于施工管理、措施评价和落实。本阶段的主要工作包括：

（1）在施工过程中，应根据施工揭示地质情况对风险进行动态评估，对中度等级的风险予以监测。若采用原设计方案不能有效减低风险等级到设计要求的水平，应及时上报业主，经业主决策后采取相应措施。

（2）根据施工流程按核对表法对其他风险进行识别，结合风险评估结果，按不同的评估目标（安全、工期、投资）确定应对措施。

（3）施工中应对风险跟踪管理，定期反馈，随时与相关单位沟通。

识别水下隧道的主要施工风险因素和主要风险事件；运用模糊综合评价法，得到各层次风险因素的风险等级，浏阳河水下隧道施工风险的整体风险等级为三级，必须采取有效的措施降低或转移风险；再运用蒙特卡洛法，以突涌水风险为例进行评价，得到发生涌水时的流量在每延米 0.006~0.012 扩/s 之间的对应的概率约为 80%。评价结果显示，隧道的顶板厚度、跨度、浏阳河水位、暴露时间等因素的风险等级较高，施工时应特别注意，需采取有力的措施降低或转移风险。

第四节　"资产墙"分析模型

"资产墙"分析方法是在资产全寿命周期管理中用于存量资产管理的重要方法，其主要适用场景为资产的运维及改造中长期规划管理。运用"资产墙"，结合资产平均使用寿命，可以进行技改规模预测，结合设备浴盆曲线，可以进行资产检修规模预测。

一、"资产墙"分析模型概念

"资产墙"是对资产在历史时间范围内密集投运情况的形象描述，以投运时间为横轴，以资产规模为纵轴，表现出的投运资产规模呈现"墙"的形状（如图 3-12 所示），反映了现有资产在历史上不同年限投运的规模量。规模量可用数量（如台数、容量、长度等）来表示，也可用价值规模（资产原值、资产净值）来表示。整体资产墙是各单类资产的资产墙叠加的结果。

"资产墙"分析模型（Asset Wall）是对时间序列预测法的一种应用，是将历史数据按照时间的顺序排列成为时间序列，然后分析它随时间的变化趋势并进行外推的一种定量预测方法。"资产墙"分析模型的基本分析方法首先是对各类资产的技术设计寿命、财务折旧寿命、近年实际使用寿命、外部监管要求等进行分类分析。根据不同要求，对不同类型资产未来可能更新、改造形成的"资产墙"进行估计，预测未来资产更新、改造可能造成的运维工作量和技改资金压力，并制定针对性的解决方案和防控措施。

"资产墙"分析模型作为电力企业常用的预测资产运维、技改工作量和资金需求的分析法，主要具有以下两个优点。一是直观的、可视化。"资产墙"为管理者提供了一个反映资产整体状况的直观模型，各类型设备的投资规模、投运时间等信息一目了然。通过对"资产墙"

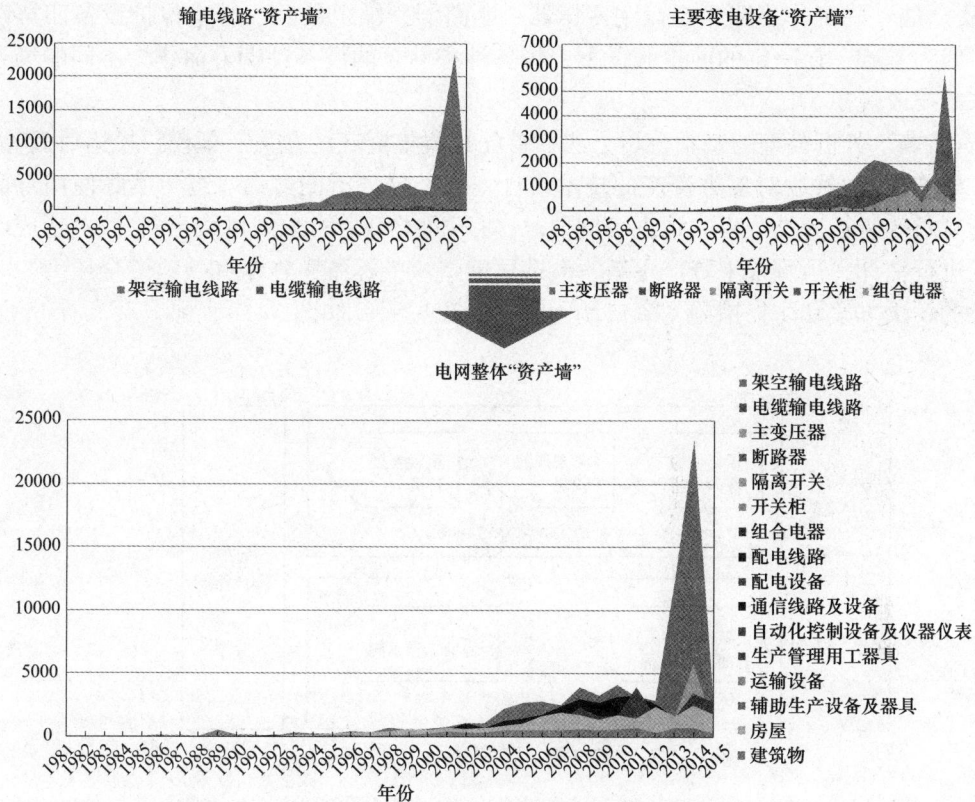

输电线路"资产墙"

主要变电设备"资产墙"

■架空输电线路 ■电缆输电线路

■主变压器 ■断路器 ■隔离开关 ■开关柜 ■组合电器

电网整体"资产墙"

■ 架空输电线路
■ 电缆输电线路
■ 主变压器
■ 断路器
■ 隔离开关
■ 开关柜
■ 组合电器
■ 配电线路
■ 配电设备
■ 通信线路及设备
■ 自动化控制设备及仪器仪表
■ 生产管理用工器具
■ 运输设备
■ 辅助生产设备及器具
■ 房屋
■ 建筑物

图 3-12 "资产墙"示意图

图形的平移等操作，可以直观反映未来不同场景下各类设备的技改资金需求，识别"资产墙"高峰，帮助预判企业未来经营压力，增强风险管控能力。二是定量决策。利用"资产墙"模型，在一定的前提假设下，将各种条件下的设备预期寿命作为不同的场景，可以估计企业未来设备技改的工程规模、资金需求的具体大小及运维检修的具体工作量。

二、"资产墙"分析模型的发展历程

电力行业作为资本密集型行业，技术设备多，投资量大，资本成本与劳动成本相比所占比重较大，生产设备的投资对企业的生产成本与利润影响巨大。因此，电力行业的技改修理投资规划，是公司决策分析层的重要工作内容。但是，在意识到技改修理投资规划的重要性之前，国内大多数供电企业依靠历史经验、基层单位申报结果进行技改修理决策和分配，难以对未来技改项目的规模做出准确把握或预测，无法有效衡量投资规模与资产规模及状态匹配情况。

2014 年前后，参考国外先进电力企业的资产管理经验，我国电力企业引入了"资产墙"模型，以应对由于设备、资金的密集投运导致的未来的电网运行可靠性以及资金技术的压力。应用"资产墙"分析模型，电力企业能够进一步定量化未来的资产技改工作量和运维投入资金的预测，在此基础上制定了标准化的技改、运维的工作计划。

三、"资产墙"分析模型

"资产墙"分析模型主要是资产密集型企业用来对未来技改资金压力和技改技术规模进行预测的分析方法。本书将以电力企业为载体，介绍"资产墙"分析模型。

"资产墙"的工作思路，是以主变压器、断路器、输电线路、继电保护设备四类设备的投运时间为基础，在一定的前提假设下，将各种条件下的设备预期寿命作为不同的场景，预测未来的技改规模。

"资产墙"分析模型的基本分析方法，首先是收集资产的数量、规模、投运时间等信息，建立"资产墙"，然后对各类资产的技术设计寿命、财务折旧寿命、近年实际使用寿命、外部监管要求等进行分类分析。根据不同要求，对不同类型资产未来可能更新、改造形成的"资产墙"进行估计，预测未来资产更新、改造可能造成的运维工作量和技改资金压力，并制定针对性的解决方案和防控措施"资产墙"分析方法过程，如图3-13所示。

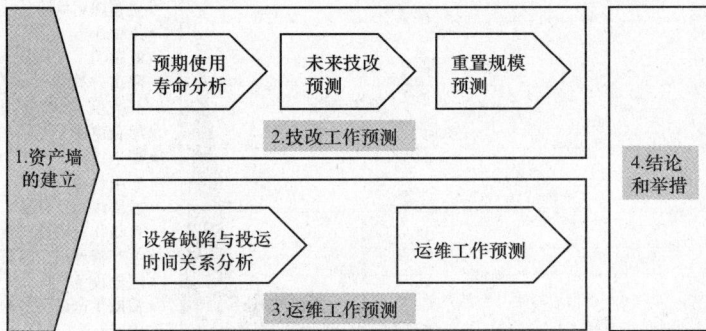

图3-13 "资产墙"分析方法过程图示

1. 资产墙的建立

资产墙的横坐标是资产的投运年限，纵坐标是资产原值规模、技术规模。根据资产墙的定义，企业整体资产墙是由各单类资产的资产墙叠加而成。通过对企业各类型历史投运资产的累加统计，建立整体资产墙现状，反映企业历史投运金额的特点。

2. 技改工作预测

从国际电力公司经验来看，历史上密集投运一般会导致未来大规模集中改造，带来较大资金及可靠性压力。因此，在资产墙模型的基础上，根据不同的场景可以做到对未来技改资金压力的预测。具体分析流程如下：

（1）预期使用寿命分析。资产不同的寿命年限，决定着历史投运资产的技改时间。"资产墙"在技改预测中，一般考虑以下3种资产寿命情景，见表3-21。

表3-21　　　　　　　　　　　　资产寿命情景描述

场景	寿命类型	意义	示例（变压器）
1	历史实际使用寿命	近两年报废资产的使用年限基本与该类资产实际使用年限接近以此预测未来几年内该类资产需改造原值	14.4年
2	监管要求	相关监管机构给出了各类资产的折旧年限参考范围，如变压器为18~22年未来电价准许收入会根据此要求折算进行监审，若设备实际使用年限低于此要求会导致公司收益低	18~22年
3	设计寿命	设备的使用寿命不能超过设计寿命	30年

　　对于各类设备的"资产墙"预测年限按以下原则进行：①如果设备的实际使用年限未达到其监管要求规定，则技改预测年限时使用监管要求规定的下限；②如果设备的实际使用年限处于其监管要求规定范围内，但未超过其设计寿命，则技改预测年限时使用其实际使用年限。

　　（2）"资产墙"平移。对不同类型资产，按照相对应的各类寿命进行平移，预测未来改造的资产规模。将各类不同类型资产未来改造规模（技术规模/价值规模）叠加，形成改造的资产墙，形成企业技改规模预测。图3-14以输电类资产和主变压器资产为例，解释了采用资产墙的分析预测资产未来改造规模的思路。资产墙的横坐标是资产的投运年限，纵坐标是资产原值规模。通过单位资产墙的平移（使用年限）得到单类资产未来资产改造的原值金额，再进行累加，得到未来企业整体资产墙，以此来预测技改规模。

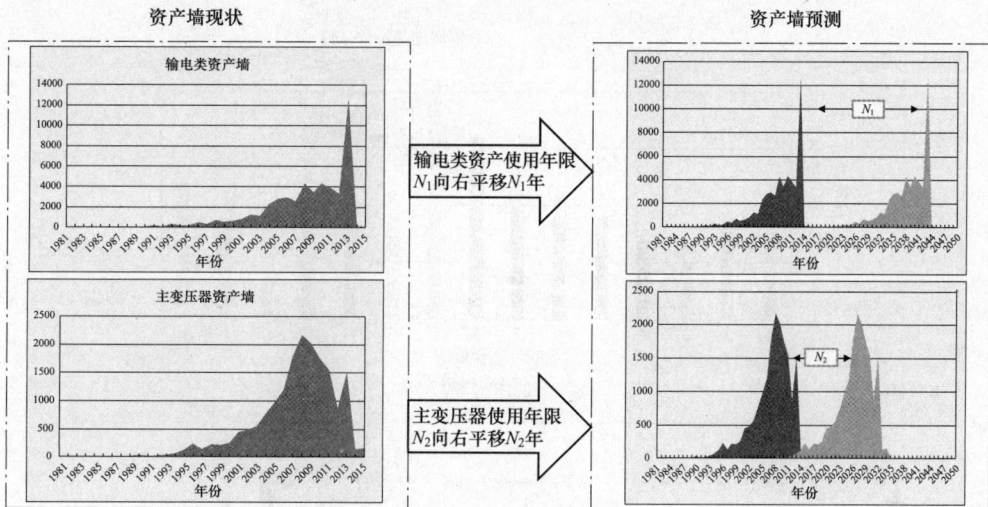

图 3-14　"资产墙"预测思路

　　（3）重置规模预测。重置规模预测的原理，是通过对企业各类资产实际寿命、监管要求及设计寿命等寿命类型的综合分析所做出的资产墙价值规模预测，预测可以在宏观层面技改资金总盘投入，为管理层做出决策支持。

　　重置规模预测首先需要使用资产墙预测设备未来技改资金投入；其次需要拟合出各电压等级设备的购置原值与时间的关系，从而得到时间与原值的拟合方程；最后使用拟合出的方程结合资产墙预测出的未来技改资金投入，可做出较为精确的预测。需要注意的是：①在进行设备重置规模预测时，需要收集较长时间的设备购置原值数据，以便拟合购置原值与时间的关系；②由于不同电压等级的设备与时间有不同的拟合关系，对未来技改进行重置规模预测时，价值规模资产墙也需分电压等级来制作，以便根据不同的拟合关系，代入计算。

　　3.运维工作预测

　　运维工作预测是采用资产墙方法思路进行的，结合设备缺陷率与投运时间的拟合关系，找出进入缺陷上升期的设备的投运区间。通过开展设备缺陷与投运时间关系分析，可对设备运维工作量预测，具体分析流程如下：

　　（1）设备缺陷与投运时间关系分析。对设备的缺陷发生率与各类设备的年龄建立线性关系。

经分析,可知各类资产投运时间超过某一区域后会进入缺陷快速上升区,根据曲线分析,寻找进入缺陷上升区的年龄段,并将该临界值用于运维工作量预测。

(2)运维工作预测。运维工作预测是采用资产墙方法思路进行的,结合上文的设备缺陷率与时间的拟合关系,找出设备进入缺陷上升期的投运时间,可对设备运维工作量进行预测。

图 3-15 以主变压器为例阐明了运维工作预测方法:主变压器在投运第九年进入缺陷上升期,为了预测未来五年的运维工作量,需要将资产技术规模(数量)资产墙向右平移 5 年;将运维工作增量简化为未来 5 年进入缺陷上升区的资产增量预测,以此判断未来 5 年运维工作增量。如图 3-15 所示,目前处于缺陷上升区的资产有 90 台,预计 5 年以后,进入缺陷上升区的资产将有 51 台(目前年龄为 4~8 年的),即 5 年后处于缺陷上升区的资产将有 141 台,上升较快,带来的运维压力也较大。

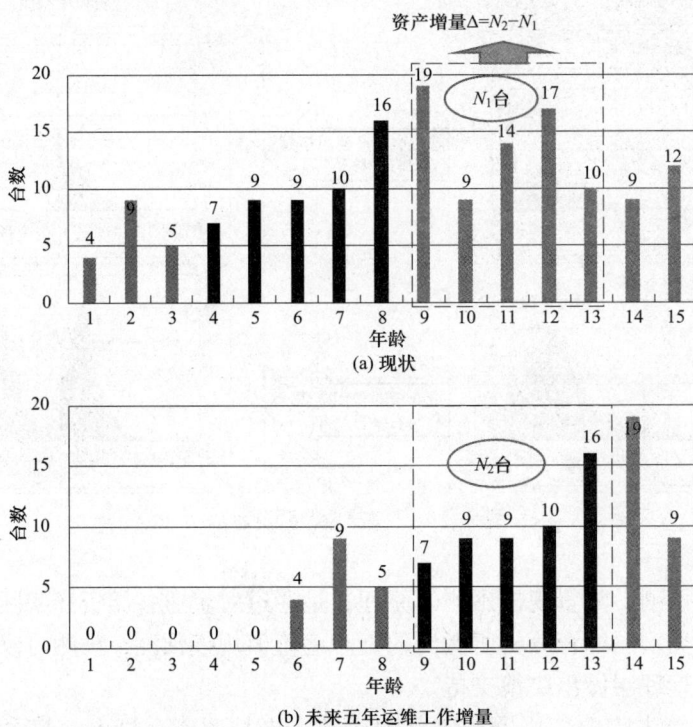

图 3-15 资产墙运维工作预测示意图

运用资产墙模型,企业应首先分单位、分设备类别对各类资产的价值以及技术规模进行全面统计,分析在运资产的资产规模年龄结构,为建立资产墙提供数据基础。并以某年末全部电网实物资产为分析对象,以资产原值、价值规模和投运年份为分析维度,通过统计计算近年企业各类设备的报废资产使用年限,得到各类设备实际平均使用寿命。运用资产墙推移等手段,分别按折旧年限、资产平均使用年限及资产设计寿命三类场景,预测未来设备更新改造引发的资本性投入规模以及技术性投入规模,对可能存在的资金缺口提前计划,防范未来风险,提升供电可靠性水平。

四、"资产墙"分析模型在电力企业中的运用

"资产墙"广泛应用于电力企业资产管理中,通过资产墙分析资产的规模、价值等内容,对资产技改预测、运维预测提供重要指导。根据资产墙现状及预测分析结果,可以制定资产寿命周期策略，系统规划或改造到龄资产和退役资产的策略。根据配网资产的特点，合理安排主、配网改造投资比例；开发上线输变电设备状态在线监测系统，对老旧资产运行状态开展全面监测和评价，发现状态劣化时，及时采取措施。

（一）应用场景

通过全寿命周期履历，结合内外部环境影响因素，从资产结构、设备结构、物料及项目组成等维度入手，对电网公司电网设备分电压等级、分资产类型进行现状分析。从资产墙、资产使用寿命两方面进行未来技改压力预测。通过对设备全生命周期履历场景建设，实现设备、资产、物料、项目各业务的贯通，达到物料编码、设备编码、资产编码的联动。通过对技改需求预测场景的建设，对电网企业技改需求进行预测，达到提前预警的效果，为电网企业安全运行提供保障。同时，为电网企业的健康运营提供科学的管理策略，优化经营资金比例，进一步提高管理决策水平，并最终提出相应的对策，为电网企业资产管理战略制定提供决策依据，从而有效提高电网资产质量和使用效率并降低资产全寿命周期成本，促进资产投入与产出的匹配。

从单体设备角度，对设备全寿命周期履历进行阐述，全面考虑资产的策略、规划、投资、项目（设计、建设、购置）、运维（维护、检修、改造）、处置（退役、转移、报废）的全过程；对未来技改需求进行预测，通过分析电网企业资产经营的内外部环境，分析资产墙、资产使用寿命、资产退役情况以及设备运行情况，预测未来技改压力，并提出应对措施。

按照电网企业资产全寿命周期管理工作要求，结合本项业务工作专业要求和特点细化工作内容。建设深化工作要求，逐项落实工作。可根据对应工作计划和任务设子标题，对应工作内容相关的工作材料（如流程表、任务清单等）应设置附件。

（1）开展设备全生命周期履历及技改需求预测需求评估。对年内重点工作内容的业务需求进行分析，了解业务现状及相关业务部门需求，对现有业务数据和流程进行分析，确认场景实现的难点和业务提升点，完成场景可行性分析。

（2）完成概要及详细设计。在对业务进行需求分析的基础上，对相关业务场景从业务架构、数据架构、技术架构等多角度进行分析，采用大数据等新的技术手段对相关场景进行分析设计。

（3）开展设备全生命周期履历及技改需求预测场景应用开发。应用大数据新技术，对设备全生命周期履历及技改需求预测场景进行相关的开发工作。

在建设过程中，在延长设备使用寿命、平滑技改实施年份、增强总体投资能力、提高技改资金占比、提高基础数据质量等方面还需继续改进。

（1）延长设备使用寿命。

1）影响设备使用寿命的关键影响因素。

变压器：设计寿命、投运年限、运行负荷、运行环境、故障及维修。

断路器、隔离开关：开断电流、开断次数、首开相在三相中的分布均匀度、燃弧时间以及触头材料。

架空线路：运行环境、设计寿命、投运年限。

电缆：电压的幅值、频率、温度、水。

2）延长设备使用寿命的举措。

第一，延长寿命时，需要评估其继续应用于生产的风险，确保不会造成设备或电网重大风险，延寿的风险处于电网企业可接受水平。

第二，延长寿命时，需要平衡风险、效能、成本，确保选择的方案综合最优。

（2）平滑技改实施年份。统计状态评价结果差与缺陷率高发区间（浴盆曲线拐点后）的设备资产规模，通过优先级排序，科学安排技改时间缓解资产墙的压力，同时加强风险评估，避免由此产生新的风险，并采取相应的风险控制举措。

（3）增强总体投资能力。一方面，增供扩效，提高售电量；另一方面，提高企业经营管理水平，优化成本，增强盈利能力，从而提高电网企业投资能力。

（4）提高技改资金占比。根据国际先进电力公司的经验，当期经济发展到一定程度，因负荷增长缓慢必然带来基建投资大量减少；同时由于存量资产设备老化，技改投资会大幅上升，因此，投资结构调整就显得尤为重要。

（二）预期成效

通过设备全寿命周期履历场景建设，能够实现设备、资产、物料、项目全业务的贯通，达到物料编码、设备编码、资产编码的联动。

通过对技改需求预测场景的建设，对电网企业技改需求进行预测，达到提前预警的效果，为电网企业安全运行提供保障；另外，将为电网企业的健康运营提供科学的管理策略，优化经营资金比例，进一步提高管理决策水平，保证电网企业未来业务稳定持续发展。

同时，根据资产墙分析、企业内外部环境、资产现状及未来压力预测，可以提出实物资产管理的改善建议：

（1）推进全过程技术监督，确保电网资产质量。通过组织专家开展设备制造阶段关键点见证、参与重大试验、加大入网设备检测力度等手段，努力将产品质量问题控制、处理在制造源头。建立设备月度质量分析制度、设备告警单制度和设备质量追溯制度，对发现的问题及时发布技术监督预警并跟踪闭环管理。通过物资、基建、监理和运维四方联动，提高对设备质量的管控能力。对有不良诚信记录的制造商，采用约谈、警告、经济处罚等手段，提高对制造商不良行为的处罚力度。

（2）全面推进输电设备远程化管控区建设，实现电网资产运维检修管理模式的创新和优化，降低运维检修成本。在现有输变电设备检修、运行管理模式的基础上，利用PMS平台整合带电检测、在线监测、状态评价、视频监控、智能巡检、应急指挥等多种信息，建成一种对电网设备状态及其生产作业进行远程动态管控和指挥的新型高效的生产管理新模式，实现生产管理的信息实时化、设备远程化、现场可视化。

（3）在状态检修体系下，以综合检修为原则，统筹兼顾，优化电网资产检修策略。主要以状态评价为基础，考虑电网和设备风险评估因素，统筹安排基建、技改、市政、大修等工作，全面深入开展设备状态检修，合理确定设备检修时间，同一间隔设备做到输电和变电一、二次设备相结合，基建与生产相结合，统筹考虑相关设备检修周期同步原则，避免多次重复停电。

（4）在资产墙模型的基础上，根据不同的场景对未来技改资金压力和技改技术规模进行预测。根据资产墙预测公式进行运维预测分析，实现资产管理科学、规范。通过开展资产墙分析评价切实加强了电网投资预测、预判的能力，电网改造规划与资产墙预测紧密结合，可以定量规划存量资产更新改造的投资规模，有针对性地加大技改和运维检修资金投入量，保证资金供应，确保设备问题得到有效治理和电网安全可靠运行。资产墙的应用对于未来科学制定投资决策、指导投资方向和重点具有重要意义。

第四章
通用管理方法

通用管理方法是指通用于各专业管理的方法，本章重点介绍了资产全寿命周期中的管理方法，包括企业模型层次分析法、逐级承接分解法、标准工作程序模型和体系评价方法。本章的前三节从概念、通用模型、特点和应用概况几个方面介绍了企业模型层次分析法、逐级承接分解法和标准工作程序模型，最后一节体系评价方法则重点介绍了资产全寿命周期管理体系评价标准的应用策略。

第一节 企业模型层次分析法

一、企业模型层次分析法概念

层次分析（Analytic Hierarchy Process，AHP）法是由美国著名数学家 Satty 教授在 20 世纪 70 年代提出的，它是一种将定性分析和定量分析相结合的多目标决策方法。层次分析法既不追求高深数学，也不片面注意逻辑和推理，而是把定性与定量方法结合起来，并可以将复杂的系统分解，其基本思想是由判断矩阵的最大特征根及其特征向量，确定每一层次中各元素的相对重要性排序的权值。通过对各个层次的综合进而给出对目标层而言方案的总排序权重，可以说是一种简洁实用的决策方法。由于该方法能够处理复杂的多准则决策问题，因此，它一出现就受到了理论界的广泛支持和认可，并得到了不断的改进和完善。

层次分析法是一种有效地处理那些难以抽象为解析形式数学模型的问题（即非结构化问题）或难以完全用定量方法来分析的复杂问题的手段，是一种定量分析和定性分析相结合的多指标评价分析方法，特别是将决策者的主观经验判断予以量化处理，在目标因素结构复杂且缺乏必要的数据情况下更为实用。层次分析法定义业务范围、识别业务能力、构建管理体系、完善既有业务流程，是将一个复杂的多目标决策问题作为一个系统，将目标分解为多个目标或准则，进而分解为多指标（或准则、约束）的若干层次，通过定性指标模糊量化方法算出层次单排序（权数）和总排序，以作为目标（多指标）、多方案优化决策的系统方法。层次分析法的基本原理是排序的原理，及最终将各种方法排出优劣次序，作为决策的依据。层次分析法将人们的思维过程和主观判断数学化，不仅简化了系统分析与计量工作，而且有助于决策者保持其思维过程和决策原则的一致性，对于那些难以全部量化处理的复杂的公共问题，能得到比较满意的决策结果。

二、企业模型层次分析法通用模型

对所分析的问题建立递阶层次结构模型，将一个层次的各元素相对于上一层次的各准则或目标进行两两比较判断，予以定量表示，构造判断矩阵；通过对判断矩阵的计算，进行层次单排序和一致性检验，或进行层次总排序和整体一致性检验，得到各元素相对于决策目标的优选序列，作为决策依据。层次结构模型示意图如图 4-1 所示。

三、企业模型层次分析法特点

层次分析法是将决策问题按总目标、各层子目标、评价准则直至具体的备投方案的顺序分解为不同的层次结构，然后用求解判断矩阵特征向量的办法，求得每一层次的各元素对上

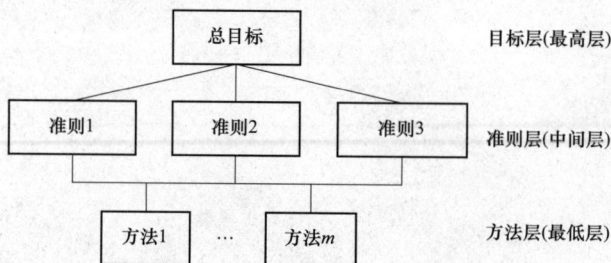

图 4-1 层次结构模型示意图

一层次某元素的优先权重，最后再以加权和的方法递阶归并各备择方案对总目标的最终权重，最终权重最大者即为最优方案。这里所谓"优先权重"是一种相对的量度，它表明各备择方案在某一特定的评价准则或子目标下优越程度的相对量度，以及各子目标对上一层目标而言重要程度的相对量度。

四、企业模型层次分析法的应用

在实物资产管理的决策过程中，往往需要利用数学模型去抽象和简化复杂的目标策略。因此，数学模型在实际实物资产管理决策过程中的有效性，紧密依赖于决策者对各种因素的定量测度能力。在决策的过程中，决策者往往需要根据问题本身所固有的复杂性加以处理，而应用层次分析法建立的模型通常采用两两比较判断的输入方式，来处理实物资产管理无法直接量化的因素，因而能够包含和计量抽象的因素。层次分析法的基本原理是排序的原理，即最终将各种方法排出优劣次序，作为实物资产管理决策的依据。

（一）工作思路

通过层次分析法来把复杂事情分成若干有序层次，建立起一个描述系统功能或特征的内部独立的层次结构（及模型树），根据对某一客观事物的判断，对各层次进行分析，简化系统分析与计量工作，有助于决策者保持其思维过程和决策原则的一致性，有效处理那些难以全部量化处理的复杂的公共问题，从而解决在实物资产管理过程中能源决策分析、研究、科技成果评价、发展战略规划、人才考核评价和发展目标分析等问题，以及解决目标策略分解不流畅，不明晰的问题。

（二）实施措施

在科学合理地制定各预警指标评价标准的基础上，采用指标评分法对电网企业的财务风险进行综合评估，从而可以有效地确定电网企业所处的财务风险等级。通过构建财务风险预警模型，可以对电网企业的财务状况进行实时的监控，当电网企业出现财务状况恶化的倾向时，预警功能会发出预警信号，提醒电网企业管理层今早做出调整运营并采取应对措施，及时查找出导致电网企业财务状况恶化的原因，化解财务风险。

（三）应用场景

首先，在借鉴有关财物风险预警理论与实物研究成果的基础上，结合电网企业实际，提出相关财物风险预警指标，并运用层次分析法（AHP）确定各指标的权重，将复杂问题分解为多个组成因素，并将这些因素按隶属关系进一步分解，按目标层、准则层和指标层排列起来，形成一个多层次的递阶层次结构；其次，通过两两比较的方式确定各因素的相对重要性；最后，基于各因素的相对重要性确定层次总排序，即各因素相对于总目标而言的权重。从而建立起电网企业财物风险预警模型，如图 4-2 所示。

1. 建立 AHP 模型

以实物资产评估值作为最高层总目标。对于准则层（中间层），以实物资产的真实性、科学性、替代性、可行性四项资产评估应遵循的原则作为评定标准。选用三种资产评估方法或模型进行评估，将得到的该资产评估值作为方法层（最低层）。各方法所涉及的各个参数与方法一一对应，如图 4-3 所示。

2. 建立方案因素决策表

该表中数据称为因素数据，记录了实物资产管理决策方案关于各决策因素的信息。决策表是综合判断决策中的基础数据，因素数据可以分为定量数据和定性数据两类。定量数据是

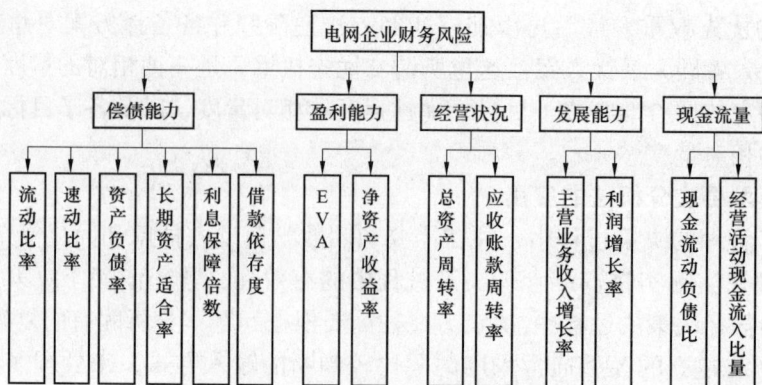

图 4-2　电网企业财务风险

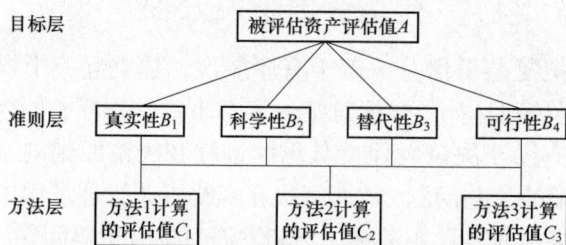

图 4-3　AHP 模型示意图

通过采集、统计或计算得到的量化数据；定性数据是指难以量化只能采用自然语言定性表述的特性。

3. 权重对比

建立判断矩阵，判断矩阵用判断值来表示同一层次各个指标的相对重要性。美国运筹学家 T.I.Saaly 提出 1~9 个层次的标度方法。这样的标度方法实际上只需掌握其中 5 个层次的标度，而其他 4 个层次各取其中值，具体如表 4-1 所示。最后，对于目标权重进行一一对比，判断实物资产管理的目标分解的数值型结果。

表 4-1　　　　　　　　　　　　相对比较标度

标度	释义
1	两因素（或方案）相比，具有同等重要性
3	两因素（或方案）相比，一个比另一个稍微重要
5	两因素（或方案）相比，一个比另一个明显重要
7	两因素（或方案）相比，一个比另一个强烈重要
9	两因素（或方案）相比，一个比另一个极端重要
2，4，6，8	取上述比较相邻的两个程度的中值

4. 因素一致性校验

在两两比较判断过程中，若比较量超过两个，就可能出现不一致的判断。例如有三个因素参与比较，专家认为因素 3 明显优于因素 1，因素 2 稍微优于因素 1，按这种推理因素

3 应该优于因素 2，而专家在实际比较因素 3 与因素 2 时，也可能做出二者同等的判断。由于被比较对象的复杂性和决策者主观判断的模糊性，出现不一致的情况也是正常的。对各指标进行相对重要性判断时可邀请相应的专家采用德尔菲法对每一项指标进行匿名打分。其具体流程是在对所需要的指标权重征得专家的意见和建议之后，对其进行整理、归纳和统计，再匿名反馈给各位专家，再一次进行意见征集，再集中，再反馈，直到得到的意见较为稳定。匿名性、小组统计回答和多次反馈的三大明显特点使得因素校验过程更为完善，可靠性更强。

5. 权重分解

判断因素一致性校验合格后，层次分析法的下一步是求解并判断权重。

（1）分别对判断矩阵的每行因素求和作为分量，得到一个向量。对这个向量进行归一化，即将每行的和除以各行和的求总和。这样得到的权重向量分量之和为 1。

（2）分别对各列求和作为分量得到一个向量。将此向量每个分量均取倒数即得到一个新的向量，对这个新的向量进行归一化，即以每个分量除以各分向量的总和，得到的一个归一化权重分量。

（3）用末列向量的和分别去除该列各元素，然后对所得各行元素分别求和除以该行元素个数，得到一个权重向量。这种方法对归一化后的各列进行了平均。

6. 综合权重计算和排序

通过对实物资产管理决策的层次分解得到关于层次结构中最底层因素的方案权重和各层的因素权重，计算实物资产管理方案对上一层的权重。

（四）预期成效

一是根据固定资产管理绩效评价的实际情况，可以合理确定新增资产配置计划并及时调整资产配置预算；二是通过对绩效考评发现问题的反馈和整改，可以合理配置资源并加强财务管理提高固定资产的管理水平和使用效率；三是可以为资产管理部门考核固定资产管理绩效水平提供可靠依据。解决绩效评价与实际情况，以及绩效考评问题反馈和整改不合理等问题，也同时让目标计划分解更合理，更明细。

第二节 逐级承接分解法

一、逐级承接分解法概念

逐级承接分解法是指企业管理中的各项工作都可以归纳出一个核心要求，而此核心要求可由多个子要求支持，这些子要求本身也可以由多个二级要求支撑，如此延伸。

二、逐级承接分解法通用模型

行动方向（D）：清晰刻画战略意图或战略任务；一般为"动＋宾"结构；下一级的行动方向（D）是上一级的行动计划（A）。

目标（O）：是行动方向在前一年份期望成功状态的表述；下一级目标（O）是上一级对应行动计划（A）的衡量标准（M）。

行动计划（A）：实现目标（O）的行动分解；要具体各行动计划之间不重叠、不交叉；行动计划要有所侧重，有所忽略；明确责任部门与负责人员。

衡量标准（M）：针对每项行动的具体衡量标准；必须可量化，可考核。

逐级承接分解示意图如图 4-4 所示。

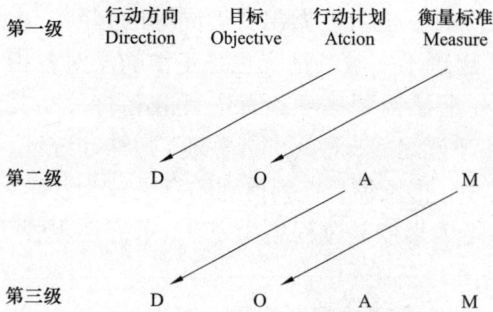

第一级	行动方向 Direction	目标 Objective	行动计划 Atcion	衡量标准 Measure

第二级　　　　D　　　　O　　　　A　　　　M

第三级　　　　D　　　　O　　　　A　　　　M

图 4-4　逐级承接分解示意图

逐级承接分解法在资产全寿命周期管理体系建设工作中，主要可以运用于策略、目标的制定上。以目标举例，要根据法律法规、企业战略、企业愿景、核心价值观等以及各相关利益方的需求，归纳出企业资产全寿命周期管理总体目标，继而将总体目标分解为多个关键绩效指标，这些关键指标本身也可以由多个指标要求支撑，如此延伸。

对于每一个层面的要求为：彼此相互独立不重叠，合在一起完全不遗漏，最终构建出状若金字塔结构的、统一的、稳定的、完整的资产战略目标体系，如图 4-5 所示。

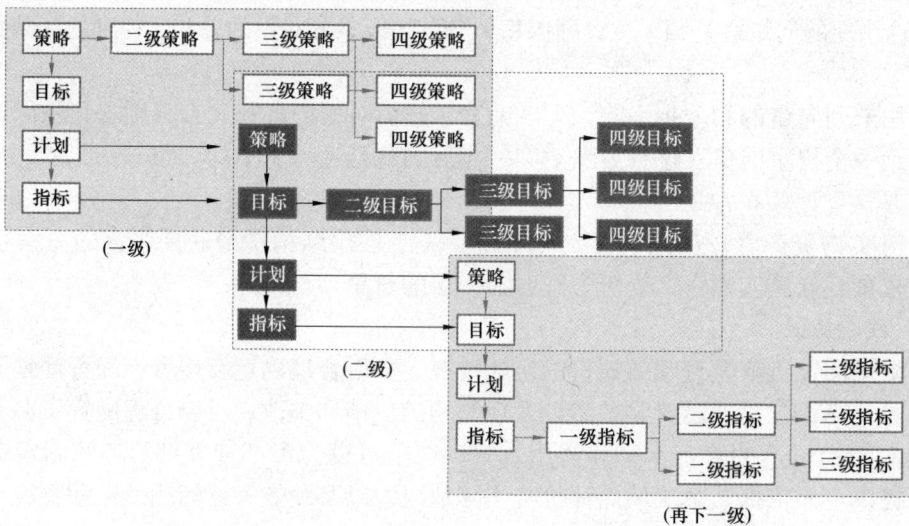

图 4-5　以逐级承接分解法制定资产全寿命周期管理目标体系

通过层层分解资产全寿命周期管理的总体目标，确保各层级目标一致，有利于指导整个体系建设工作的开展与实施。

三、逐级承接分解法特点

（1）充分沟通，确保共识。每项行动的确定与分解必须经过行动考核人与被考核人面对面的充分沟通，确保双方对行动和目标的准确理解及资源的保障落实。

（2）分解落实，共同承诺。行动产生与分解的过程就是"要约–承诺"的过程，每一项行动的确定与分解是行动考核人与行动被考核人的共同承诺。

（3）沟通辅导，审慎应变。在年中执行过程中，考核人与被考核人要以绩效面谈辅导的形式，跟踪及推动行动的进展。原则上合约不宜调整，除非形势发生重大变化，方可审慎调整合约的内容。

四、逐级承接分解法应用

逐级承接分解法是一种过程方法，主要功能是系统地识别所有活动，明确管理活动的职责和权限，识别职能之间和职能内部活动的接口，分析和测量关键业务能力，注重并管理改进体系运行中的各种因素等。

（一）工作思路

通过识别过程中的活动，对活动进行分层和分解，层层联动，环环相扣，使管理体系得到改善。每一级的行动计划和衡量标准都指导着下一级的行动方向和目标，使得最终需要实现的目标逐层分解，确保目标纵向一致，每一级都保证行动方向的正确性。

（二）实施措施

具体应用上应层层分解，步步推进。

第一级分解，可以明确电网企业本年度及中长期经营目标和重点战略任务，以发展要求和规划计划为指导，结合内外部形势的对应要求，发掘对电网企业经营和发展有重大影响的项目，整理需要跨职能、跨领域联动的任务，提炼能带动电网企业全局工作的重要纲领性目标，形成电网企业整体绩效评价和下一步工作的基础。

第二级分解，落实第一级分解要求，提出电网企业和各部门的战略要求、经营要求或职能要求，结合电网企业其他总领性规划，确保目标业务的重要性、全局性和先进性，以电网企业年度目标和重点工作为中心，确立具体活动。明确经营管理目标和重点工作主要有三个用途，一是建立绩效封闭评价的基础；二是为个人绩效计划提供平台；三是作为下一级分解的重要输入。

后续各级分解可以逐步落实到各级员工，依照岗位或职位要求形成体系运行与全员绩效相结合的模式。

以某集团公司举例说明。

第一级，行动方向 D 为"保持集团经营增长"，行动目标 O 为"解决利润缺口"，行动计划 A 可以有"产品单价获得提升""加强成本控制"等，衡量标准 M 可设定为"产品单价达到 X 元以上""成本控制在 X 元以内"等，见表4-2。

表 4-2　　　　　　　　　　　　　第一级 DOAM 分解

维度	内容
D 行动方向（Direction）	保持集团经营增长
O 行动目标（Objective）	解决利润缺口
	产品单价获得提升
A 行动计划（Action）	加强成本控制
	…
M 衡量标准（Measure）	产品单价达到 X 元以上
	成本控制在 X 元以内
	…

第二级以第一级 A 中的 D"加强成本控制"和 M"成本控制在 X 元以内"为基础制定 DOAM，例如行动计划 A 可以为"使用可循环材料等"，衡量标准 M 可以为"材料与产品是否配套"等，见表4-3。

（三）应用场景

以某电力公司输变电设备综合可用系数指标为例介绍逐级承接分解法，如图4-6所示。

表 4-3　　　　　　　　　　　　第二级 DOAM 分解

维度	内容
D 行动方向（Direction）	加强成本控制
O 行动目标（Objective）	成本控制在 X 元以内
A 行动计划（Action）	使用可循环利用材料 …
M 衡量标准（Measure）	材料与产品是否配套 …

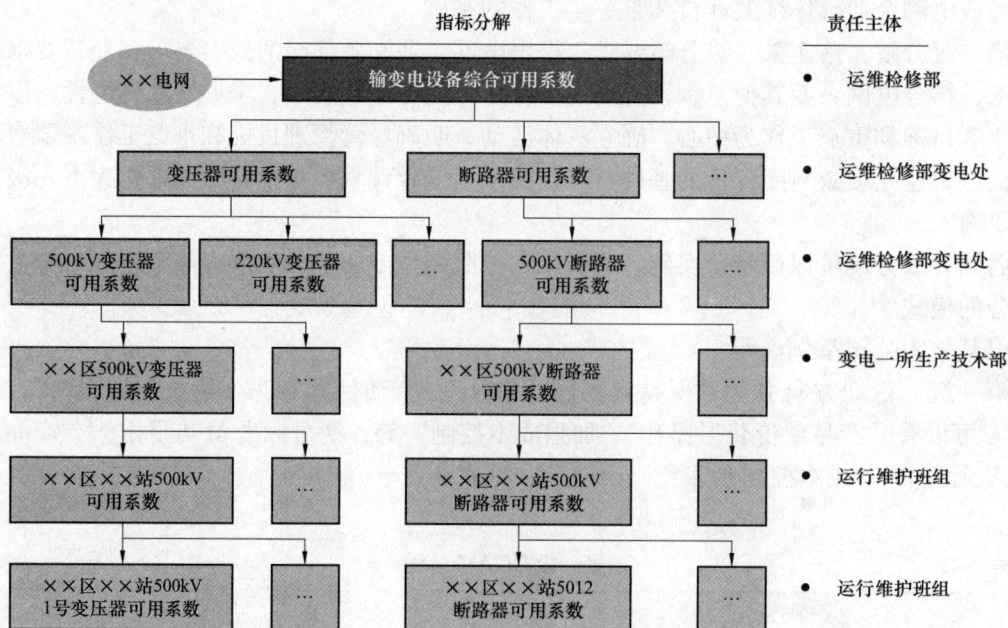

图 4-6　输变电设备综合可用系数指标分解示意图

1.对资产层级进行细分

最上层为电网层面，往下依次是设备类型、电压等级、区域、变电站，最底层为单体资产。

2.对输变电设备综合可用系数指标进行分解

分为变压器可用系数和断路器可用系数两方面。其中，变压器可用系数可以继续分解为 500/220kV 可用系数，断路器可用系数分解为 500kV 断路器可用系数。往下依次是区域变压器、变电站、具体设备的系数指标。

3.确定各层级的负责部门

运检部总负责输变电设备综合可用系数指标，运检部的变电处对变压器/断路器可用系数及其分解指标负责，变电所的生产技术部对区域可用系数负责，运行维护班组负责变电所及单体资产的管理。

（四）预期成效

运用逐级承接分解法可以有效确保电网企业各部门各岗位职责和权限明确，项目与计划各环节衔接顺畅，体系运行在宏观和微观层面同时推进，为电网企业运营活动的顺利开展奠定基础。

<h1 style="text-align:center">第三节 标准工作程序模型</h1>

一、标准工作程序模型概念

标准工作程序模型（SWP）是以 PDCA 管理模型为基础，全新定义方向、目标、策略、计划、实施、监控、评价、改进八个步骤的新型工作模型，主要应用在体系建设具体管理和业务管理中。

二、标准工作程序模型通用模型

PDCA 循环又叫戴明环，是美国质量管理专家戴明博士提出的，它是全面质量管理所应遵循的科学程序。PDCA 管理包含四个步骤：计划（PLAN）、实施（DO）、检查（CHECK）、改进（ACTION），PDCA 管理模型如图 4-7 所示。

标准工作程序模型的八个步骤详细如下：

方向：基于现状、资源水平、内外部环境等信息及未来变化趋势，开展现状评价及未来需求分析预测。

目标：通过目标管理方法，制定明确的、可衡量的远期、近期目标以及各阶段的执行目标，并定期回顾、调整。

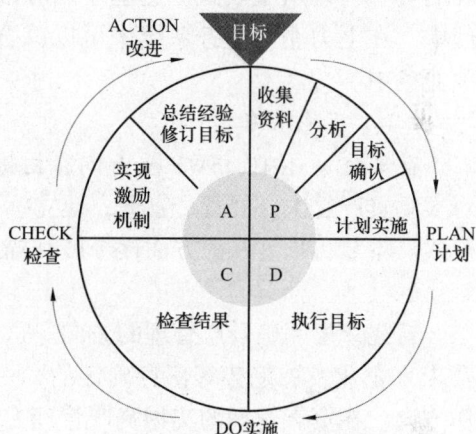

图 4-7 PDCA 管理模型

策略：根据总体目标，基于现状评价分析，采用统一的方法，编制工作策略。

计划：综合考虑风险等因素，制订工作计划，包括中长期、年度工作计划及工作体系改进计划等，成文发布，并定期回顾修订、归档。

实施：业务执行是落实总体目标、策略和计划的载体；应满足工作体系要求，指导各阶段业务活动开展。

监控：建立管理体系绩效的监控机制及指标体系，用于监控、衡量、分析工作管理状况，掌握体系执行的及时性、规范性和实际效果。

评价：评估并报告工作绩效及工作体系的有效性；以确保工作总体目标、策略及计划的实现，并满足监管机构的强制性监测和利益相关者的期望。

改进：建立纠正和预防措施管理机制，通过识别机会、制定措施、分析原因、实施和评估措施等过程对活动开展纠正和预防。

三、标准工作程序模型特点

标准工作程序模型主要有以下三大特点：

（1）大环套小环、小环保大环、推动大循环。PDCA 循环作为质量管理的基本方法，不仅适用于整个工程项目，也适应于整个企业和企业内的科室、工段、班组以至个人。各级部门根据企业的方针目标，都有自己的 PDCA 循环，层层循环，形成大环套小环，小环里面又套更小的环。大环是小环的母体和依据，小环是大环的分解和保证。各级部门的小环都围绕着企业的总目标朝着同一方向转动。通过循环把企业上下或工程项目的各项工作有机地联系起来，彼此协同，互相促进。

（2）不断前进、不断提高。PDCA循环就像爬楼梯一样，一个循环运转结束，生产的质量就会提高一步，然后再制定下一个循环，再运转、再提高，不断前进，不断提高。

（3）门路式上升。PDCA循环不是在同一水平上循环，每循环一次，就解决一部分问题，取得一部分成果，工作就前进一步，水平就进步一步。每通过一次PDCA循环，都要进行总结，提出新目标，再进行第二次PDCA循环，使品质治理的车轮滚滚向前。PDCA每循环一次，品质水平和治理水平均更进一步。

四、标准工作程序模型应用

（一）工作思路

标准工作程序模型（SWP）以PDCA模型为基础，从方向、目标、策略、计划、实施、监控、评价、改进八个方面逐次开展资产管理，建立标准化、流程化、制度化的可持续发展的资产管理新型模式。它基于闭环改进的思想，主要应用在体系建设具体管理和业务管理中，在电力企业业务系统中可以综合运用于电力企业管理的如资产管理、业务管理等各项业务中。

（二）实施措施

在实际运用中，SWP从方向、目标、策略、计划、实施、监控、评价、改进八个方面对实物资产逐次开展资产管理，建立标准化、流程化、制度化的可持续发展的资产管理新型模式。本节将从这八大方面逐个展开描述，深入了解SWP在实际管理中的具体应用。

1. 方向

首先，要明确资产管理的方向。这个方向是根据企业的现状、资源水平、内外部环境以及未来企业发展趋势等信息确定的，一般通过开展现状评价和未来需求分析预测来确定工作方向。在资产管理的实物资产管理方面，需要开展实物资产现状评价工作，加强资产清查，编制实物资产现状评价报告，并根据现阶段的资产现状提出新的优化举措。在资产管理业务方面，需要开展企业各部门业务现状评价，深入挖掘资产管理业务中的不足和薄弱环节并落实整改，形成资产管理业务现状评价报告。

2. 目标

在实物资产管理中，目标分为资产管理总体目标、资产管理绩效目标和资产管理执行目标。其中，资产管理总体目标是指承接国家电网公司发展战略和省公司发展战略，综合平衡企业决策层、管理层、执行层以及利益相关方之间的关系，满足风险管理、法律法规、可持续发展、环境责任以及社会责任等一系列要求的总体目标。资产管理绩效目标是指基于资产管理总体目标，建立与资产管理持续改进承诺保持一致，符合法律法规及外部监管政策要求，并以资产全寿命周期管理绩效为一级指标，通过选取与资产管理密切相关的指标而组成绩效目标合集。资产管理执行目标是指基于资产管理总体目标、资产管理绩效目标，综合考虑资源配置、时间节点、风险、资产重要度、实际执行情况等具体要求，制定具体、详细、可量化的执行目标。另外，资产全寿命周期管理活动必须全面承接、逐级分解资产管理目标，确保资产管理目标落实到资产管理活动中，实现资产全寿命周期管理活动目标的一致性。

3. 策略

这里的策略是指可以实现目标的方案集合，是根据事物形势发展而制定的行动方针，因此策略是行动的先导。资产管理策略是资产管理体系决策子体系的重要组成部分，对资产管理计划的制订具有重要的指导的作用。主要分为电网发展策略、资产寿命周期策略、寿命周期职能策略、资产风险管理策略、可靠性策略、投资策略六个方面。在实际的实施中，各电力企业可以结合自身资产的特点和资产管理活动的具体情况，以国家电网公司整体战略为总指导，以自身企业资产管理总目标为导向，基于资产全寿命周期体系建设的思想，将上述的六大策略进行细化分解，落实到每一个企业部门中。这些策略能够科学指导企业各部门进行年度重点工作任务计划的制订，并确保资产管理体系思想在未来实践中的贯彻执行，从而达到提升企业资产管理水平的目的。同时，各地市级公司需要根据省公司总体目标和自身实际情况，加强省公司各类资产管理策略的细化和应用工作，使其落实到本单位具体的工作计划和工作方案中。

4. 计划

资产管理计划是指与企业战略规划和资产管理总体目标相一致，为实施资产管理策略并实现资产管理目标而编制的，明确资产、资产集的建立、购置、使用、维护、退役、处置等活动的资源、职责和时间目标的文件。

资产管理计划的范围包括资产管理体系改进计划、中长期计划、年度计划和其他年度计划。其中，中长期计划包括电网发展规划、技改规划、通信规划、小型基建规划；年度计划包含年度综合计划、年度基建投资计划、年度技改投资计划、年度小型基建计划、年度营销投入计划、年度零购计划、年度科技与信息计划、年度检修运维计划、年度研究开发管理咨询计划；其他年度计划包含年度运行方式、年度财务预算计划、人力资源计划、年度物资计划、年度生产性固定资产退役计划、综合资源平衡计划。

5. 实施

在资产管理活动实施的过程中，应注重各阶段工作的执行和落实。实施阶段主要分为四大阶段：规划计划阶段、采购建设阶段、运维检修阶段、退役处置阶段。规划计划阶段的主要业务包括电网规划、项目立项、投资计划和后评估；采购建设阶段的主要业务包括工程设计、进度管理、费用管理、质量管理、转资管理、物资采购、供应商管理、物资设备资产三联动；运维检修阶段的主要业务具体包括月度/周执行计划平衡、月/周综合停电计划发布、设备停送电、新设备启动、电网监控、事故异常处理、客户故障报修、计量设备运行管理、付款、决算、转资；退役处置阶段的主要业务具体包括发布资产退出计划、退役资产技术鉴定、退役资产报废审批、固定资产报废、报废资产处置、报废资产财务处理。每一个阶段中的每一项工作都需要落实到具体的部门，制定详细、可量化的工作目标和要求，因而保证工作的可持续进行。

6. 监控

资产全寿命周期管理过程中的管控工作承接了资产管理目标、策略和计划，管控资产全寿命周期活动实施过程，以确保监控资产全寿命周期管理在所有阶段的成本、风险、资产和资产集的绩效。

在全寿命周期活动开展过程中，各部门和基层单位需要落实安全、质量、进度、成本、技术、风险以及相关信息的管理要求。同时，根据企业内外部环境、企业资源等因素变化进行随时调整，以确保与目标、策略和计划能够时刻保持一致。另外，各部门和各单位应及时记录、保存活动过程的过程记录和信息，并满足监测及监控要求。

7. 评价

为更好地完善实物资产管理，确保管理中的问题及时整改，需不断对工作进行评价和改进。评价包括对资产和资产集的改进效果评价、资产管理体系的改进效果评价以及新方法和新技术的改进效果评价。在资产和资产集的改进效果评价方面，要求在项目完成后，由责任部门组织相关人员对改进效果进行评价，并反馈评价意见；在资产管理体系的改进效果评价方面，企协需要组织人员对纠正措施实施结果的有效性进行验证；在新方法和新技术的改进效果评价方面，需要在项目完成后，由责任部门组织相关人员对改进效果进行评价，并反馈评价意见。

在进行改进效果评价后，需要进一步开展持续改进项目经验的固化与推广。首先，对于改进实施后的改进效果达到"标杆"状况的项目，应由项目相关部门、基层单位总结典型经验，并进行固化推广；其次，推荐管理类改进项目成果参加国家电网公司和外部机构的创新成果发布，获奖项目可由企协会同各专业部门进行推广应用。

8. 改进

改进作为 SWP 在资产管理过程中的最后一个环节，从内容上分类可分为对资产和资产集的改进、对资产管理体系的改进以及对新方法和新技术的持续改进。对于资产和资产集的改进，在每年第四季度，由资产管理相关责任部门评估相应资产的运行状况，提出改进需求；对资产管理体系的改进，在每年的第二季度，由电网企业企协牵头成立审核小组，对电网企业的资产管理体系进行审核，识别改进机会，提出改进需求；对新方法和新技术的改进，在每年第四季度，由相关责任部门组织各部门、基层单位识别管理和技术中的改进点，提出改进需求。

持续改进措施在实施前，需要相应的改进计划。首先，由持续改进归口管理部门组织各部门、基层单位根据已识别的改进机会编制资产管理体系持续改进计划；其次，在每年第四季度，由归口管理部门汇总持续改进计划，上报资产委员会开展管理评审；最后，经资产管理委员会审批通过后，归口管理部门发布下年度资产管理持续改进计划。

另外，持续改进的实施包括对资产和资产集、资产管理体系以及新方法和新技术的改进实施。资产和资产集的改进实施，由项目承担单位根据下达的综合计划，安排项目实施计划，并按项目实施计划组织实施；资产管理体系的改进实施，根据审核中发现的不符合项，企协组织相关责任部门进行整改；新方法和新技术的改进实施，由项目承担单位根据下达的综合计划，安排项目实施计划，并按项目实施计划组织实施。

（三）应用场景

现在电力企业要求从管理措施到技术措施全方位把控设备状态，提升运维效益。根据资产全寿命周期管理理念，引入 PDCA 闭环管理工作机制，可以解决基层一线实际运维检修工作困难等问题，进一步提升设备状态管控能力，降低现场人员安全风险和劳动强度，提高运维人员工作效率，实现减员增效的目标。

本节将以电力企业资产全寿命周期管理为例，具体讲解管理过程中运行检修方面的运用方法。

资产全寿命周期管理工作方法的应用形成了基于目标、计划、过程管控、绩效评价、持续改进等步骤的闭环管理机制，如图 4-8 所示。

1. 电能质量在线检测引入 PDCA

如某电网公司 2015 年计划对农村范围供电用户采集装置进行更换，无采集装置升级和

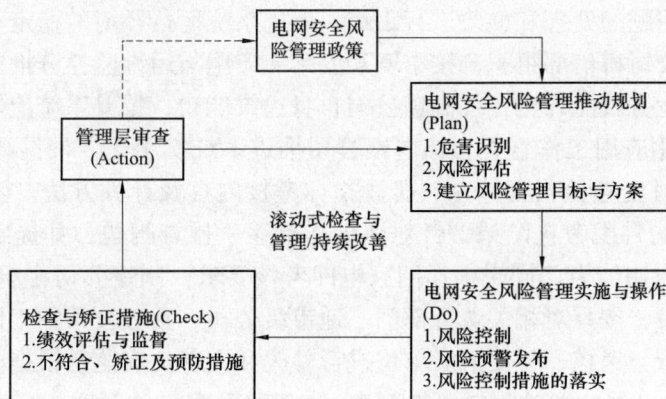

图 4-8　电网安全风险管理 PDCA 循环模型

新装计划，采集装置更换的数量是 44976 台，具体工作计划如下：3 月底前，完成已安装的采集装置运行情况及农村范围已接入中压用户供电可靠性数据情况全面排查；4 月底前，制定详细的农村范围采集装置新装、升级与更换方案；12 月底前，完成农村范围具备软件升级条件采集装置中 60% 的升级，以及需要更换的老旧采集装置中 50% 的更换改造工作，接入所以具备自动采集条件的农村范围中压用户供电可靠性。

为实现这些计划，该电网公司应统一部署 2015 年的具体改造工作，按国家电网公司农网供电电压自动采集系统建设要求，完成 A、B、C 类改造及 D 类换装，并将数据直接推送国家电网公司农网供电电压自动采集系统。主要工作内容：2 月底前，开展农网供电电压自动采集系统的数据接入联调及数据整治工作；3 月底前，完成相关的系统调研、分析、开发、测试等；6 月底前，完成农网 A、B、C、D 类电压监测点档案数据核对；8 月底前，实现农网 A 类点母线电压从省级调度系统集成；10 月底前，实现农网 B、C 类电压数据从省级营销用电采集系统 / 海讯实时数据库集成；11 月底前，完成农网 D 类监测点的更换、数据直采工作；12 月底前，完成纵向、横向接入国家电网公司供电电压自动采集系统及电能质量在线监测系统等。

该电网公司为加强运维质量监督，采取完善系统运维管理办法、制定终端运维管理制度、加强日常运维工作质量。该电网公司在上述管理办法和方案中，对系统应用职责分工、日常管理、系统运维、应急预案及评价考核等方面的工作要求进行了明确和规范。2015 年，该公司充分总结实际运维过程中的工作经验，对系统管理办法和运维方案进行修订和完善，在方案中对运维团队组织架构、岗位设置和人员配备情况、运维内容和服务范围、运维流程、系统运维级别和服务时间等内容进一步细化和明确，从而提升系统实用化水平，保障系统稳定、规范运行。随着农村范围的供电可靠性数据和电压数据集成接入，需重点加强全省供电各类采集装置的运维管理工作。此工作由该公司营销部牵头，运检、安监等部门配合共同制定公司辖区采集装置运维管理制度，从部门职责分工、定期巡检模式、问题应急处理等多方面进行明确和规范，提升采集装置问题发现能力与处理效率，通过数据采集前端的稳定运行来确保数据集成。充分发挥运维团队作用，加强数据监测及运维质量分析工作，从数据及时性、完整性、准确性等方面进行监测和分析，按月编制系统运维质量分析月报和数据质量分析月报，查找问题产生原因。通过该公司建立的运维管理机制，采用周例会、月通报等形式，对问题的处理和整改进行跟踪，促进系统运行环境的稳定和整体运行质量的提升。此外，由该公司科信部组织，按季度开展系统应用与运维监控分批次现场培训；参加业务运维团队成员业务技能评测，提高该公司自身运维能力，提升系统应用和管理水平。

为加强系统深化应用工作督查，该电网公司推进系统实用化。根据国家电网公司2015年最新颁布的系统月度考核指标体系，研读指标考核内容及计算方法，认真分析每月国家电网公司通报下发的月度考核结果，针对弱项指标逐一排查问题，并提出相应整改措施进行完善，提升系统应用能力。同时根据国家电网考核要求，制定公司相应的考核指标体系，加强管控力度和手段，按月对相关业务部门、地市级公司、县级公司的工作执行情况及系统实用化水平进行评价与考核，督促落后单位进行整改和完善。安监部根据国家电网公司实用化验收标准和方案，开展公司验收自评价工作，查找和发现自身不足，及时做出调整和改进。在验收准备期间，配合国家电网公司提供相关备查材料，及时总结工作成果及经验，做好各项验收准备工作，争取第一批通过国家电网公司实用化验收。

2. 风险管理上引入 PDCA

电网安全风险管理是电网企业管理的一项重要工作，是一个统一的整体过程。由于受外部因素和内部因素的影响，会引发电网安全风险，如何有效的管控风险对于保障电网的安全运行具有十分重要的意义。PDCA 循环是管理学中通用质量控制模型。PDCA 循环为电网安全风险管理提供了一个全新的视角，对提高电网安全风险管理水平具有重要的借鉴意义。根据 PDCA 循环理论，构建多层次的 PDCA 循环电网安全风险管理模式，实行一体化建设和精益化管理，形成闭环管理和持续改进机制，不断提高电网安全风险管理水平。基于业务流程的电网安全风险管理可以将 PDCA 循环理论作为工具，发挥其作用，从而达到持续提升管理水平的目的。结合电网企业实际状况可以建立电网安全风险管理 PDCA 循环模型。通过这个模型，如何在基于业务流程的电网安全风险管理中运用 PDCA 循环及其对应关系。

（1）电网安全风险管理政策。电网安全风险管理政策是电网企业管理层对于电网安全风险管理工作的承诺与支持及对于风险的认知与处理的基本理念。

（2）危害识别。按照一定标准，结合电网运行特点，对潜在的或固有的影响电网运行安全的危害因素和危害事件进行系统和科学的分析、归纳与鉴别。

（3）风险评估。在危害辨识的基础上，分析各种风险因素发生的概率、对电网安全和供电的影响程度，确定风险等级。

（4）建立风险管理目标与方案。电网企业所面临的不仅仅是通常企业的共有风险，还要面临电力企业由于其生产特殊性所带来的特有风险，因此电网安全风险管理的目标要贯彻"安全第一，预防为主"的方针，保证员工在电力生产活动中的人身安全，保证电网安全、保证设备安全（保人身、保电网、保设备），确保电网的稳定运行和可靠供电。方案的建立要更贴近电网企业的生产实际。

（5）风险控制。根据安全生产的目标和宗旨，在危害辨识和电网风险评估的基础上，选择最优的控制方案，降低风险发生概率和减轻风险后果。

（6）风险预警发布。对于较大风险的Ⅰ级安全风险原则上不予安排，需要重新优化方案，将风险控制在Ⅱ级及以下。Ⅱ级安全风险由电网公司分管生产领导或总工程师签发，Ⅲ级安全风险由电网公司副总工程师或生产技术部签发，Ⅳ级、Ⅴ级安全风险由调度机构负责签发。

（7）风险控制措施的落实。电网企业各部门要协同作战，调度机构和各有关部门，包括安全监察部、发展规划部、市场营销部、工程建设部、生产技术部、运行维护单位（供电局、运维局、超高压局、发电厂、用户站等），应严格按照风险预警要求做好各项工作，落实各项措施，有效控制电网安全风险。

（8）绩效评估与监督。电网企业应建立并维持适当的程序，以定期监督与评估风险管理绩效。

（9）不符合、矫正及预防措施。电网企业应建立并维持适当的程序以确定权利与责任，以便处理与调查电网风险事件、事故；采取行动以减轻任何因电网风险事件、事故或不符合状况所造成的后果；展开并完成矫正与预防措施；确认采取的矫正与预防措施的有效性。

（10）管理层审查。电网企业的高级管理人员应及时审查电网安全风险管理系统，以确认其持续适用性及有效性。管理层审查应依据审查结果、情势的变化及持续改进的承诺，提出修改电网安全风险管理系统之意见、目标及其他可能需求。电网企业业务稳定，组织机构比较庞大复杂，企业业务流程相互交叉，流程可梳理性强，而且对安全生产管理要求高，基于以上几点，应用 PDCA 循环的电网安全风险管理可以有效提高安全风险管理水平。

标准工作程序模型（SWP）基于闭环改进的思想，可以综合运用于电力企业管理的如资产管理、业务管理等各项业务中。在国家电网公司系统，标准工作程序模型（SWP）的理念和方法已深入人心，并广泛应用到实际业务中，取得显著成效。

（四）预期成效

标准工作程序模型（SWP）针对资产管理各阶段业务提出了标准化的工作流程，有利于在资产管理中建立协调统一的标准流程、岗位职责、制度标准、考核评价、风险控制体系，适应了创新机制建设和工作高效运转要求。

通过标准工作程序模型的应用，能够有效梳理资产管理各业务流程，构建科学化的工作程序和制度标准；能够明确各个部门、岗位的职责，有效避免资产管理中责任不清、效率不高、质量参差不齐的局面。

第四节 体系评价方法

一、体系评价方法概念

体系评价方法是指运用一定的评价方法、量化指标及评价标准，对工作目标的实现程度，及为实现这一目标所安排预算的执行结果所进行的综合性评价。

电力企业资产管理体系的评价标准主要应用于资产管理体系常态化运行水平、实物资产管理水平、业务管理水平三个方面，重点关注资产管理体系实施、工作要求落实情况、资产管理方法应用及业务提升工作成效。

资产管理体系常态化运行水平主要评价资产管理体系常态化工作组织机构及人员职责落实情况，体系常态化工作保障机制建立和运转情况，现状评价的全面性和深度，目标策略分解和细化落实情况等。

实物资产管理水平主要评价实物资产的全过程管理是否规范，关注实物资产的转资、价值增减、退役报废等关键节点，确保实现资产的实物流、价值流、信息流的三流合一；评价资产清查工作的开展情况以及各类型资产的"账卡物"一致率是否满足企业要求；核查实物资产现状评价开展情况，评价其全面性、完整性、准确性。

业务管理水平主要评价规划设计、工程建设、物资采购、运维检修、退役报废等资产管理业务的规范性、创新性和先进性。规范性方面，核查资产管理业务工作与规章制度、规程规定、标准规范的是否符合，工作目标、计划、执行、检查、改进等环节是否有效闭环，工作协同是否顺畅，风险是否可控、在控；创新性方面，应用资产管理理念、技术方法解决实际业务问题，在关键业务环节应用资产管理通用技术方法开展创新性的管理提升；先进性方面，采取有效手段确保本单位资产绩效优良，资产管理通用技术方法在各项业务管理工作中的应用程度、专项业务提升情况、业务管理水平和管理成效在省公司、国家电网公司范围内的竞争力。

二、体系评价标准流程

评价工作采用自评价和专家组评价相结合的方式进行。自评价由各部门、各单位自行组织开展，专家组评价由电网企业资产管理体系评价专家以现场评价方式开展。资产管理体系评价工作实行闭环动态管理，按照"评价、分析、整改"的过程循环推进，开展自评价及专家组现场评价，对评价过程中发现的问题进行原因分析，按照评价结果对存在的问题制定并落实纠正与预防措施，在此基础上进行持续改进。

评价标准的执行方面，电网企业统一组织评价专家组赴各单位开展现场评价，评价主要以资料审查、业务部门访谈、现场验证等方式开展。评价工作的具体流程如下：

1. 单位自评价

各单位完成体系深化应用自评价工作，编制自评价工作报告，总结评价资产管理体系深化应用工作的情况，把握本单位的特点，注重成效总结和问题整改。各单位根据自身情况，正式评价前向评审单位提交自评价工作报告和评价资料，要求至少提前5个工作日。

（1）自查资产管理体系文件落实情况。

（2）自查资产管理业务工作要求落实情况。

（3）自查资产管理方法应用及推广情况。

（4）自查业务提升工作成效。

2. 评审单位现场评价

评审单位根据各单位评价顺序，组织评价组进行现场评价：

评价组构成。评价工作由两个专家组同步开展，每组专家构成涵盖体系审查、业务审查和实物资产审查等专业领域。

召开启动会。会议议程主要包括受评方简要汇报自评价工作开展情况，专家组明确评价的原则、方法，介绍评价组专家情况、专业分工情况，告知现场评价具体日程安排，强调评价过程中的工作纪律和注意事项。

分组查评。根据专家组专业分工，深入评价单位开展现场评价，每个专业组由各受评价单位派遣业务骨干配合开展评价工作，其他相关专业人员根据审查需要候查。一方面对资产管理体系的建设和深化应用情况进行深入评价，侧重在各单位整体实施情况，评价工作集中在各单位本部；另一方面对重点现场进行评价，涉及基建、技改、大修、业扩等项目及日常资产管理业务开展情况，主要评价资产管理体系与实际业务的结合情况以及过程管控。

延伸评价。以地市级公司为主开展评价，延伸到县级公司。由地市级公司推荐县级公司进行延伸评价。延伸评价业务包括体系审查、业务审查、实物资产审查等。县级公司计分纳入地市级公司总分。

各组汇总。专家组在评价结束后，及时编制资产全寿命体系现场评价记录，并汇总编制现场评价报告，评价报告包括现场评价情况、资产体系提升工作、存在的问题、提出建议等方面内容。评价结束后，召开专家组内部会议，讨论整改意见，编制审核报告。

召开反馈会。评价组和受评单位相关人员参加会议，由评价组反馈评价意见。

3. 查评问题整改

现场查评结束后，各单位及时按照评价反馈要求制定问题整改方案，行文发布并抄报评审单位。各单位按照整改方案有序开展整改工作，评审单位后续将组织对各单位整改工作完成情况进行抽查。

三、体系评价评分标准

评价标准各部分的标准分分别为：资产管理体系1000分，实物资产1000分，资产管理活动1500分，共3500分。

用单项要求得分率及整体得分率来衡量受评单位单项资产管理要求落实程度及资产管理体系整体工作成效。单项要求得分率是指每个单项要求实际评价得分与该单项标准分的比值。计算方法：单项要求得分率＝（单项实得分／单项标准分）×100%；整体得分率是指整体实际评价得分与整体标准总分的比值。计算方法：整体得分率＝（整体实际得分／整体标准总分）×100%。

受评单位资产管理体系单项、整体评价结果从低到高共分为萌芽型、成长型、成熟型、领先型、卓越型五个等级，分别反映受评部门、单位资产管理要求落实情况、资产管理体系整体工作水平。

单项资产管理要求落实情况评价标准为：

（1）萌芽型：该项资产管理要求得分率为应得分的30%~45%。

（2）成长型：该项资产管理要求得分率为应得分的45%（不含45%）~60%。

（3）成熟型：该项资产管理要求得分率为应得分的60%（不含60%）~75%。

（4）领先型：该项资产管理要求得分率为应得分的75%（不含75%）~90%。

（5）卓越型：该项资产管理要求得分率为应得分的90%（不含90%）~100%。

资产管理体系整体工作水平评价标准为：

（1）萌芽型资产管理整体得分率达到30%且每项要求单项得分率不低于15%。

（2）成长型资产管理整体得分率达到45%且每项要求单项得分率不低于30%。

（3）成熟型资产管理整体得分率达到60%且每项要求单项得分率不低于45%。

（4）领先型资产管理整体得分率达到75%且每项要求单项得分率不低于60%。

（5）卓越型资产管理整体得分率达到90%且每项要求单项得分率不低于75%。

以资产管理体系的评分细则为例，总分为1000分，其中，目标策略实施情况100分；制度标准实施情况100分；工作标准实施情况100分；管理流程实施情况100分；通用方法实施情况200分；评价标准100分；协同工作机制100分；风险管控机制100分；闭环管理机制100分。

四、体系评价应用

（一）工作思路

制定一套完整全面的资产全寿命周期管理体系评价标准是进行评估考核工作的基础和先决条件。确立评估考核指标体系的原则是：首先要以衡量、优化资产全寿命周期表现和成本综合最优为重要原则，充分考虑各个阶段工作之间的关联关系；其次在确保不影响全寿命周期表现和成本优化的前提下，对资产在各个寿命阶段和成本投入进行优化和评估考核。

按照《国家电网××省电力公司资产全寿命周期管理体系评价标准》开展体系评价工作，分别从资产管理体系常态化运行水平、实物资产管理水平、业务管理水平三个层次入手，按照评分细则对受评对象的体系开展情况进行综合评定。

（二）实施措施

综合应用各类检查方法，严格按照评级标准逐项进行评价，包括员工访谈、资料查阅和分析，业务部门现场问答，员工访谈，现场验证、信息系统验证等。

首先，开展自评价工作，自查资产管理体系文件落实情况、资产管理业务工作要求落实情况、资产管理方法应用及推广情况、业务提升工作成效等方面内容，形成自评价报告。

其次，由专家组开展评价程序：

（1）制订评价计划。

（2）召开首次会议，由专家组组长主持，受评方汇报自评价工作开展情况，专家组明确评价工作安排。

（3）开展现场评价。以分组、多现场审查方式进行，通过现场查看资料、询问、访谈，总结查评工作情况。

（4）召开专家组内会议并讨论整改意见，专家组与受评方领导沟通审核情况。

（5）召开末次会议，专家组组长宣读评价情况。

最后，开展整改和复查程序。根据发现的不符合项制定纠正措施计划，明确责任人及预计完成时间；具体实施纠正预防措施，并跟踪改进措施落实情况。自评价的复查可在评价的当年进行；评价专家组复查应在下一年开展。其中，纠正和预防实施计划完成率＝完成整改的不符合项数／应整改的不符合项数×100%。

（三）应用场景

以上级单位对基层单位的资产全寿命周期管理体系评价工作为例，评价采用单位自评、分组评价、公司评价三种方式相结合的方式开展。评价内容分为四个维度，体系常态化运行评价、重点领域业务提升评价、争优创先评价、工作组织及推进评价。

体系常态化运行评价主要对资产管理体系常态化运行情况进行评价，评价各单位是否有序开展体系深化应用工作。包括资产管理体系常态化工作组织机构及人员职责落实情况，体系常态化工作保障机制建立和运转情况，现状评价的全面性和深度，目标策略分解和细化落实情况，实物资产管理现状、情况，基建、技改、大修、业扩四类项目全过程管理的规范性等，三项工作机制的深化应用情况等。评价内容涵盖资产管理工作整体开展情况、现状评价的完整性和深度和资产管理目标策略的分解细化情况等。

重点领域业务提升评价主要评价资产管理管理重点业务领域的提升情况，评价业务提升主题选择的合理性，业务提升工作落实情况，业务提升目标达成情况，业务提升做法的可推广性。评价内容涵盖专业领域业务提升情况。

争先创先评价主要评价各单位县级供电企业资产管理示范体系创建情况和领先实践星级评选组织落实情况。评价内容涵盖县级示范体系创建情况和领先实践选题和总结提炼情况。

工作组织及推进评价主要根据各单位年度资产管理体系深化应用工作开展情况，以及基层单位对公司层面资产管理工作组织推进情况进行综合评价打分，设"优秀""良好""一般"三个等级。评价内容涵盖工作组织及推进评情况。

（四）预期成效

针对资产全寿命周期管理体系建设工作开展体系评价，可以促进各级单位资产管理工作有效落地、取得实效，保证各专业、各岗位切实将资产管理工作要求与日常业务高度融合，规范资产全寿命周期管理体系建设工作的开展与实施，实现持续改进，不断促进体系建设工作做深做实。

第五章
专业工作方法

专业工作方法是指在资产全寿命周期各个专业中使用到的专业性技术方法。本节主要介绍总结了资产管理业务方面专业技术方法的思路和运用方法，包括规划计划、物资采购、工程建设、运维检修、退役报废、管理支撑、营销客服和调度八大方面。这八大方面是根据电力公司的业务流程和支撑业务来进行分类的，每一部分简单阐述了背景和方法运用的必要性，随后列举了该专业常见常用的方法，大多数是各个行业通用的，少部分是基于电网公司特有的特点而选取的专业工作方法，并介绍了每一工作方法的实施措施，以增强本书的指导性。最后的延伸阅读则更加具象化，简化描述了工作方法的某一应用场景，希望各位读者能够在这一部分得到更深层次的了解和启发。

第一节　规划计划方面的专业工作方法

一、企业发展规划

（一）背景和需求分析

当前，中国经济进入增速换挡回落、经济结构优化升级、投资驱动转向创新的新常态。在这样的大背景下，作为支撑国民经济和社会发展的基础性产业的电力行业必然会受到一定影响，电力市场的低速增长将成为新常态，电力需求增速放缓。电力企业五年规划的重要任务就是确保这五年电力的安全可靠、经济高效、清洁可持续地供应，为全面建成小康社会奠定基础。在此背景下，电力企业应全面审视所处行业的政治、经济、社会、技术环境，以及企业自身的资源、能力和存在的不足，深入分析行业环境，科学制定企业的发展规划，明确企业的发展目标，指导企业的发展路径。

（二）方法介绍

电网企业发展规划的最主要方法为企业战略管理，战略管理是根据外部环境、内部条件变化和企业使命，对企业发展方向、发展目标、发展措施等进行的总体谋划，以此达到企业发展规划的目的。企业发展战略的管理一般分为四个阶段，如图 5-1 所示。

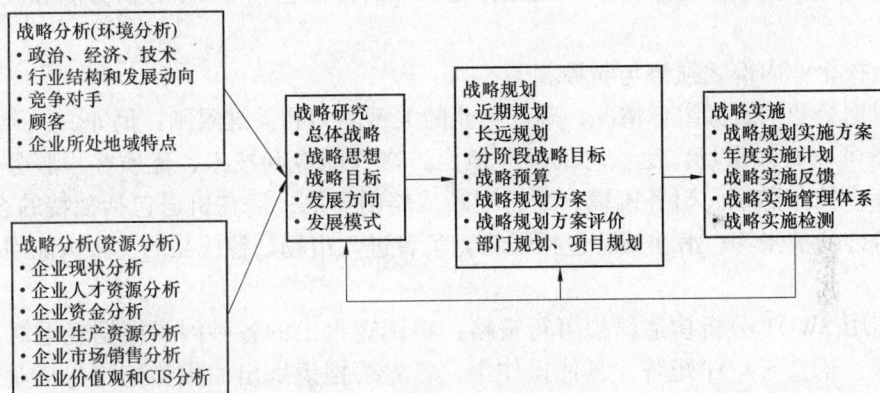

图 5-1　企业发展战略管理四阶段

（1）战略分析阶段，企业需要明确自己所处的战略地位，应用系统的理论、方法，紧密联系企业实际情况，系统地分析社会、经济发展形势，了解行业的基本情况和经营状况，做好投资、人才、技术、市场、管理等方面的分析工作。

（2）战略研究阶段，在战略分析的基础上，企业要着重研究"总体战略"，提出"战略思想"，明确"发展方向"，制定"发展目标"，探讨"发展模式"，具体执行方面，主要由归口部门每年牵头组织开展公司重大战略课题研究，总部相关部门、公司相关单位参与研究工作。

（3）战略规划阶段，企业需要在战略分析基础上，根据战略研究中提出的总体发展目标，制定企业的近期和长远规划，根据不同的战略目标制定不同的战略规划，形成多个可行的战略规划方案。具体工作主要分为两部分，战略归口部门负责制定公司发展战略纲要，并根据公司内外部环境变化，组织开展公司发展战略纲要滚动修订工作；各相关部门根据职责分工，制定公司各业务战略，履行公司审批程序后执行。

（4）战略实施阶段，企业战略归口部门应通过战略规划实施方案研究，形成战略规划实施方案报告，制定战略规划的年度实施计划，确立相应的企业管理体系和检测机制，以保障战略规划的顺利实施和及时调整。同时，组织对公司各级单位贯彻落实公司战略、开展战略管理等工作情况进行分析评估。

下面，本书将介绍战略分析、战略研究和战略规划等阶段常用的两个方法：SWOT 和 PEST 分析法。

将与企业内外部条件密切相关的各种主要内部优势、劣势、机遇和威胁等进行综合和概括，通过调查列举出来，并依照矩阵形式排列，然后用系统分析的思想，把各种因素相互匹配起来加以分析，从中得出一系列结论的分析方法称为 SWOT 分析法，即强弱机危综合分析法，也称态势分析法或者道斯矩阵。SWOT 四个字母分别代表优势（Strength）、劣势（Weakness）、机遇（Opportunity）和威胁（Threats），其中优势和劣势为内部因素，机遇和威胁为外部因素。

具体进行 SWOT 分析时，可以按照以下步骤进行：

（1）进行企业环境描述。

（2）确认影响企业的所有外部因素。

（3）预测与评估未来外部因素之变化：主要分析方法包括 PEST 分析方法和波特的五力分析法。

（4）检视企业内部之强势与弱势。

（5）根据企业的资源组合情况，确认企业的关键能力和关键限制：例如，一个企业的潜在资源力量可以有被市场广泛认可的领导地位、自身的专利技术、优质客户服务等；潜在资源弱点存在技术陈旧、财务困境、缺乏明晰战略引导等；潜在机遇包括独特的客户群体、公司产品组合的扩张等；潜在威胁包括强势竞争者进入市场、替代品的扩张可能引起的销量下降。

（6）利用 SWOT 分析构造研拟可行策略：将调查得出的各种因素根据轻重缓急或影响程度等排序，构造 SWOT 矩阵。具体操作中，首先要把识别出的优势按照与行业中的潜在机会相关的优势因素和与行业潜在威胁相关的优势因素分为两组，对劣势进行相同的处理，然后，构造一个 2×2 矩阵，将优势和劣势与机会和威胁对应分别放入表格中，见表 5-1。

表 5-1 SWOT 分析表

外部因素	内部因素	
	内部强势（S）	内部弱势（W）
外部机会（O）	SO：最大与最小策略（使用强势并利用机会）	WO：最小与最大策略（克服弱势并利用机会）
外部威胁（T）	ST：最大与最小策略（使用强势且避免危险）	WT：最小与最小策略（减少弱势并避免危险）

（7）将 SWOT 分析结果在图上定位，如图 5-2 所示。

（8）进行策略选择，制订行动计划。在完成环境因素分析和 SWOT 矩阵的构造后，运用系统分析的综合分析方法，将排列与考虑的各种环境因素相互匹配起来加以组合，得出一系列公司未来发展的可选择对策，在此基础上，制订行动计划。

SWOT 分析法的主要优势在于其能够通过内外区分和利害区分，明晰和简化企业制定战略时需要掌握的信息及来源，从而系统全面地分析影响企业战略的各种因素。但是，SWOT 分析仅仅提供了一个方向性框架，具体识别优势、劣势、机遇和威胁，还需要其他的模型和理论进行辅助，因此，接下来本书将介绍一种识别外部宏观环境因素的分析方法——PEST 分析法。

不同行业由于经营内容和市场位置不同，分析的具体内容会有所差异，但是在分析战略宏观环境时，一般都避不开政治（Politics）、经济（Economics）、社会（Social）、科技（Technology）这四个方面。PEST 分析就是从这四个方面把握宏观环境，通过分析这四个因素的变化来确定对战略管理的影响。

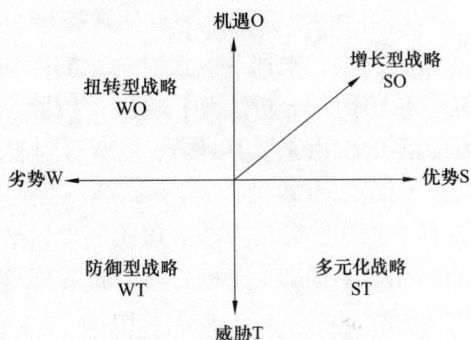

图 5-2 SWOT 定位图

政治法律环境是指对企业经营活动具有实际与潜在影响的政治力量和有关的法律、法规等因素，大到一个国家的社会制度、执政党的性质，小到针对具体行业的环境保护政策、专利政策等。经济环境是指一个国家的经济制度、经济结构、产业布局、资源状况、经济发展水平以及未来的经济走势等，企业不仅需要关注国民收入、国民生产总值等宏观经济环境，也需要关注所服务地区的消费者收入水平和偏好等微观经济环境，不仅要关注、监测、评估国内的经济环境，还需要搜索和预测国际经济走势。社会文化环境是指企业所在社会中成员的民族特征、文化传统、价值观念、宗教信仰、教育水平以及风俗习惯等因素。一个地区的居民教育程度和文化水平、风俗习惯、宗教信仰、价值观念等，都会对居民的需求层次乃至企业的经营活动产生影响。技术环境指全社会范围内引起革命性变化的发明以及与企业生产相关的新材料、新工艺、新技术的出现和发展。

进行 PEST 分析，更加注重的是基于现有的资料，对未来发展趋势的预测。P、E、S、T四个方面中任何一个因素产生变化，新生成或者是消亡了一个因素，企业都应该予以足够重视并跟随这些变化调整战略。为方便更好地把握政治、经济、社会、技术四个方面未来的发展，表 5-2 中给出一些典型的 PEST 因素。

表 5-2   PEST 因素表

政治（包括法律）	经济	社会	技术
环保制度	经济增长	收入分布	政府研究开支
税收政策	利率与货币政策	人口统计、人口增长率与年龄分布	产业技术关注
国际贸易章程与限制	政府开支	劳动力与社会流动性	新型发明与技术发展
合同执行法以及消费者保护法	失业政策	生活方式变革	技术转让率
雇用法律	征税	职业与休闲态度	技术更新速度与生命周期
政府组织 / 态度	汇率	教育	能源利用与成本
竞争规则	通货膨胀率	潮流与风尚	信息技术变革
政治稳定性	商业周期的所处阶段	健康意识、社会福利及安全感	互联网的变革
安全规定	消费者信心	生活条件	移动技术变革

运用 PEST 分析法的具体步骤可包括：首先，列出环境变化分析过程中确定的关键宏观因素；其次，根据各因素对企业的影响来确定权重，常见赋权重方法包括经验判断法、参照法、价值因子分析法等；再次，按照企业现行的战略对各个关键因素评分；最后，以每个关键因素的权重乘以其评分，将所有因素的加权分数相加，得到企业所处宏观环境的加权总分。

值得注意的是，无论是 SWOT 分析法还是 PEST 分析法，提供的都只是一个思维框架。要真正把这些分析方法运用到实处，必须对企业的战略定位以及所处的环境有一个明晰的认知，在这个基础上开展各种分析才能够事半功倍。

【延伸阅读】

以某电力企业某五年工作计划的制订为例，展示 SWOT 分析法的应用。

该企业在制订五年工作计划时，引入 SWOT 分析模型，从优势、劣势、机会、威胁四个方面全面分析公司资产经营状况，明晰公司面临的形势和任务，提出实施特高压交直流混联大电网资产"立体式"风险管控等 5 大提升主题，进一步明确应用资产管理方法提升管理水平的重点内容，为公司资产管理模式研究和战略决策提供支撑。

首先，该企业对内部因素展开分析。优势方面，企业建设了特高压交直流混联大电网；电网的供电可靠率、资产寿命、健康状况、利用率等绩效水平高；资产管理基础好，业务人才储备充分。劣势方面，配网网架不够坚强，配网管理粗放；成本管理较为粗放，效率效益有较大提升空间；各业务横向协同度有待进一步提高；资产寿命指标较国际领先企业仍有较大差距。

其次，该企业针对外部的因素进行了分析。机遇方面，其服务区域作为一带一路的重要口岸，加快了相关建设；电能替代、新能源建设等对资产可持续管理提出了新要求；能源互联网、物联网、大数据、云计算等先进技术改变管理模式。挑战方面，企业的上级单位对安全要求提高，用户对供电可靠性的要求也越来越高，差异化服务需求日益增多；电力体制改革深化，成本管理等精益化管理要求日益增强。

根据内外部因素分析得出的优劣势、机遇和挑战，该企业进一步构造研拟了诸如资产管理可持续发展、提升配网资产管理水平等可行战略。以制定 ST 战略为例，企业结合已建成特高压交直流混联大电网的优势，面对上级单位对用电安全的高要求，提出了加强特高压资产风险管控的工作计划；以制定 WT 战略为例，该企业在面临电力体制改革深化、精益化管理要求加强等外部挑战的同时，也需要克服自身的配网管理、成本管理粗放等问题，进一步提升效益，因此针对性地提出了主动应对电改管理模式优化的工作计划。

二、投资计划

（一）背景和需求分析

目前我国电力企业的投资管理模式，一般从如何减少支出着手，以"节流"的方式降低成本，是单纯的降低成本思路。这样管理的问题在于，电力企业颁布和使用的预算定额和项目实际运作中广泛采用的新设备、新工艺、新科技现状相对之后，无法编制出精确的投资预算，更谈不上对投资成本进行有效控制管理。

通过投资计划，能够使得质优项目能够得到优先评审和反馈，有待改善项目进行进一步完善，计划整体水平得到提升，为决策提供参考，最终能够实现用有限的资金对不同的电网建设项目作出最优的投资分配。因此，投资计划管理在项目发展中显得尤为重要。

（二）方法介绍

1.项目优先级排序

项目优先级排序是从技术、经济、社会等多重角度出发，客观地对电网建设项目进行整体分析评价，合理安排项目的建设顺序，为决策提供参考，最终实现将有限的资金在不同的电网建设项目的投资分配上作出最优的安排。

首先，根据项目的关联关系，确定排序的若干前置关系。一些项目是存在关联关系的，如其中一些项目，是某个项目的配套工程；部分项目，是一些关联项目建设的前置条件。

其次，按照两级优先级排序。第一级优先级为可靠性，第二级优先级为经济性。先从可靠性角度排序，紧迫性相同的项目则按经济性排序。二者的基本思路如下：

可靠性排序的基本思路：考虑各电压等级变电站的关联关系，建立网络协调程度评估模型，进行技术评价，考察项目建设的紧迫性及技术标准的合理性；根据项目建设的紧迫性，进行优化排序。

经济性排序的基本思路：考虑资金的时间价值，对电网建设项目进行经济评估，由于电网建设项目的特殊性，对于单个项目的经济效益难以衡量，因此对经济方面的考核侧重于投资回报的评价，对分析结果再次进行优化排序。

最后，综合一次排序和经济评估二次排序，得出项目投资建设顺序的最终决策。

项目优先级排序方法采用了技术和经济的双重评价，有利于降低投资风险，减少投资中的盲目性和短期行为。资产管理计划进行制定时应综合考虑人力、财力、物力、信息等资源，合理进行资源配置、项目核准、设备制造、计划实施工期，充分应对季节性变化、环境变化、法律法规调整等内外部影响因素或约束条件。公司及各职能部门在对各项资产管理计划进行编制时，应基于当前风险识别、现状评价结果进行制定。在各项计划制订过程中，进行项目优先级排序或优化。项目进行排序后仍应充分考虑各项计划之间、各类资产之间的协同。

2.项目过程性评价

对于电网规划项目来说，判断其是否合理，以及经济效果和环境影响十分重要，涉及项目过程性评价。

从对电网规划项目评价技术研究的总体趋势来看，主要有两个特点：一是定量化、模型化的分析；二是由单一模型向组合模型发展。从电网规划项目的模型研究看，可以看出各种模型并存，并没有一种特定的模型能够完全解决问题。

在电网规划项目评价刚出现的时候，常用的是专家评分法，这一方法具有很强的主观性。这个时期，电网规划评价理论处于缓慢的发展阶段。专家评分法对电网规划结果的评价带有很强的主管色彩，与专家的个人经验和对电网规划的理解密切相关，不同专家对相同或类似的问题有可能提出差异很大的意见，这种方式存在一定的弊端，不利于电网公司对规划项目进行科学、合理客观的评价。

近年来，基于层次分析法的模糊综合评价方法以其较好地结合了定性分析与定量分析的优势得到了广泛的应用，该方法应用层次分析法较好地进行了定性处理，然后运用模糊综合评价进行定量计算。通过定性分析与定量分析相结合的方式，弱化了层次分析法的主观因素影响，使得到的结果更加符合实际。

规划项目评价法主要指业务评价、价值评价、信息评价和协同评价四方面。业务评价主要包括：各职能部门基于年度发展目标制定资产规划方案，对投入和产出进行协调和综合平衡，制定项目方案，并进行横向评审。价值评价则根据编制的项目计划形成项目投资规模，费用标准参照企业内部或行业标准，对投资计划进行核准，参照预算要求，形成投资计划。在信息评价方面，各职能部门完成项目编制后，报上级主管部门进行送审；上层主管评审后下发评审意见；职能部门根据评审意见，修改形成规划计划审定稿。协同评价则要求各职能部门将经审核的规划计划报送牵头部门，牵头部门在开展规划计划编制过程中，将各职能部门的上报项目作为子项列入整体规划中，并进行改造和需求调整，对年度计划实现有效把控和无缝对接。

3. 项目后评估

电网项目后评估是判断项目整体水平的重要环节。综合评价体系的建立是进行电网投入产出分析的基础与前提，"点面结合"的电网投资效益综合评价体系既可以客观地反映长期的、全局的投资与效益之间的关系，又能体现在单个项目中，电网建设的实际特点和过程评价，其结果有利于指导后续电网建设投资优化和风险提示。

"点面结合"的"面"即评价指标体系。电网投资效益评价指标体系由目标层、准则层和指标层三部分构成，其中准则层分为投资效益指标、供电能力及可靠性指标、节能降损及社会效益指标，其中投资效益指标作为评分项，供电能力及可靠性指标和节能降损及社会效益指标作为非评分项。

"点"表示的是项目后评价库。重点引入国际供电安全标准 ERP2/6 理念，完成投资效益、效益分摊模型的研究，通过投入产出经济评价，为公司领导审议、决策提供科学依据，提高电力企业的经济效益，保证电力企业的可持续发展。依据"电压等级""建设区域""投资方""建设形式"等不同项目类别选取不同属性为典型项目，全方位、多角度评价电网项目建设成效，在时间主轴上，连贯历史和现状。从项目建设前期的规划立项、可研、初设到项目建设过程以及后期运营的各个历程环节，并对项目未来的可持续性进行分析，一方面，总结项目实施过程中，已积累的经验、科学的管理方法；另一方面，要以后评价时点为基点，预测项目未来的发展。并总结经验教训，为改进决策和管理服务。

【延伸阅读】

1. 项目优先级排序

企业开展项目的时候往往会偏重某一方面，却较少地从整体角度对项目开展的先后顺序、重点进行规划，这样的行为往往会引起投入规模虽大但是效果差强人意的状况。项目优先级排序法就恰恰适用于这样的场景，本书将以配电线路改造为例，分析项目优先级排序法的简单运用。

配电线路改造措施分为配电线路经济运行、更换配电线路、配电线路切改、无功补偿、更换粗径导线、新建配电线路、使用线路调压器和主变调压这八类。建立考核指标是项目优先级排序法必不可少的一项步骤。从线路运行的实际情况出发，选取相关指标进行考核，包括负载率、功率因数、电压偏差、供电半径和运行年限等。通过对各指标的分析，从指标角度可进行线路改造方式的判定。

进行改造方式判定时，根据指标分析结果不能进行判定时就要从经济性角度出发，进行定性分析，以完成改造方式的优选。在基于指标分析判定结果的基础上，进行的经济性比较判定。

通过从指标角度和经济性角度对线路改造措施进行了优先级排序，从而实现了线路改造措施的优选。

2.项目过程性评价

规划项目评价法可应用于各类项目。本书将以科技项目为例，简单介绍应如何运用项目评价法对电网科技项目的立项与验收进行评价和衡量。

首先，应明确评价体系的构建准则。省公司每年在电网科技项目上的投入日益增加，非常有必要对项目的立项和验收进行有效科学的评价评估，并且这样的活动应在符合国家政策导向的准则指导下进行。可持续发展准则、技术领先准则和突出重点准则是构建项目评价体系的三大准则。

其次，在三大准则的指导下，应根据电网科技项目的结构特点建立相应的评价指标体系，并且这些指标应是可衡量的，便于收集评价资料和采集数据，采用定性和定量相结合的分析方法进行综合分析。

最后，要根据不同项目各自的侧重点确定评价指标体系等级划分、判据与权重。某电力公司为技术攻关类科技项目建立的评价指标体系和相应权重如图 5-3 所示。

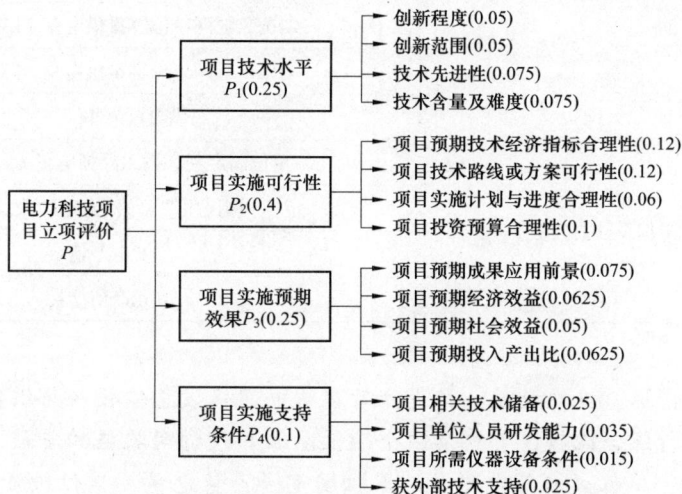

图 5-3　技术攻关类科技项目评价指标体系权重图

3.项目后评估

对已经实施或完成的项目（或规划）的目标、执行过程、效益、作用和影响所进行的系统的客观的分析；通过"点面结合"的电网投资效益综合评价体系，确定项目预期的目标是否达到，项目或规划是否合理有效，项目的主要效益指标是否实现；通过分析评价找出成败的原因，总结经验教训；并通过及时有效的信息反馈，为未来新项目的决策和提高完善投资决策管理水平提出建议，同时也为后评估项目实施运营中出现的问题提出改进建议，从而达到提高投资效益的目的。

电网投资效益评价的指标层根据理论研究结构共选取 20 个评价指标，见表 5-3。

表 5-3   电网投资效益评价指标体系汇总表

序号	投资指标	
	准则层	指标层
1	投资效益指标	单位投资售电增量（kWh/元）
2		单位成本售电增量（kWh/元）
3		单位固定资产售电量（kWh/元）
4		单位投资增供负荷（kW/万元）
5		220kV 电网投入产出比（%）
6		110kV 电网投入产出比（%）
7		35kV 及以下电网投入产出比（%）
8	供电能力及可靠性	供电量增加值（亿 kWh）
9		售电量增加值（亿 kWh）
10		220kV 变电容量增加值（万 kVA）
11		110kV 变电容量增加值（万 kVA）
12		220kV 容载比（%）
13		110kV 容载比（%）
14		220kV 电网单位容量供电量（kWh/kVA）
15		110kV 电网单位容量供电量（kWh/kVA）
16		供电可靠率（%）
17	节能降损及社会效益	单位固定资产投入降损电量（kWh/元）
18		国民生产总值增加值（亿元）
19		度电产值
20		万元产值能耗

（1）投资效益指标。投资效益指标设立旨在将电网建设总体投入与供售电量、降损收益、运营指标变化等进行综合比较，直观反映全地区层面的投资对收益的贡献，投资效益指标由单位投资售电增量、单位成本售电增量、单位固定资产售电量、单位投资增供负荷、220kV电网投入产出比、110kV 电网投入产出比、35kV 及以下电网投入产出比七个指标。表 5-4为投资效益指标说明。

（2）供电能力及可靠性指标（见表 5-5）。供电能力及可靠性指标是指供电系统持续供电的能力，在电力系统设备发生故障时，衡量该故障设备供电的用户供电障碍尽量减少，使电力系统本身保持稳定运行（包括运行人员的运行操作）能力的程度，是考核供电系统电能质量的重要指标，反映了电力工业对国民经济电能需求的满足程度，已经成为衡量一个国家经济发达程度的标准之一。

（3）节能降损及社会效益指标（见表 5-6）。降损节能是供电部门的一项重要工作。线损的降低，是供电企业管理水平逐步提高的体现，更是电力企业利润增长的重要途径。配电网作为能源消耗链上的重要环节，对于降低化石能源消耗，以及推进能源消费模式的转变具

表 5-4   投资效益指标说明

序号	指标名称	解释说明
1	单位投资售电增量（kWh/元）	（评价年售电量 - 评价年上年售电量）/ 近三年全口径投资平均值
2	单位成本售电增量（kWh/元）	（评价年售电量 - 评价年上年售电量）/（近三年全口径投资平均值 + 评价年输配电成本）
3	单位固定资产售电量（kWh/元）	考核年度售电量 / 考核年末固定资产净值
4	单位投资增供负荷（kW/万元）	（评价年社会最大负荷 - 评价年上年社会最大负荷）/ 近三年全口径投资平均值
5	220kV 电网投入产出比（%）	（220kV 电网项目产出 /220kV 电网项目投入）×100%
6	110kV 电网投入产出比（%）	（110kV 电网项目产出 /110kV 电网项目投入）×100%
7	35kV 及以下电网投入产出比（%）	（35kV 电网项目产出 /35kV 电网项目投入）×100%

表 5-5   供电能力及可靠性指标说明

序号	指标名称	解释说明
1	供电量增加值（亿 kWh）	评价年供电量 - 评价年上年供电量
2	售电量增加值（亿 kWh）	评价年售电量 - 评价年上年售电量
3	220kV 变电容量增加值（万 kVA）	评价年 220kV 变电容量 - 评价年上年 220kV 变电容量
4	110kV 变电容量增加值（万 kVA）	评价年 110kV 变电容量 - 评价年上年 110kV 变电容量
5	220kV 容载比（%）	220kV 变电容量 /220k 对应负荷的比
6	110kV 容载比（%）	110kV 变电容量 /110k 对应负荷的比
7	220kV 电网单位容量供电量（kWh/kVA）	评价年供电量 /220kV 变电容量
8	110kV 电网单位容量供电量（kWh/kVA）	评价年供电量 /110kV 变电容量
9	供电可靠率（%）	评价年供电可靠率

表 5-6   节能降损及社会效益指标说明

序号	指标名称	解释说明
1	单位固定资产投入降损电量（kWh/元）	评价年供电量 ×（评价年上年线损率 - 评价年线损率）/ 评价年固定资产净值
2	国民生产总值增加值（亿元）	评价年 GDP - 评价年上年 GDP
3	度电产值	评价年 GDP/ 供电量
4	万元产值能耗	供电量 / 评价年 GDP

有举足轻重的地位，衡量供电企业节能降耗成果的指标就是配电网的线损率。线损率综合反映配电网的技术水平及供电企业经营管理状况。

指标体系的建立是以"由上而下"的顺序，而评价的顺序是以"由下而上"的顺序，即由指标层经聚合形成第二准则层指标，第二准则层指标的聚合形成第一准则层指标，第一准则层指标的聚合形成目标层指标，这一聚合过程由算法体系完成，但聚合过程中权重标准由权重体系确定。

本次指标体系建立过程中，按照加权平均方式设计权重体系，首先根据电网实际运行管理经验设计各层级指标权重，之后对指标间关联程度进行考核，避免关联程度较高的指标在不同分类中均占有较大权重，从而影响打分均衡性，通过初步调节后，形成指标体系，然后将指标体系与各部室进行沟通探讨，根据电网建设发展过程中关注度不同，对权重进行调整，形成最终结果。

后评价体系采用多层级评价法，由下层指标考虑相应权重系数叠加至上层指标，层层递推至综合得分。持续性评价、投资效益评价设置一级权重，过程评价、技术性能评价、影响评价设置两级权重。

评分方法：过程评价、技术性能评价、影响评价得分计算采用线性关系公式：

$$y=a_1 \times x_1+a_2 \times x_2+\cdots+a_n \times x_n \tag{5-1}$$

其中，$(x_1, x_2, \cdots, x_n)$ 为指标集，$(a_1, a_2, \cdots, a_n)$ 为各指标权重。投资效益评价得分采用成本效益比（B/C）进行评分。持续性评价得分采用"供电能力完全释放年份"作为评分标准。

计算公式：电网建设项目后评价总得分 = 权重1× 过程评价得分 + 权重2× 项目效果和效益得分 + 权重3× 项目影响得分 + 权重4× 可持续得分。

权重设置：采用主观赋权法，利用专家法确定指标的权重。

评价指标：评价指标由四大子体系指标组成，输变电项目评价指标共计56项，其中过程评价共计25项指标，项目效果和效益共计7项指标，项目影响共计9项指标，可持续评价共计15项指标。

三、电网规划

（一）背景和需求分析

随着形势的发展和规划工作的深入，电网在规划过程中遇到了一定的困难和挑战。主要困难包括：电网规模扩大后，短路电流超标日益突出；电网建设外部条件面临的环保压力大，电网规划项目落地困难等。但电网规划又是所在供电区域国民经济和社会发展的重要组成部分，同时也是电力企业自身长远发展规划的重要组成部分。所以做好电网规划对于电网建设、运行和供电保障具有先导和决定作用。

（二）方法介绍

电网规划的目的是设计安全的、有效能的、经济的电网来满足未来需求。规划的基本内容包括：

（1）发电能力和供电需求预测：收集数据预测未来十年的发电能力和供电需求的春秋峰值分布。具体内容包括发电（燃料供应可靠性：煤炭、天然气、铀等），需求侧（不同电价的售电需求，峰值需求信度带宽，需求侧管理）等。

（2）可靠性评估：根据预测结果，分析现有电网的可靠性。提出建设改造方案。具体内容包括输电，运行问题（环境约束、可变发电和运行挑战、可变发电预测、需求响应和运行灵活性、频率响应），未来对可靠性影响的因素（经济衰退、输电通道、储能、员工、网络安全、再生能源、温室效应、无功、智能电网）等。

（3）经济性评估：评估后续建设方案，所需资源和产生的经济效益。

在具体规划工作中，应对工作计划进行分级；其中长、中期计划由电网战略部编制；当年计划由运检服务部编制，时间上自动衔接，年度计划滚动修正，对当年的多个项目计划进行排程管理。

长期计划包括基建计划、更改计划、检修计划、电网停电计划（7~12 年）和系统可靠性计划、捆绑项目实施计划、设备捆绑采购计划、项目资金估算。

中期计划是长期计划的一个逐步细化的过程，配置资本性项目涉及详细资源包含部分已确定、已开展项目前期工作的用户工程和基建项目细节，以及和停电计划匹配的检修维护计划。此外，按照中、长期停役计划和检修维护计划，编制第二年检修实施计划，将资产检修实施计划结合回路、变电站停役计划进行整合，达到资源匹配的目的。

当年计划包括检修工作量、停役设备及时间、临时新增的用户工程、新任务和缺陷。

常用的电网规划算法主要包括模拟进化方法、群体智能方法、人工智能规划法、不确定系统规划法等，以下逐一介绍。

模拟进化方法主要包含遗传算法（Genetic Algorithm，GA）和进化规划法（Evolutionary Programming，EP）两种算法。前者始于对自然界中优胜劣汰法则的模拟，由密歇根大学教授 J.Holland 提出。最主要的特点就是同自然界优胜劣汰类似，在全局寻优是不依赖于梯度信息，该方法也因此被广泛应用于电网规划。后者同样模拟了自然界中物种的进化规律，与 GA 方法类似，不同的是 EP 不用经历编码和解码，可以直接作用于空间。

群体智能方法也包含两种算法，即蚁群算法（Ant Colony Optimization，ACO）和粒子群优化算法（Particle Swarm Optimization，PSO）。顾名思义，蚁群算法是对蚂蚁觅食过程中搜寻路径方式的模拟。作为一种以网络图上蚁群留下的信息素为交流方式来指导寻优路径的新型通用启发式概率搜索方法，蚁群算法特别适合应用于像电网规划这类具有离散特征的大规模组合优化问题。粒子群优化算法则是模拟鸟群觅食过程中的迁徙和群聚行为的一种全局随机搜索仿生算法。

人工智能规划法下含禁忌搜索算法（Tabu Search，TS）和专家系统法（Expert System，ES）两种方法。禁忌搜索算法模拟了人类思维记忆过程，属于一种亚启发式全局性邻域随机搜索扩展技术。专家系统法是一种依据某领域的专家提供的知识和经验进行推断和判断、模拟人类专家的思维决策过程的计算机软件系统。该系统适用于解决那些不确定的、非结构化的、机器上实现困难的大规模电网组合优化问题。

不确定系统规划法分为模糊集理论和灰色系统法。模糊集理论由控制论专家 L.A.Zadeh 率先提出，理论研究对象具有"内涵明确，外延不明确"的特点，恰好能够处理多目标、不确定和难协调这三大电网规划突出问题。做电网规划时，常会遇到某种资料的部分信息未明确而难以进行的困难，灰色系统法恰好能够解决这方面的问题。该方法以灰色模型为核心，目前在电力规划方面得到了广泛的应用。

【延伸阅读】

下面以美国电网为例，简单介绍其电网规划体系架构及电网规划流程和标准。

1.电网组织架构

北美电网按照区域分为 8 个大区，负责美国、加拿大和部分墨西哥地区的电力供应。

北美电网的组织架构分为四级：北美电网可靠性监管公司（NERC）、各区域可靠性监管机构（WECC 等）、各地区独立电网运营公司（CAISO 等）、局部地区电力公司（PG&E 等）。北美电网可靠性监管公司负责整个北美地区的电网可靠性标准的制定和维护，通过一个十年跨度的预测每年评估电网可靠性，进行行业人才的培训和资格认证。区域可靠性监管机构负责制定各区域的可靠性标准，监控所属区域电网可靠性。地区独立电网运营公司负责收集本地区负荷数据，进行本地区电网负荷的预测，和可靠性、经济性评估，审批其监管的电力公司的建设计划。地区电力公司负责收集本地区负荷数据，上报电网建设计划供大区可靠性监管机构审批，开展电网建设工作。

2. 电网规划流程

地区独立电网运营公司（CAISO）的规划每年编制一次。每个规划编制循环从当年1月开始，至次年2月结束，安排第二年的电网建设工作。每年的规划编制循环由四个阶段组成：数据收集阶段，技术研究阶段，请求窗口阶段，审批项目、发布电网规划阶段。

（1）在规划数据收集阶段，CAISO从发电企业、输电企业、监管机构和历史规划中获取所需的基础数据进行建模，得到多个基线范例，为技术研究提供数据基础。

（2）在规划技术研究阶段，基于数据收集验证阶段得到的数据模型，CAISO开展可靠性研究评估电网的充分性稳定性；开展经济性研究评估电网建设的经济效益；开展各项专题研究评估特定问题对电网的影响。

（3）在请求窗口阶段，在请求窗口打开后，各电力公司分析本次规划初步研究成果，根据成果中的建议方案确定备选建设项目清单，同时提交下一年的规划研究需求。此阶段完成后，CAISO一方面，要审批上报后的项目清单，确定本年规划最终报告；另一方面，需要启动下一年的规划编制循环。

（4）在审批项目、发布规划阶段，CAISO在请求窗口获取备选项目清单后，评估投资不超过5000万美金的项目，得到获准项目清单和拒绝项目清单；将投资超过5000万的项目列为待审批项目。将获准项目清单、拒绝项目清单、待审批项目清单合并后，CAISO发布次年的电网规划报告。其中，待审批项目清单会交由每年3月召开的CAISO管理委员会会议审批。

3. 电网规划执行标准

北美电网规划标准从上到下可以分为四层：NERC标准、可靠性区域标准、ISO标准、PTO数据需求。

（1）NERC标准：规定了对于覆盖美国、加拿大和部分墨西哥地区的电网可靠性的要求。

（2）可靠性区域标准：是对NERC标准的细化，增加了对于区域电网的特点和要求。

（3）ISO标准：向上满足NERC标准和区域标准，对于ISO的规划要求更加明确。

（4）PTO数据需求：PTO结合自身业务提出的规划需求，须满足ISO标准。

下面以NERC标准和可靠性区域标准为例，介绍电网规划标准的主要内容。

NERC输电规划标准（TPL）是NERC可靠性标准的一个组成部分，它和其他标准共同构成NERC标准，规定了设计可靠电网系统的基本要求。NERC规划标准（TPL）说明了规划可靠电网的基本要求。互联电网的规划、设计和建设必须满足下表中对充裕度和安全性的各项要求，并能对严重事件进行风险评估和计算分析所造成的影响。

CAISO标准是NERC标准的细化。CASIO标准是由加州独立电网运营公司为保证其所管辖区域电网系统可靠性制定的标准，包括加州电力设备标准，电网规划标准，电网运行标准，建模标准，从业人员标准和可靠性需求标准。这些标准遵循NERC标准，是NERC标准在具体区域的体现。

四、综合计划

（一）背景和需求分析

国家电网公司在"十一五"期间提出建立"一强三优"现代公司的要求，要达到这样的要求必须加快推进公司发展方式和电网发展方式转变，大力实施集团化运作、集约化发展、精细化管理和标准化建设。在这样的背景下，综合计划的重要性日益凸显。

（二）方法介绍

综合计划管理是电力企业管理的中心环节，是对企业全部经营活动进行统筹安排的综合平衡；电力企业的综合计划对企业各级管理部门具有纲领性和指令性。它是指对各项企业计划的平衡管理，能有效保证各项计划执行的合理性，执行效果的利益的最高效性。因此，综合计划的管理重在大局性与各项计划组合利益的最优性。

综合计划编制流程采取自上而下、统筹汇总、讨论审核、审定发布及报备上级的程序进行编制发布。综合计划编制工作开展前，根据企业发展战略，结合企业发展实际对企业管理有关指标进行确定，确立总体目标和思路。综合计划归口管理部门发展基建部负责组织召开专门会议，对综合计划任务进行分解，落实责任部门，各责任部门根据企业总体发展目标，提出下一年度计划指标安排建议，编制各专项计划建议报告，完成综合计划内各项指标和数据的填报，进行内部平衡和优化后报送发展策划部门，形成全局综合计划初稿，经公司最终审定后发布。

在综合计划申报阶段，企业各部门必须就其责任范围内所负责的事、物需改进或规划的项目预先提出计划。各部门对建议列入计划的项目提供建设或改造的原因、方案、资金及施工时间等信息。综合计划因应用时间维度不同分为年度计划和月度计划。

年度计划的范围包括上级单位下达的各项计划（如配网建设、大修、技术改造、安措、科研开发、零购等），各部门的年度计划按此范畴上报。年度计划分当年实施计划和次年申报计划。年度实施计划的编制、下达程序如下：发展策划部编制、党政联席会议审定上报，待上级单位正式下达年度综合计划后，由发展策划部会同各专业管理部门，按照专业指标归口管理的原则，对指标进行分解落实，形成全局综合计划，将当年的年度实施项目下发至各实施部门。年度计划申报的编制、下达程序如下：各生产运行部门申报，各专业部门汇总，各专业部门（发基部、营销部、生技部等）预审，发展策划部汇总编制，年度计划平衡会讨论通过，党政联席会议审定后上报。各部门应于每年八月份将下一年需安排的年度项目上报至发展策划部汇总。发展策划部在每年八九月安排下一年度申报计划编制工作，次月底召开年度计划会。在此期间，各部门按本单位要求编制本部门的年度计划。年度计划会由发展策划部组织：一年两次，上下半年各一次，分管领导主持，局领导、各部门负责人及相关人员参加，上半年会议主要议题是部署安排本年度生产计划。下半年会议主要议题是确定下一年度申报计划。

月度计划的范围分三个方面：①年度计划的分解，各部门申请的需其他部门协作的项目计划，需落实费用的项目计划，各部门的月度计划按此范围上报。②月度计划会由发展策划部组织，分管计划的领导主持，各部门负责人及相关部门有关人员参加。③月度计划会的任务是检查并考核当月生产任务完成情况，对下月生产任务作出安排。各部门应于每月月初将上月计划完成情况以书面形式报送发展策划部。

在综合计划执行阶段，各专项计划负责部门根据年初制定的各项目时间节点进行。全局的综合计划主要采取分月上报综合计划完成情况表，分季度进行综合计划分析的方式进行跟踪和过程控制，对主要指标的完成情况进行回顾总结，及时发现问题，提出对策，明确努力方向。

①以计划任务书通知下达的项目，承办部门应及时开工，并按实施计划控制工期。②计划归口管理部门与相关职能部门在项目执行过程中组织有关人员对项目进行跟踪检查。③专项计划管理。专项计划是综合计划的基础，又服从、服务于综合计划。因此，综合计划管理一定涉及专项计划的管理，二者相辅相成，企业各相关专业部门是专业计划的管理部门，负责提出下一年度专项计划指标安排建议，编制各专项计划建议报告；负责各专项计划的实施。综合计划起综合平衡作用，统一下达，归口管理。

在综合计划调整阶段，计划承办部门对由于不可预见的因素造成计划不能实施或按期完成，可以申请计划调整，但必须以书面形式明确说明调整原因，由综合计划归口管理部门统筹协调，经本单位初审后，向上级单位上报计划调整申请。以下行为为项目变更：①取消已正式立项的项目；②终止已开工的项目；③已正式立项或已开工的项目技术方案或施工组织方案有重大变更，且引起项目相关设施或设备的性能发生变化，或引起项目的工期发生变化；④因各种原因使项目不能在计划年度内完成；⑤月度计划的调整时间为月末，计划归口管理部门根据各计划承办部门报送的调整计划，报生产主管领导审批。

计划调整方式分取消、部分取消、延期三种，范围如下：①在经过充分调查研究的基础上，认为项目没必要实施的，可申请取消；②因政策调整或材料采购不到位等原因，在规定时间内不能完成的项目，可申请延期。

调整的最终结果是优化平衡综合计划的各项任务指标。电力企业综合计划一般分为电网发展指标、资产质量指标、供电服务指标、经营业绩指标四类。四大类指标相辅相成，是企业整体管理水平的全面反映。根据各指标之间的联系，确定支点，一动俱动，以点带面，从而实现指标的优化平衡。

第二节　采购方面的专业工作方法

一、物资需求计划

（一）背景和需求分析

物料需求计划是电力企业管理的重要内容，是对电力企业所需各种物资的采购、运输、储备、供应等所进行的计划、组织和控制。电力企业生产具有高度的连续性，生产和消费同时完成，供电安全与供电质量具有广泛的社会影响，从而对物资的选用和匹配提出了更高的要求。但是目前企业物资需求管理还存在着一些问题，如需求计划不够精准或计划滞后、与实际所需情况出入过大等，造成资源浪费或需要紧急采购，如何进一步提高物资需求计划与实际情况的相符度就成了工作的重中之重。因此，加强电力企业物资管理，稳步提高物资管理水平，对保证电力生产的安全经济运行和基建工程的顺利投产，提高经济效益和社会效益，都有着积极的意义。

（二）方法介绍

需求预测管理是对公司未来一定阶段安全生产、电网发展及营销服务等专业领域所需主要物资与服务采购规模的预测。其目的在于充分利用历史数据，结合公司年度预算总控目标和项目计划安排等影响因素，应用科学、合理的方法，得出切合实际的需求数据，为年度工作安排提供决策参考依据。

随着"互联网+""共享经济"等概念的提出，技术创新和应用发展速度逐步加快，大数据产业日益活跃。大数据对整合企业资源、打通业务壁垒、定位管理问题及发现价值等方面均有重要支撑作用。

在物资需求分析中，传统的由下至上的工作模式存在着明显的弊端，耗费大量人力物力，审核工作量大，生成需求时间周期长，且准确率不高，对生产的物资购置，设备存储，物资领用等各生产环节产生不利影响。利用大数据技术，通过历史数据分析影响物资需求的关键因素，并选择合适的模型构建方法，可以准确预测配网物资需求，为企业配网项目的物资采购批次计划制定、物资统一调拨及优化配置提供科学依据。大数据分析预测物资需求的方法主要有以下三种：

（1）综合分析配网物资采购历史数据、年度综合计划，识别配网物资需求的关键影响因素。基于历史年份配网投资项目信息、相关物资需求提报与领用信息、经营管理与区域特征信息，对年度综合计划、批次有效期、项目建设、发展规划等物资需求相关影响因素进行敏感性分析，识别出关键影响变量。

（2）区分物料品类分析各品种的需求变化规律，观察各种物资的需求集中趋势和离散程度，判断物料需求的季节变化趋势。借助统计描述、概率分布等方法，分品种刻画物资需求规律。

（3）应用大数据分析手段，探索构建高精度的配网物资需求预测模型，指导后期协议库存招标批次安排等工作开展。根据项目投资、建设规模等信息聚类得到不同的项目群，分析不同项目群物资的需求规律，在分类的基础上，借助成熟的统计分析方法，如概率分布、核函数等具体描述各种项目群的需求函数表达式。

【延伸阅读】

以农配网物资需求分析为例，大数据进行物资分析预测工作分为四个阶段：

（1）业务设计阶段。一是深入分析当前业务需求，深刻认识了解业务现状，明确业务目标。二是确定应用对象，设计应用场景。三是了解影响配网物资需求预测精度的影响因素，确定工作思路和目标。

（2）数据准备阶段。获取已完成配工项目的项目数据及物资领用单数据。一是探索性分析和预处理基础数据，形成规范的数据集和数据处理规则。二是按比例将基础数据随机划分为训练数据集和验证数据集两部分。

（3）模型构建阶段。应用数据准备阶段的训练数据集，对多种预测性建模算法进行尝试，构建物资需求分析预测模型。

（4）模型的验证与评估。一是应用数据准备阶段的测试数据集，评估模型构建阶段生成的预测模型。二是进一步调整优化预测模型，直到预测精度符合业务分析的目标为止。

以上四阶段工作完成后，可以得到相对固化的数据预处理规则，为后续物资分析预测工作提供指导。

二、物资采购管理

在物资采购管理方面，主要可以讨论物资订货管理、供应商管理、采购评估和物资质量管理，不断优化物资采购管理。

（一）物资订货管理

1. 背景和需求分析

物资采购为企业提供生产所需的原材料、设备和工具，是企业物资管理的重要环节。采购物料成本占生产总成本的比例很大。若物料或设备无法以合理的价格获得，将直接影响到企业的经营；若采购价格过高，则产品成本也高，影响到产品的销售和利润；若采购价格过低，则很可能采购的物料品质很差，影响到产品的品质，从而使产品不具备市场竞争力；若采购周转率低，则影响资金的使用效率。加强物资订货管理是保证合理的采购数量与适当的采购时机的必然要求。

2. 方法介绍

方法一：定量订货法（见图 5-4）。

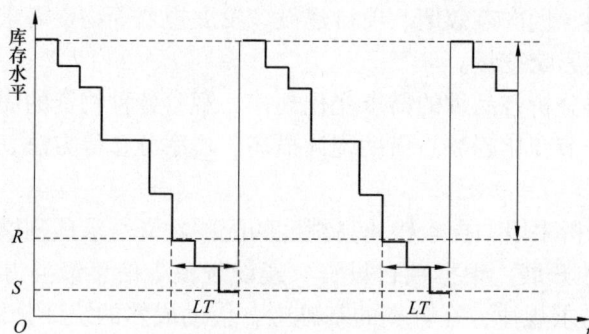

图 5-4　定量订货法示意图

定量订货就是预先确定一个订货点和订货批量，然后对库存进行连续检查，随时监控库存水平，一旦发现库存水平下降到订货点，就发出订单，以一个订货批量进行订货。

当库存量下降到订货点 R 时，即按预先确定的订购量 Q 发出订货单，经过交纳周期（订货至到货间隔时间）LT，库存量继续下降，到达安全库存量 S 时，收到订货 Q，库存水平上升。

该方法主要靠控制订货点 R 和订货批量 Q 两个参数来控制订货，达到既最好地满足库存需求，又能使总费用最低的目的。在需要为固定、均匀和订货交纳周期不变的条件下，订货点 R 为

$$R=LT \times D/365+S \tag{5-2}$$

式中：D 为每年的需要量。

库存量控制在库存管理中的作用十分重要，它是降低保管费用、减少资金占用费用、提高资金周转率的有效手段，同时，适量的库存也是提高经营者的服务水平、对顾客的需求快速做出响应的有力保障。企业也可通过科学库存量控制来规避由原材料价格波动、市场需求波动、产品时间价值贬损所造成的风险。定量订货方式的好处是只要定下安全库存、订货点、经济订货批量就能进行运用。

定量订货法主要有以下两种运用方式：

（1）设置库存总账、进行定量订货方式。接货出货要做出库单据，进一步记录库存总账。结余部分划分订货点，总账记录员把这叫作划分订货订单方式。

（2）不设库存总账、以现场管理实行定量订货方式。像便利店，用条形码对应物品，如果连接大型计算机是简单的事，但是对所有的库存品使用出库单据，甚至用库存总账进行管理就加了很多工作量。有的物品单价很便宜，出库频率却很高。为了1元商品的出库，结果有可能要开数十元的单据、花费数百元的事物费。实际上即使是一个螺钉、螺母的缺货也会使生产停下来。因此，即使这种小物品也必须妥善管理。

定量订货法主要有三步骤。首先，设置订货点，在未来需求情况稳定和不确定条件下，分别去确定订货点。其次，确定经济订货批量，在确定订货点之后，按照实际的需求量与订货点的差额进行对订货批量的确定。最后，重点对库存进行控制，库存量的有效控制和管理可以降低保管费用、减少资金占用、提高资金周转率。

定量订购库存控制法适用于品种数量少，平均占用资金大的、需重点管理的 A 类商品。在电网企业中，主要包括电力电容器、蓄电池组、开关柜等设备。通过设置订货点和订货批量，在对库存进行监控，有效地控制了订货量，最好地满足了对库存的需求，减少了缺货的风险，降低了管理费用，提高了经营管理水平。

方法二：定期订货法（见图 5-5）。

定期订货法是按预先确定的订货时间间隔按期进行订货，以补充库存的一种库存控制方法。

其决策思路是：每隔一个固定的时间周期检查库存项目的储备量。根据盘点结果与预定的目标库存水平的差额确定每次订购批量。这里假设需求为随机变化，因此，每次盘点时的储备量都是不相等的，为达到目标库存水平 Q_0 而需要补充的数量也随着变化。

图 5-5　定期订货法示意图

这样，这类系统的决策变量应是：检查时间周期 T、目标库存水平 Q_0。这种库存控制系统的储备量变化情况如下图所示，其中横轴代表时间，纵轴代表库存量。

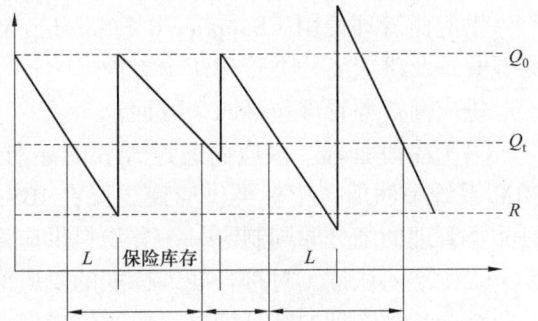

$$订货周期 =1/ 订货次数 =Q/D$$

订货周期一般根据经验确定，主要考虑制定生产计划的周期时间，常取月或季度作为库存检查周期，但也可以借用经济订货批量的计算公式确定使库存成本最有利的订货周期。

定期订货法在固定的时间周期内对库存进行检查，根据检查的结果与预定的目标库存水平的差额确定每次订购批量。

首先，根据经验对订货周期进行确定，制定生产计划的周期时间，常取月或库存检查周期。

其次，确定目标库存水平，目标库存水平是满足订货期加提前期内的平均需求量。它不仅包括订货周期加提前期内的平均需求量，还包括根据服务水平保证供货概率的保险储备量。

定期订购库存控制法适用于品种数量大、平均占用资金少的、只需一般管理的 B 类、C 类商品。在电力企业中，主要包括避雷器、交流隔离开关、高压熔断器、仪表箱等设备。定期订货法按预先确定的订货时间间隔进行订货补充。管理比较简单，订购时间和订购量不受人为判断的影响，保证了库存、管理的准确性。订货期一定，便于安排库内的作业活动，节约理货费用和时间。按经济订购批量订购，节约了库存的总成本。

（二）供应商管理

1. 背景和需求分析

当今企业之间的市场环境和竞争特点相较于传统意义上的竞争，发生了根本性的变化，企业之间的竞争从单个企业之间的相互角力，发展到以供应链核心企业为主体，包括上下游供应商和客户在内的供应链联盟之间的综合实力的较量，无论是生产企业还是作为零售业的商业企业，都不可避免地要形成链条式的模式，以便在激烈的市场竞争中获得相对成本优势和快捷反应的优势。在新的经济背景下，加强对企业供应商的管理，对于提升企业的综合竞争能力和改善企业的经济效益状况是大有裨益的。供应商管理，是在新的物流与采购经济形势下，提出的管理机制，是对供应商的了解、选择、开发、使用和控制等综合性管理工作总称。

供应商管理的目的，就是建立起一个稳定可靠的供应商队伍，并为企业生产提供可靠的物资供应。

2. 方法介绍

供应商管理使用（Supplier Relationship Management，SRM）管理系统，主要涉及供应商资源管理及供应商分类管理两个方面。

供应商资源管理包括四个方面。

（1）注册管理。供应商通过开放的注册平台自助注册，其中，非招标类供应商主要在SRM系统中注册，招标类供应商主要在IBS系统（国贸招投标系统）中注册；企业依据物料品类管理的细分原则制定每一类物料供应商的准入标准，并根据准入结果形成名单。

（2）准入认证。对符合准入标准的供应商进行资质核实和认证，并更新供应商信息库；企业结合品类管理的细分策略，形成供应商名单；在采购寻源过程中，将供应商名单与物料品类进行关联，对采购寻源方式进行控制。

（3）绩效管理。首先定义企业适用的评估方法，根据物料品类的不同确定考核标准，并确定每一种考核标准的分值和权重，建立考核体系；然后向供应商传递绩效评估结果并设计改进或提升计划。调整供应商登记并跟踪供应商业务改善状态。

（4）退出及改进计划。按照集团供应商管理制度，实现供应商两级集中管理，集团与二级单位按权责管理不同级别的供应商以及同一供应商的不同属性；按照权限分配，集团统一管理所有供应商的退出响应流程，并作出最后决定。

供应商分类管理指的是根据供应物资类别的重要性、年度采购金额、供应商的重要程度以及绩效考核结果对供应商进行分类，分类结果如图5-6所示。

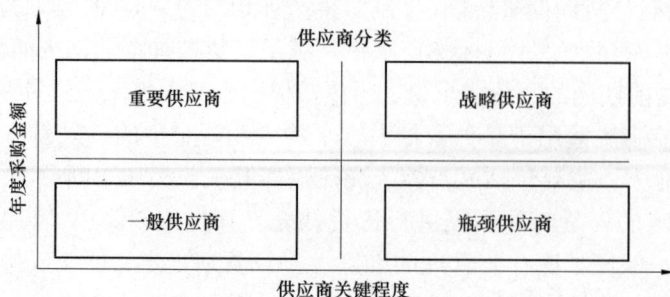

图 5-6　供应商分类示意图

（1）战略供应商。管理方面，要开展定期的集团高层互访、共享管理经验；发展成为长期战略伙伴；经常进行沟通与培训。支持采购策略及寻源方面，该品类物资采购应为独家或享有最多采购份额；签订长期战略合作协议。绩效管理方面，对供应商开展年度评估、季度评估、需要进行发展和培养。

（2）重要供应商。管理方面，发展长期稳定关系，经常沟通与培训。支持采购策略及寻源方面，签订短期采购框架协议。绩效管理方面，对供应商开展年度评估、季度评估。

（3）瓶颈供应商。管理方面，联合业务部门积极开展行业联合采购、替代供应商开发、替代产品选用等措施。支持采购策略及寻源方面，签订短期框架协议，确保供应。绩效管理方面，对供应商开展年度评估与季度评估。

（4）一般供应商。管理方面，确定短期交易型关系，按需求进行沟通。支持采购策略及寻源方面，依绩效酌情选择物资采购，通过价格选择，一单一议式采购。绩效管理方面，只开展年度评估即可。

（三）物资质量管理

1. 背景和需求分析

采购是企业生产经营的起点，既是企业的"实物流"的重要组成部分，又与"资金流"密切相关。物资采购供应的物资质量好坏直接影响着企业产品质量的好坏，因此如何把控物资质量是企业的关键着眼点。企业应细致梳理现有物资采购业务及流程，分析容易引起工作差错的原因，整理归纳出错环节和可能风险点，提出对风险点相应的薄弱环节管控对策。

2. 方法介绍

物资质量管理指的是物资管理部门、项目管理部门或单位根据有关法律法规及公司有关规定、标准、制度等，对物资制造质量进行监督，服务于项目建设及安全稳定运行的活动。

物资质量的管理方法包括了监造、抽检及设备全过程物资质量管理三类。

（1）监造指的是监造单位按监造服务合同约定，派驻专业人员到供应商现场，对设备材料的制造质量及进度进行全过程的监督见证。

1）监造前期工作准备：设备监造单位根据监造任务组建驻厂监造组，确保人员数量、质量满足监造工作要求；监造委托方组织设备监造单位、供应商及相关单位，召开必要的设计联络会议，补充确定设备技术要求，并及时向监造单位提供监造项目合同（技术协议）等文件，进行技术交底（含设计变更）；驻厂监造组收集采购合同及相关监造依据性文件，掌握所监造设备的技术要求，编写《监造实施细则》，报委托方批准，供应商备案；监造委托方及时审核上报的《监造实施细则》，并将意见以书面形式反馈给监造组。

2）监造内容：审查供应商的质量管理体系及运行情况；监督见证主要生产工序的生产工艺设备、操作规程、检测手段、测量试验设备和有关人员的上岗资格、设备制造和装配场所的环境；监督见证外购主要原材料、组部件的质量证明文件、试验、检验报告和外协加工件、委托加工材料的质量证明以及供应商提交的进厂检验资料，并与实物相核对；在制造现场对主要及关键组部件的制造工序、工艺和制造质量进行监督和见证；检查设备包装质量、存放管理和装车发运准备情况。

3）监造发现问题处理：监造工作中发现的问题主要有：质量、进度及供应商不良行为。

质量问题方面，根据对工程实施造成的影响程度，将质量问题分为轻微、一般、严重三个等级。轻微质量问题现场指出并要求供应商立即处理，一般质量问题要求供应商分析原因并给出解决方案。严重质量问题要报告监造委托方,督促供应商处理并跟踪。

进度问题方面,包括设备生产、试验的实际进展情况与供应商的生产计划不符,出现进度偏差;交货期不能满足合同规定以及预见的可能出现的延误等三个方面。监造组发现进度问题时应向供应商发出工作联系单,及时上报监造委托方。

供应商不良行为问题方面,供应商不良行为主要有:供应商未经业主单位许可,擅自转包、分包合同物资;供应商未按合同约定,擅自更换或使用劣质原材料、组部件及偷工减料,降低产品性能或功能;供应商不配合监造工作,或对监造过程中发现的问题整改不积极;供应商产品质量管理存在漏洞,不能保证产品质量等。对于供应商不良行为的处理,依照公司相关规定执行。对供应商不良行为的处理措施不代替合同约定中对供应商违约的责任追究。

(2)抽检指的是项目单位或检测机构依据公司相关标准、供货合同以及国家有关标准,利用检测设备、仪器,对所采购物资随机抽取,进行有关项目检测,检验物资质量的活动。

1)抽检方式的选择:依据检测地点的不同,抽检分为厂外抽检和厂内抽检,推荐采取厂外抽检,采取厂外抽检的检测样品原则上应采取盲样的方式进行检测。

2)抽检内容:抽选样品时,根据样品的类型及实际情况,在监察人员的监督下,由抽检小组取样人员从材料仓库或施工现场随机取样、封样;送样由抽检小组送样人员将样品送往有关质量检测单位或第三方检测机构进行检测,在送样过程中做好样品的包装和防护措施;样品检测应由质量检测单位或第三方检测机构依据检测方案进行检测,尽量采取盲检。

3)抽检问题的处理主要包括以下几个方面:①对不影响设备安装调试进度,预期投运后不遗留安全隐患的轻微质量问题,可督促供应商进行现场修复,整改情况需要项目单位及物资部门验收确认。②对供应商擅自更换原材料组部件、技术性能指标不满足要求等的较严重质量问题,须对供应商采取换货、退货措施,并要求供应商延长质保期,按照合同约定进行违约罚款,整改情况需要项目单位及物资部门验收并报上级部门确认。③对批量出现质量问题、供应商擅自采用劣质原材料或组部件、主要设备性能指标无法满足等特别严重质量问题,除按照上条进行处理外,进行相应处理,整改情况需要项目单位、运维部门及物资部门验收并报上级部门批准。

(3)设备全过程的物资质量管理指的是督促供应商加强运输管理,加强设备材料到货验收、安装、调试及运行维护阶段的技术服务,提高售后服务质量。

设备运输阶段工作内容包括:大件设备、易损设备、重要设备出厂前,应对供应商运输方案进行审查,确保设备包装完好,运输安全保障措施落实到位;到货后,应检查设备运输过程记录,查看包装、运输安全措施是否完好。

现场验收阶段工作内容包括:项目单位要认真组织物资到货交接,严格按照合同约定、技术标准等对到货物资予以验收。现场验收阶段要通知物资部门。

安装调试阶段工作内容包括:施工前,督促供应商提供产品安装说明书等有关资料,说明安装注意事项,做好技术交底;施工中,督促供应商派遣技术熟练、责任心强、协调能力强的现场服务人员,加强技术指导和过程监控;完工后,对供应商进行绩效评价。

运行阶段工作内容包括:项目部门或单位要及时将运行阶段设备材料质量信息反馈给物资部门,物资部门督促供应商及时处理,加强跟踪。

三、仓储配送

1. 背景和需求分析

作为电网企业的核心资源，工程建设项目所需的大量订货设备、材料致使企业的仓储配送成本高居不下。最为关键的是，电网物资仓储配送的效率及效益直接关系到项目建设进度能否如期开展以及购置资产能否如期发挥效益最大化等一系列问题，因此研究电网企业如何更加科学、经济、高效地进行物资仓储配送就显得十分必要和紧迫。

2. 方法介绍

随着传感技术快速发展、RFID（射频识别技术）日益成熟以及移动终端的普及，基于物联网的数字化仓储配送系统得到发展，已经可以实现无人值守仓库。具体包括以下几个方面：

（1）出/入库管理，适用于单件设备、贵重零配件及散装套料物资。①在仓库出/入口处设置门禁，当送货车辆或者叉车运载设备物资进入仓库时，门禁自动读取设备物资的标签信息，与收货单进行匹配，匹配确认后显示存放货架位置，如有异常项，则进行人工核实并处理。②仓库管理人员将设备物资放入指定的存放货架位置，并通过读取货架标签确认。③设备物资出库时，根据系统显示的存放货架位置拣货确认，离开仓库时，门禁读取标签信息，与发货单进行匹配确认。④贵重零配件物资，需进行开机RFID（射频识别技术）检验。

（2）货物定位与货架管理，适用于单件设备与散装套料物资。①在仓库内单件设备粘贴RFID标签。②货架进行RFID编号。③物资入库和出库时可以进行货架和物资的自动化关联，通过现场手持设备或叉车对物资和货架的RFID标签进行扫描。④实时通过手持设备或叉车对操作人员进行提示，货物是否摆放位置正确。⑤管理员可以远程进行物资和货架堆放的报考查询。系统可提供三维虚拟化仓库位置展示。

（3）自动化盘点，适用于单件设备与散装套料物资。①在仓库内单件设备粘贴RFID标签。②总仓库内的相关货柜和地点部署RFID读取天线，确保仓库覆盖。③按照管理员的盘点设定，自动化的周期性进行无人盘点。④RFID天线读取仓库内所有货品ID，通过无线网络上报物资管理系统。⑤物资管理系统自动对比物资清单和出入库日志，向管理员汇报盘点结果。⑥对于贵重零配件，需要配合人工使用手持式设备进行开机盘点。

（4）仓库环境监控。①在仓库中各关键监测点布置配有传感器的有源RFID，每一个RFID都记录所在位置的信息。②传感器实时获取周遭环境的温度、湿度等信息，以一定间隔发出信息，并由无线通信网络或者局域网发送至服务器。③查询终端管理人员可通过终端查询设备的实时环境信息及历史信息。当温度、湿度超出设备仓储的允许范围时，系统发出警报，显示问题区域信息等，并自动通知仓库管理员。

【延伸阅读】

以阿里巴巴菜鸟联盟的首个自动化仓库为例，介绍物流企业的仓储配送自动化系统。

仓库位于菜鸟增城物流园区，专门为天猫超市提供仓储和分拣服务，与其他仓库最大不同是自动化程度高，从收到订单到包裹出库，除了条码复核等环节均实现了自动化。

用户在天猫超市下单之后，仓库会收到订单并生成唯一条码，纸箱被机器贴上条码之后，将会被传送带运送到不同商品品类的货架，货架电子屏会显示需要装入的商品和数量，分拣员据此将商品放入纸箱，纸箱接着再进入下一站。所有商品装好之后纸箱到达"收银台"人工复核和封装出库，再由物流服务运送给消费者。仓库的自动化体现在以下几个方面。

（1）自动识别包裹实现货找人。传送带上每隔一段距离就有传感器，其可识别纸箱上的条形码，再决定纸箱下一步去哪儿，支持路线合并和分流，一个订单对应的包裹会被传送到不同货架装入商品，传统仓库则需要分拣员拿着纸箱去不同货架前找商品。

（2）自动封箱机等自动机器人。菜鸟自动化仓库通过自动封箱机实现了纸箱打开、贴码、封装等步骤的自动化，节省了大量人力，缩短了商品打包时间。

（3）大数据智能选择适合的纸箱。一个订单对应的商品数量和种类不同，意味着它需要不同大小的纸箱，一般仓库是由人根据经验来选择，效率低且很可能会浪费大纸箱。菜鸟仓库在不同商品入库之前就知道其尺寸和特性，基于此自动为一个订单分配最适合的纸箱，节省包装成本、更环保。

（4）大数据智能调度商品存储。结合大数据，菜鸟自动化仓库可预测哪些商品即将畅销和不再畅销，进而对其存放的仓库和货架进行智能调度，最大化减少商品物流节点、缩短商品传送路径，提升仓储和物流效率。

菜鸟自动化仓库体现了当前仓储配送的最新技术，传送带自动识别包裹路径是物联网技术，自动封箱机是工业机器人技术，智能选择纸箱和调度商品则是大数据技术，对于其他企业的仓储配送有一定的借鉴意义。

第三节　建设方面的专业工作方法

一、进度管理

（一）背景与需求分析

项目工程建设过程中，为确保经济效益和社会效益，必须在预定的时间之内，编制出经济合理、切实可行的进度管理计划，并采用恰当的控制方法对项目进度进行定期跟踪，将工程项目的实际进度与计划进度进行比较，检验实际进度与计划进度的相符程度，若出现偏差较大，须找出产生偏差的原因，分析与评估产生偏差的各种影响因素及影响工程项目目标的程度，并组织、指导、协调、监督相关单位及时采取必要的措施补救，调整、修改工程里程碑计划。这种计划与控制的管理在工程项目进度管理的执行中不断循环往复，寻找动态的平衡，直到如期完成合同约定的工期目标，或在保证工程质量、不增加工程造价的前提下提前完成工期目标。

（二）方法介绍

进度管理最常见的方法便是设立里程碑计划。里程碑计划是一个目标计划，它表明为了达到特定的里程碑，去完成一系列活动。里程碑计划管理就是通过发挥计划管理在电网发展建设中的统领、引导和协调作用，合理安排项目里程碑完成事件目标，引导相关参建部门按计划完成各自任务。通过制定里程碑计划管理三级网络控制体系和相关配套管理制度，将电网建设里程碑计划按可量化、可考核的标准分解为月度工作任务，纳入单位月度经济责任制考核中，落实责任，加快建设进度。

项目里程碑是一个具有特定重要性的事件，通常代表项目工作中一个重要阶段的完成。电网建设里程碑计划管理是对制定和分解的电网建设项目重要时间阶段计划进行检查和落实的全过程目标控制。

里程碑计划的制定与应用分为以下几个步骤：

（1）信息资料收集。在编制项目里程碑计划之前，为确保项目里程碑计划的科学性和合理性，必须要有真实、可信、广泛的信息资料，作为编制里程碑计划的依据。我们所需收集的信息资料包括项目背景、项目实施条件、项目实施单位、人员数量和技术水平、项目实施各个阶段的定额规定等。

（2）项目结构分解。在项目里程碑计划的编制阶段，要根据项目里程碑计划的种类、项目完成阶段的分工、项目里程碑进度控制精度的要求及完成项目单位的组织形式等情况，将整个项目分解成一系列相互关联的工作。

（3）项目活动时间估算。在对项目结构进行分解之后，要对项目活动的时间进行估算。即在项目分解完毕后，根据每个基本活动工作量的大小、投入资源的多少及完成该基本活动的条件限制等因素，估算出完成每个基本活动所需的时间。通过项目活动时间的估算可以大致预测项目工作的持续时间，从而进行项目里程碑计划的编制。

（4）项目里程碑计划编制。在收集信息、分解项目结构、估算项目活动时间的基础上，可以编制项目里程碑计划。即根据项目各项工作完成的先后顺序要求和组织方式等条件，通过分析计算，将项目完成的时间、各项工作的先后顺序、期限等要素用图表形式表示出来，这些图表即为项目里程碑计划。

（5）项目里程碑计划控制。项目里程碑计划制定以后，在项目实施过程中，对实施情况进行检查、对比、分析、调整，以确保项目里程碑计划总目标得以实现。

【延伸阅读】

以某公司小型基建项目里程碑计划管理为例介绍进度管理工作方法。

小型基建项目里程碑计划管理包括项目前期管理、项目准备阶段管理、项目施工进度管理及项目收尾进度管理。

1. 项目准备阶段管理

新建小型基建项目建设（以有存量土地为例）涉及的审批程序繁多，主要包括立项审批、规划方案报批、防雷审核、环保审核、工程规划许可审批、施工图审核、节能审核、消防设计审核、施工招投标、施工许可审批等。小型基建项目审批程序在顺序上存在关联性。以申领建设工程规划许可证为例，宁波地区在申领建设工程规划许可证时需提供规划测绘报告、规划放线报告、规划验线报告、规划方案、环评审核报告、防雷审核报告等资料，我们仔细研究以上几个细分项目的审批时间，科学合理的分配各项审批程序之间的搭接与配合关系，进行最优的工作安排，达到在依法合规的前提下，缩短审批时间。以建设规模 900m² 小型基建项目为例，正常情况下，从立项开始到完成工程规划许可证申领，至少需三个月时间，而若各环节穿插同步进行，审批会在一个半月至二个月内完成。

招投标环节直接影响到工程的造价及结算工作的顺利推进，根据实际操作经验，主要通过以下三个方面保证总体造价的准确性、稳定性。

（1）招标前工程量清单编制做到准确细致，以避免在后期合同履行中出现各种因清单错误而导致的纠纷和造价增加的问题。

（2）招标控制价的编制做到准确合理，因为现在的工程项目招标都采用清单招标形式，招标控制价是明的，这就要求控制价的编制非常准确。建设单位需要通过专业事务所编制控制价,再由跟踪审计单位复核,同时,为避免客观及主观原因导致其编制审定的控制价存在误差,建设单位最后应进行审核。

(3)招标前合同文本的编写考虑要全面,这样在合同履行过程中可避免让施工方钻空子,做到不留尾巴。

2.项目施工进度阶段管理

施工阶段管理的成功与否,直接影响到工程是否能按期完成,是否能够保证质量,同时也会影响到项目的结算工作。所以必须注重项目过程精细化管理,明确时间节点、明确责任人,在实施过程中严格执行奖惩制度。

进一步加强规范化管理。国家电网公司制定了小型基建《工程变更及签证管理办法》,规范建设程序,减少了工程实施的随意性及不必要设计变更的发生,加强了项目造价的控制,有效实现廉政风险预控。

加强现场沟通协调,实现项目的现场可控。加强对参建人员的管理,严格对施工单位各主要人员进行考勤,确保人员到位,敦促施工方的管理人员加强现场施工管理,对工程中存在的问题进行及时自查自纠,避免返工;严格执行周监理例会制度,相关单位对上一周施工中的安全、质量、进度问题进行汇报,及时解决了施工过程中存在的疑难问题,理清了工程建设思路。

加强工地文明施工建设。积极推进文明施工,严把质量关,派代表进驻工地监督协调,保证项目建成后的环保性、舒适性。

在验收阶段,可通过合理安排节省工期。以中间结构验收为例,一般中间结构验收需项目结顶且屋顶混凝土养护期满28天后才能进行验收,并在此期间工程需暂停,将大大延误后续工程进度。省公司根据实践经验,协调地方质监站,在不违反原则的条件下,采取一层混凝土养护期到期并检测合格后,质监站同意先行验收。同理,在消防验收、节能验收、竣工验收等其他方面均可以通过多头进行,交叉推进项目建设及验收,根据实践经验,可以缩短工期一至一个半月时间。

3.项目收尾阶段管理

项目收尾工作主要包括项目的结算工作及财务决算工作,甲、乙双方在工程结算阶段常常发生工程量上的争议,这直接影响到工程扫尾工作的进度。这个环节的顺利与否,体现在前面两个阶段工作的细致与否,通常精确的工程预算与规范的工程联系单程序,能够直接最小化双方争议,奠定收尾工作快速完成的基础。

通过合理安排三阶段的各项工作,能够使里程碑计划时间节点前移,但是在制定里程碑计划的时候,管理者必须考虑到不同执行者的个体工作能力差异,实事求是,切不可一刀切。

二、质量监督

(一)背景与需求分析

工程质量问题是影响使用功能的主要因素,一旦项目质量发生问题,轻微的可能会影响工程结构,严重的可能危害人们的财产和生命安全。质量问题影响工程寿命和使用功能,增加工程维护量,浪费国家财力、人力和物力,给使用单位和人民生活带来困难。工程质量是形成工程项目实体的过程,也是决定最终产品质量的关键阶段,要提高工程项目的质量,就必须规范建设工程施工阶段的质量监理工作,加强监理单位对施工质量的过程控制,提高监理工作绩效，有效防范各类施工质量事故的发生，持续提升工程建设质量。

（二）方法介绍

质量监督管理是对质量监督活动的计划、组织、指挥、调节和监督的总称。质量监督管理的可以用到的主要方法包括：

1.数据分层法（Data Stratification）

归纳统一条件下收集的具有相同性质的数据，为比较分析提供方便，即数据分层法的内涵，也叫层别法。在实际的生产过程中，会有很多因素影响到质量，必须区别开这些因素，变化的规律才可能的得出。可以具体情况为依据采取多种方式进行数据分层，如按时间、按班次、按原材料成分、按原材料进料时间、按使用设备的种类、按使用条件、按检查手段、按缺陷项目等。通常需要结合统计分析表使用数据分层法。

数据分层法从本质上讲是一种系统概念，即需要分门别类、有目的、有系统地统计和归纳复杂的资料，以便对它们进行处理。所谓科学的管理，即通过管理的相关技法使之前在管理工作中依靠视觉、经验进行判断的不足之处得到弥补。此处的管理技法，要求将正确的理念建立起来，并运用相关数据，据此对工作进行解析并实施正确措施。管理所需的一项最基础的工作是将原始数据建立起来，并有目的地集计这些数据。例如，近年来，我国航空市场面临越来越激烈的竞争局面，为了提高市场占有率，各大航空公司不仅要将各种措施加强，还要注意提高服务品质。有关客户满意度情况的调查在航机上经常可以遇到。通常需要设计调查表来展开此项调查，调查表中一般要包括航空公司在航机和地面的服务品质，其中地面方面通常包括候机、订票等环节，航机方面通常包括卫生、餐饮以及服务态度等。收集调查问卷，集计其中的数据，就可知道提升服务品质应从哪些方面下手。

2.直方图法（Histogram）

直方图指的是用直方形表示产品质量频率分布的形态，并以直方的公差界限的间距以及分布状况等为依据对质量分布的规律进行观察和探求，对生产过程正常与否进行判断和剖析，其又叫质量分布图、频率分布直方图或矩形图。

利用直方图可以将资料变化情况直观地展示出来，对资料的规则性进行解析，使人们一目了然地看出资料的分布状况以及产品的质量特性，从而有利于对质量分布的总体情况作出判断。在直方图的制作过程中，所要面临的一个非常关键的也是首当其冲的问题就是怎样对资料进行合理分组。组距和分组数是以组距相等原则进行分组时所涉及的两个关键数位。直方图这种图表是几何形的，其以生产过程所收集到的质量数据分布情况为依据，绘制直方型矩形图，其底边表示组距，高度表示频数。

观察图形形状，对生产过程稳定与否做出判断，对生产过程的质量进行预测，这也是作直方图的目的。具体可表现为以下三个方面：①对加工完毕的产品进行判断；②验证工序的稳定性；③为计算工序能力搜集有关数据。

直方图将数据根据差异进行分类，特点是明察秋毫地掌握差异。直方图的作用有：①显示质量波动的状态；②较直观地传递有关过程质量状况的信息；③通过研究质量波动状况之后，就能掌握过程的状况，从而确定在什么地方集中力量进行质量改进工作。

3.排列图法（Pareto Diagram）

排列图又称为柏拉图分析图、重点分析图、ABC分析图，是意大利经济学家 Pareto 在19世纪发明的。利用排列图，Pareto 对意大利社会财富的分布情况进行了分析，发现20%

的人掌握了 80% 的财富，后来人们发现该规律存在于很多场合中，柏拉图定律的名称便由此而来。美国质量管理专家朱兰后来在质量管理中引入了这种统计图。排列图是一种双直角坐标图，可利用其对使质量受到影响的主要因素进行寻找和分析，其中频率用右侧纵坐标来表示，金额、件数等频数用左侧纵坐标表示。累积频率以分折线来表示，能够使质量受到影响的各种因素以横坐标来表示，并且由左至右按出现频数的多少，也即影响程度的大小进行排列。观察和分析排列图可将使质量受到影响的主要因素找出来。除了质量管理以外，库存管理等很多其他管理工作中也可以使用这种方法。

质量管理过程中有很多问题需要解决，因此经常有无从下手的感觉，而实际上，只要将具有较大影响的几个原因找出来进行控制和处置，超过八成的问题就能迎刃而解。Pareto 以归集到的数据为依据，系统的对不良状况和不良原因等进行层别或项目别分类，将各项目别所占的比例以及所产生的损失金额、不良率等数据计算出来，然后按大小顺序进行排列，并进行累加值计算。

柏拉图分析即在办公室或工厂中，按现象别或原因别将制品不良、缺损或低效率等损失向损失金额超过八成的项目进行换算，并进行追究和处理。

使用柏拉图分析的前提是按照层别法的现象别或项目别进行分类，然后将统计表按顺序进行排列。以下即利用柏拉图进行观察和分析的具体步骤：

（1）以原因或现象（状况）对将要处置的事进行层别；

（2）最好以纵轴表示金额，这样会比较强烈，当然也可表示件数；

（3）对资料搜集的期限间作出决定，尽可能为定期；

（4）在横轴上由左到右按大小顺序进行排列；

（5）绘制柱状图；

（6）将累积曲线连接起来。

所谓的排列图，通常也被称为巴氏图，也有的叫巴雷特图法，还有的被称为是主次因素分析图法，排列图的有左右两个纵坐标，其中左侧的代表产品的频数，右侧的代表频数。在其中横轴表示影响产品的质量，因为各个要因的影响不一样，可以按影响的程度把它们从左到右排列。受影响程度的大小由不同的直方形高度来表示，这个曲线就称为巴雷特曲线。

在排列图上，通常把曲线的累计百分比划分为三个等级，与此相对应的要因划分为三个类别：A 类要因对应于频率 0%~80%，是影响产品质量的主要因素；B 类要因对应于频率 80%~90%，为次要因素；与频率 90% ~100% 相对应的为 C 类要因，属于一般的影响因素。

4. 因果分析图（Characteristic Diagram）

在因果分析图中，用箭头将原因和结果联系起来，前者为因素，后者为特征，将因果关系展示出来。因果分析图法可以将员工的脑筋充分调动起来，集思广益查找原因，对在工作小组中民主的进行质量管理非常适合。质量问题出现后，原因没搞清楚时，可发动大家将可能导致问题出现的原因找出来，每个成员都能畅所欲言，列出全部可能的原因。

因果分析图也叫鱼骨图，其以系统的方式图解使某种结果出现的各种原因，将原因即因素与结果即特征之间的关系同图表示出来。必然是因为某些原因导致了某种结果的出现，因此，要想办法通过图解将其中的原因找出来。日本的石川馨是品管领域的权威，他是这个概念的创始人，因此人们也以"石川图"来称呼特性原因图。在管理工作的各个阶段均可使用因果分析图，尤其是在初期意识树立阶段，可以明朗化问题的原因，并采取相应的步骤使问题得到解决。

5.控制图（Control Chart）

1924年，美国贝尔电话实验所博士 W.A.Shewhart 首次提出了控制图，也叫管制图，后来成为科学管理的重要工具之一，该工具在质量管理领域尤其具有不可或缺的地位。控制图中存在控制界限，将引发质量波动的系统原因和偶然原因区分开来，找出其中存在的系统原因，以此对生产过程受到控制与否作出判断。

根据用途的不同控制图可分成两类：一种控制图是供分析所用的，用来对质量特性值在生产过程中的变化情况进行分析，看工序是否受控、是否稳定等；另一种控制图是供管理所用的，将生产过程中的异常情况找出来，避免有不合格产品出现。

控制图实际上就是映射生产过程中随时间的改变而产生的质量变更的形态，即反映生产工序各个阶段质量波动状况的图形。一般，质量的波动有两种情况：一是偶然发生的因素引起的波动，称为正常波动；二是系统性因素引起的波动，则称为异常波动。质量控制的目的就是将工程项目施工过程中常会遇到的问题找出来，对施工现状加以改进，对其规律进行分析，提高解决的方法。质量管理图的原理就是利用因果关系，将产品的质量特性控制在能接受的范围之内。一旦有超出或接近控制接线的质量情况，可以通过管理图看出问题，从而及时采取防范措施，达到降低不良率的目的。

6.散布图（Scatter Diagram）

散布图是在坐标图上以点的形式画出可能存在相关性的两个变量数据，将成对的一组数据间有相关性与否表示出来，也称相关图。成对的数据可能存在三种关系类型，即原因—原因、特性—特性或原因—特性。对两个变量进行深入的观察和分析后，对它们之间的相关关系进行判断，在实际生产中也经常可见到这种问题，如材料的强度和材料中某元素的含量间的关系，热处理过程中的工件硬度和淬火温度这两个变量间的关系等。两个变量之间尽管存在一定的关系，不过却很难表示为精确的函数关系或公式，相关图法的优势此时就发挥出来了。假设 x、y 是一对变量，分别代表某一种影响因素以及某一种质量特征值，在坐标图上以点的形式画出收集到的或通过实验得到的 x 数据和 y 数据，对于 x 和 y 这两个变量之间的相关情况根据点的分布特点很容易便能判断出来。

在具体的实施方面，质量管理主要从事前、事中和事后三个阶段入手。

（1）事前控制。做任何事都要有个事先准备的过程，工程项目作为一个特殊的载体，防患未来可能发生的困难在施工事前控制非常重要。工程质量计划或工程组织或工程项目管理所实行的规划编制，都一定要建立在实际可行、有效实现预设目标的目的上；进行工程项目质量监督控制的方案实施部署。

（2）事中控制。事中控制主要是通过平时的技术作业中的控制以及在管理活动中的一些监控，从而减少实际操作中的质量监督。事中控制包括自我约束和对他人的监督这两方面，其主要目的是要加强工程项目质量意识，充分发挥操作者自我约束和自我把控。通过在现场施工过程中建立和保证质量的整体性，运用监督机制和激励的机制来管理质量问题，从而更好地发挥作业者的自控力，以达到质量监督的良好作用。

（3）事后控制。事后控制包括，质量监督活动的结果评估、认定和对工程项目质量偏差的纠正。从理论分析中可以得出，若是预控过程所定制的实施计划考虑得越详细，事中控制和监督的能力就越强、越严紧，实现质量的预设目标可能性就愈大，理想状态是达到各项工程作业活动"一次交验合格率100%"。事后控制实际上是在没有办法的情况下的一种活动，其质量事件可能已经发生，事后发生的事情只能通过转移风险的方法来控制。通过转移风险，从而达到减少损失目的。

【延伸阅读】

以智能用电小区项目质量管理为例，从"人""机""料""法""环"几个方面对该项目进行质量管理：

第一，对参与该智能用电小区建设的相关人员队伍做了调查，发现此次智能用电小区建设中的设计单位人员配置较低，分析得出要解决人员素质问题，相关单位要对所有工程人员进行相关知识、技能等方面的培养和锻炼。

第二，对相关设备及设备制造厂商、用料选材等方面进行了调查，调查发现因为该智能用电小区是国家电网智能用电项目的试点，所以选用的设备均为认可度高、技术力量雄厚、生产能强的厂商所生产的设备。在用料、选材方面都相当考究，均选用完全达标的工程材料进行建设。这样就保证了该项目的主体建设能够达到预期值。

第三，项目实施前，有完整的可行性研究方案、完整的施工方案设计，并且有相关规定作为依据。可以看出，该智能用电小区建设项目的每一个阶段，每一个系统，每一个细微环节，均有详细的设计方案，这样为项目建设提供了强有效的施工依据。

第四，该小区内建筑形式较为全面，各项配套服务设施齐全，设计等级较高，且开发商掌握分布式太阳能发电核心技术，小区停车场全部设在地下，有条件安装智能电表和充电柱，具备实施智能用电小区条件。

第五，为了保证质量监督评价结果的公平、公正、客观，出资单位分别聘请不同的第三方质量监督机构，共同对智能用电小区项目的整体质量进行监督管理评价。

第六，电力工程项目质量监督工作经过众多质量监督工作者的努力，与基本建设一样，也有了自己的一套工作流程，第一步是办理质量监督手续，第二步是开工前做好监督的准备工作，第三步是在施工过程中进行质量监督，第四步是监督工程竣工验收工作，最后还有质保期监督。针对智能用电小区项目，做出了适合的流程图，如图5-7所示。

五家第三方质量监督机构根据此流程图的指引，对整个项目从办理质量监督手续、施工前监督、施工过程监督、竣工验收监督到质量保修期监督等环节进行了全程监督。

重点监督智能用电小区项目的质量行为，严格审核参建各方主体单位的质量保证体系，对质保系统的运转状况跟踪监督。派监督人员及时审核五家第三方监督管理机构所提供的各类证书的原件及复印件，并按"工程质量监督申请核查表"的内容，对收到的资料进行核查，很快给出了答复。审查合格，办理工程质量监督注册手续，签发监督通知书。

以随机抽验的方式为主要手段，以不定期对整个项目流程检测为辅助措施，对该智能用电小区项目工程实体的整个实施过程进行质量监督，将所有监督内容记录在质量监督标准化表式中。对施工过程的质量监督几家第三方监督机构都很重视，除了对监理单位的质控体系、设计单位的现场服务体系、施工单位的质管体系以及建设单位的质检体系的运行状况进行监督，还及时发现问题及时告知整改，通过对施工过程实物质量的检查来检验其质量体系的运行效果，寻找制度体系方面的原因，避免发生质量问题，使后续施工的质量得到保证。

以竣工验收的组织形式、验收程序、执行验收规范为主要监督内容，对该智能用电小区

图 5-7　智能用电小区工程项目质量监督流程

项目的工程竣工验收过程进行监督。

五家第三方质量监督机构均做到了以定期回访检查的形式，每季度定期对该智能用电小区的质量进行监督管理，监督工程参建各方对该智能用电小区进行质量保修，监督并参与质量责任的鉴定和处理。

该智能用电小区在 2013 年正式投入运行以来，从未发生过重大质量问题。

三、造价管理

（一）背景与需求分析

电力建造工程工期长、造价高、不确定因素多的特性和造价管理的系统性，决定了工程造价管理工作将变得日益复杂。因而想要提升工程效益，必须切实提升造价管理水平。工程造价管理贯穿于项目的全过程，即项目决策阶段、项目设计阶段、项目实施阶段和竣工阶段。加强工程造价的管理，能促进优化设计，准确地编制投资估算，保证估算起到造价控制的作用，把造价控制在建设单位同意的限额内。同时，工程造价的管理，能把建设项目的投资用在各工程项目、各单位以至各分部分项工程之间。在各投资项目之间进行均衡而合理的分配，能使建设单位的投资获得尽可能高的综合效益，这同资产管理的目标是一致的。

（二）方法介绍

全面造价管理（Total Cost Management）是造价管理最常用的一种方法，是指在全部战略资产的全生命周期造价管理中采用全面的方法对投入的全部资源进行全过程的造价管理。全面造价管理能够有效地使用专业知识和专业技术去计划和控制资源、造价、盈利和风险。项目全面造价管理的理论和方法包括工程项目全过程造价管理、工程项目全要素造价管理、工程项目全风险造价管理和工程项目全团队造价管理四方面内容。

全过程造价管理是基于活动和过程的，按照工程项目的过程与活动的组成与分解的规律去实现对项目全过程的造价管理。首先，需要基于各项具体活动确定造价。明确要确定的具体活动的造价种类，选用估算、概算或者预算等；根据所需造价的精确程度，收集相应精确程度的工程技术资料和其他信息；对项目全过程所包含的各项活动进行分析；确定各项具体活动的造价；将各项具体活动的造价进行整理汇总，最后得到基于活动的整个项目的总造价。其次是基于项目活动全过程的造价控制。其工作的核心包括两个循环，即全过程的控制与持续改善循环和具体活动过程的控制与持续改善循环，其中具体活动过程的控制与持续改善循环可描述为：确定要控制的过程；对控制对象开展活动分析；找出具体活动过程中存在的问题；分析和改进现有的具体行动方法，以使其达到最佳；对"未使用能力"进行分析，以确定是否有闲置的占用性资源；结束当前的分析过程，开始新的循环。全过程的控制与持续改善循环是由许多个个体活动过程的控制与持续改善循环所构成的。

工程项目在实现过程中每项活动都受到造价、工期和质量这三个基本要素的影响，因此就涉及了项目全要素造价管理。在工程项目全过程中，上述三个要素是相互影响和相互转化的，一个工程项目的工期和质量在一定条件下可以转化成工程项目的造价。要实现对于建设项目的全要素管理，其工作内容主要包括两个方面，即分析和预测各要素的变动与发展趋势以及控制这些要素的变动以实现造价管理的目标。全要素造价管理同样是一个不断循环往复的过程。因为对于一个建设项目来讲，在其实施的过程中，经常会发生对目标和控制指标进行修正的情况，与此相应的全要素造价管理中也必须要有目标和控制指标的重新修订，通过不断的修订过程，逐步开展各项全要素造价管理活动循环过程。

建设项目的实现过程和一般的产品生产过程不同，它是在一个存有许多风险的不确定性外部环境和条件下进行的，由于这样一个特点，使用建设项目的造价中就包含了三种不同的成分：确定性的造价、风险性的造价和完全不确定性的造价。这些不同性质的造价一直贯穿于建设项目实施的全过程，只有到项目完成时，才会最终形成一个完全确定的工程造价，因此，对于建设项目的全面造价管理还必须从全面管理确定性造价、风险性造价和完全不确定性造价的角度去开展工作。建设项目全风险造价管理包括三个方面的工作内容：其一是分析、识别和确定风险事件和风险性造价；其二是控制风险事件的发生与发展；其三是直接控制全风险造价。对风险性造价进行控制，又包括造价变动的分析、造价的控制、造价的报告和不可预见费等工作。

　　在工程项目实现过程中会涉及参与项目建设的多个不同的利益主体。这些利益主体包括：工程项目的项目法人或业主，承担工程项目设计任务的设计单位或建筑师与工程师，承担工程项目监理工作的工程监理咨询单位或监理工程师，承担工程项目造价管理工作的造价工程咨询单位或造价工程师与工料测量师，承担工程项目施工任务的造价工程咨询单位或造价工程师与工料测量师，承担工程项目施工任务的施工单位或承包商及分包商，以及提供各种工程项目所需物料、设备的供应商等。这些不同的利益主体，一方面为实现同一工程项目而共同合作，另一方面依照分工去完成工程项目的不同任务，而获得各自的收益。在一个工程项目的实现过程中，这些利益主体都有各自的利益，而且有时这些利益主体之间的利益还会发生冲突。这样就要求在工程项目的造价管理中必须全面协调各个利益主体之间的利益和关系，将这些利益相互冲突的不同主体联合在一起构成一个全面合作的团队，并通过这个团队的共同努力，去实现对于工程项目的全面造价管理。在全团队造价管理中，造价工程师起着特殊作用，既是造价信息的记录、收集、处理与提供者，也是各种造价管理行动方案的评价者，造价管理沟通和决策的辅助者，是合作各方的造价管理执行者。总之，造价工程师是全团队造价管理中主要的决策辅助人员和造价管理作业人员，需要具有很高的专业知识与技能。

【延伸阅读】

　　以工程结算为例介绍造价管理的工作方法。

　　工程结算是合理确定工程造价的必要程序，是核实工程造价的重要手段，是有效控制工程造价的主要方法。内部审计通过全面系统地检查和复核，能及时纠正所存在的错误和问题，更加合理地确定工程造价，从而达到有效地控制工程造价的目的。其中，"四全"工作法是电力企业较为常用的一种结算管理方法。"四全"工作法是指全员参与、全过程控制、全方位管理、全口径核算的"四全"工作体系。

　　按照相关工程结算的管理规定，结算管理工作有四个方面的要求：一是全面性。要依据合同约定对建设工程全口径费用进行结算，包括建筑工程费、安装工程费、设备购置费以及其他费用。二是及时性。220kV及以上输变电工程竣工验收后70日内、110kV输变电工程竣工验收后35日内完成竣工结算。三是准确性。要合理计列各项费用，全口径费用结算准确率达到100%。四是合理性。要保证概算节余率指标控制在3%～5%，以提高资金利用效率。由此可以看出，结算管理贯穿于建设项目的整个生命周期，涉及工程建设各阶段、各相关方的费用管理和资金支付，是一项动态的系统性的工作。

　　为了强化结算管理工作，按照"积极主动、关口前移"的管理理念，采取组织措施和技术手段建立起全员参与、全过程控制、全方位管理、全口径核算的工作体系，运用工程造价控制基本原理管好费用，通过工程项目财务控制理论管好资金，加快工程结算进度，提高工程结算质量。

　　坚持以信息化为支撑，规范管理流程、提高技经管理工作效率。其次加大全员参与工作力度，把技经管理推向更深、更高层次，提高电网建设整体水平。

　　工程结算"四全"工作法以工程量管理为主线，落实业主项目部管理责任，在事前、事中、事后三个时期对工程量进行控制，推进施工结算的全过程管理，包含四大步骤：重视工程量清单质量；严格控制工程变更；积极尝试分部结算；把好竣工结算关。

该方法通过建立以健全组织管理体系为保证、以实施过程工程量控制为手段、以项目管理系统平台为支撑的三位一体管理模式，将结算管理与各部门、各单位的日常工作紧密衔接，将结算管理与工程量过程控制紧密结合，将结算管理与信息化平台紧密集成，实现结算管理全员参与、全过程控制、全方位管理、全口径核算的良性互动，达到全口径费用结算及时、准确、高效的目的。

第四节　运维检修方面的专业工作方法

一、运维管理

（一）背景与需求分析

全球化经济发展，使电力市场也加快了发展步伐，电能已经成为我国最主要的能源之一，与其他能源相比有着环保、快捷、方便、高效、应用广泛等特点。电能是第二次工业革命产物，自从人类社会进入电气化时代，电能在很多产业中被广泛应用，包括动力、照明、冶金、化学、纺织、通信等各个领域，电能已经成为科学技术发展、国民经济飞跃的主要动力。现代人的日常生活已经离不开电能，电能已经成为社会必需品。另外，电能更关系着很多企业的命运，很多企业自动化生产线的广泛应用加大了对电能的依赖程度，如果停电导致停产，很多企业会因此造成严重的经济损失。所以，供电的稳定性必须得到保障，运行维护管理就成了工作的重中之重。

（二）方法介绍

1. 标准化作业

电力企业现场标准化作业是以现场安全生产、技术和质量活动的全过程及其要素为主要内容，制定和贯彻标准化作业程序的一种全员参与的有组织的活动。现场标准化作业有如下几大重要原则：

一是必须按照标准化建设和准军事化管理的各项工作要求，细化和落实到每项作业过程当中，规范现场作业人员的行为，提升人员精神状态，确保作业安全和质量；

二是必须采用规范的作业指导书（现场执行卡），建立健全变电设备检修、试验作业标准体系，规范现场作业指导书的使用形式和应用范围，确保现场作业任务清楚、程序清楚、危险点清楚、安全措施清楚，确保人员到位、措施到位、执行到位、监督到位；

三是应密切结合专业化检修基地的工作实际，做好与现有安全、生产、技术等管理工作的有效衔接与整合，注重安全风险和工艺质量的控制；

四是专业化检修基地应建立现场标准化作业工作评估和持续改进的机制，定期进行总结分析，及时提出整改意见和措施，不断提高现场标准化作业水平；同时专业化检修基地要加强对生产管理人员和作业人员的培训，保证现场标准化作业工作的全面有效实施。

电力公司标准化工作分成现场勘察、风险评估和预控、施工协调、作业过程、作业终结、监督考核这几个方法。主要重点工作如下：

（1）现场勘察。主要工作是对大型、复杂的技改、大修工程，集中检修的工作，以及多单位配合完成的作业进行现场勘察。现场勘察前，勘察人员应提前了解工作内容、查询设备图纸、状态评价、PMS缺陷等情况，熟悉和掌握勘察对象的有关情况。现场勘察时，应重点深入掌握了解设备运行状况，核对停役状态、图纸资料、物资材料、作业环境等是否满足作业需要，并对各项危险点进行分析并提出预控措施。勘察完成后，应形成书面的现场勘察单，勘察单内容应至少包括：作业内容、作业地点及环境、设备运行状况、所需设备停役状况、必要安全措施、勘察时间及人员等内容。

（2）风险评估和预控。主要工作是根据省公司电网风险评估情况，组织制定和落实检修单位相应的电网风险预控措施。专业化检修基地应结合现场踏勘，开展检修作业风险评估，并根据风险评估情况制定预控措施，形成风险评估报告。

（3）施工协调。主要工作是通过周生产协调会、专题协调会等形式做好内部的开工前协调工作。作业人员应根据作业计划，结合现场踏勘情况，在作业前完成所需的技术资料、工器具、备品备件及物资材料等的准备，完成与有关的厂家服务人员的联系确认，完成作业指导书的学习，明确作业涉及的各项危险点及相关预控措施，保证作业人员熟练掌握作业程序和各项安全、质量要求。

（4）作业过程。主要工作是按照电网各项规定，认真落实各项保证安全的组织措施和技术措施，按要求组织开展现场作业工作。在作业过程中，工作负责人应根据现场执行卡的要求，结合工作进展情况，做好相关记录。

（5）作业终结。主要工作是现场作业完成后，作业人员组织做好检修、试验、图纸修改等有关记录，按照 PMS 系统录入要求和省公司基础数据录入规范及时整理和归档，并做好各项设备、工器具等物资材料的定置归位。

2. 缺陷管理

设备缺陷是指运行或备用设备存在有影响安全、经济运行或设备健康水平的一切异常现象。按照设备缺陷的性质和轻重程度可分为紧急缺陷、重大缺陷和一般缺陷三类。紧急缺陷指设备已不能继续运行，随时可能导致事故发生，必须立即处理的缺陷。重大缺陷指缺陷比较重大，短期内仍可继续运行，但应加强监视，需要积极组织力量在短期内消除者。一般缺陷是指对近期安全影响不大，可列入年度或大、小修计划消除的缺陷。而重复缺陷是指同类设备或设施在规程规定的检修周期内发生两次及以上性质相同的缺陷。

为了运用更加周密和科学的管理方式对缺陷实施有效的管理，必须设置一种微机化闭环管理模式。缺陷管理严格按照闭环流程执行，即发现、记录、审核、汇报、处理、消除和验收。

缺陷发现和记录。在管理部门建立设备缺陷报表，并实行电子化。运行、检修、试验及各级管理人员发现缺陷，均由运行人员在"缺陷记录簿"内进行登记。记录缺陷时要求清楚、准确、详细，记录人员应对登记的准确性负责，登记设备缺陷内容应清晰明了，并填写有关参数。若发现的危急和严重缺陷，要经工程师鉴定定性，由发现人进行登记。严重、危急性缺陷，应用电话立即通知机械动力部鉴定后，组织人员检修。一般缺陷可在缺陷月报中填报，并上报机械动力部组织消缺。修、试中发现的缺陷，也应通知运行人员并填写"缺陷记录"并记入运行记事簿中。

缺陷审核和汇报。一般缺陷由调度运行部门的设备缺陷管理专责人审核，难以确定的缺陷则由生产技术管理部门的设备缺陷管理专责人复核。紧急缺陷一旦被发现，必须在现场采取有效措施后，首先向值班调度员汇报，再由值班调度员向检修单位、运行单位、生技部、安全监察部汇报。重大缺陷和一般缺陷由值班调度员向检修单位、运行单位汇报，必要时上报相关生产部门。

缺陷处理。缺陷处理对不同等级的缺陷有不同的时限要求。紧急缺陷应立即安排消缺处理，缺陷消除时间不超过 24h。重大缺陷消除时间不超过一个月，一般缺陷消除时间不超过三个月。

缺陷消除。凡属于运行人员维护工作范围内的设备缺陷，运行人员应及时进行处理。如经过处理后仍未能消除或属运行人员无法消除的设备缺陷，运行人员除加强监视检查外，应尽可能地采取必要的技术、安全措施，防止设备缺陷扩大，并及时通知检修人员处理。设备存在缺陷需停电而当时无条件处理的设备缺陷，检修人员必须积极采取必要的、能保证设备安全的临时措施。对于未消除或未完全消除的设备缺陷，运行人员应加强巡查，当具备处理条件时，运行、检修单位应及时安排处理。当设备缺陷有扩大趋势时，运行人员应立即汇报运行单位领导。未能消除的设备缺陷，各有关部门应负责跟踪、监督、落实，必要时安监部可下达限期整改通知书。缺陷处理后，检修工作负责人要做详细的处理记录。紧急缺陷和重要缺陷情况应填入相应的检修和运行技术台账。

缺陷消除验收。一般缺陷按照检修班组自检，运行班组复检的办法进行，线路部分由各工程队或供电营业所依据所管辖范围复检。验收合格，办理消缺手续。紧急缺陷和重大缺陷的验收，实行公司、部门、班组三级验收。验收人员必须坚持原则，严格执行设备验收制度，当存在能消除而未消除的设备缺陷，有权拒绝办理验收手续，直至设备缺陷消除。处理后的缺陷，应经当值值班长或站长验收，确认缺陷消除后，在"设备缺陷记录簿"验收栏内签注意见并签名。

闭环的缺陷管理方法，使设备缺陷管理更加规范化，有利于建立设备缺陷定义、分类、发现、消除、验收、统计和考核全过程管理机制，有效降低缺陷发生率，提高消缺质量和效率，逐步实现零缺陷目标。

二、检修及抢修管理

（一）背景与需求分析

机械设备在日常使用和运转过程中，由于外部负荷、内部应力、磨损、腐蚀和自然侵蚀等因素的影响，其个别部位或者整体会改变尺寸、形状甚至机械性能等，使设备的生产能力降低，原料和动力消耗增高，甚至造成人身和设备事故。这是所有设备都避免不了的技术性劣化的客观规律。在企业中，由于机械设备的生产连续性，大多数设备是在磨损严重、腐蚀性强、压力大、温度高或低等极为不利的条件下进行运作的，为了不影响企业工作的正常进行、人身和财产安全，检修及抢修的管理就显得极为重要。为了使机器设备能正常发挥生产效能，延长设备的使用周期，必须对设备进行适度的检修和日常的维护保养工作。这一步骤是挖掘企业生产潜力的一项重要措施，也是保证多、快、好、省地完成任务的基本物质基础。

（二）方法介绍

考虑电力产品的特殊性、重要性，电网设备的检修方式可划分为事后检修、定期检修、状态检修和基于可靠性的检修等四个模式。

（1）事后检修，也称故障检修，是指设备发生故障后，再进行修理，目前只在小型、不重要设备中采用。

（2）定期检修是目前我国电网企业普遍采用的检修方式，它是每隔一个固定的时间间隔或积累了一定的操作次数后安排一次定期的检修计划。当设备数量较少且设备质量水平较一致时，这种检修模式能起到较好的效果。随着电网规模的扩大，设备越来越多，如果仍按照固定周期对设备进行固定规模的维护或检修，对某些设备不可避免地会产生"过剩检修"，造成人力和物力的浪费，对某些设备则有可能造成失修。

（3）状态检修是通过评价设备的状态，合理地制订检修计划。状态检修的实施需要定期的检查设备的状态，通过巡视、检查、试验等手段，或者在有条件的时候通过在线监测、带电检测等获取一定数量的状态量的实际状况，根据这些状态量决定如何安排检修计划，以达到最高的效率和最大的可靠性。

基于可靠性的检修除考虑设备的状态外，还应考虑设备的风险、检修成本等。状态检修主要是考虑单个设备的情况，而基于可靠性的检修则考虑整个电网的情况，如设备在电网中的可靠性、设备故障后的损失和检修费用的比较、设备可能故障对人员安全或环境的影响等因素。

以配电网抢修为例，具体说明抢修管理的具体实施措施。

配电网作为连接电网和客户之间的枢纽，在供用电关系中发挥着重要的作用，配电网抢修作为配电生产常规性重要工作，具有全天候故障响应、直接面对用户、故障多样性、作业环境复杂等特点。对于配电网的抢修工作，现在国内还缺少成熟、可靠、标准的模式。

配电网抢修标准化以运行抢修指挥中心为核心、生产抢修指挥平台为支撑，以标准化制度建设为手段、加强抢修现场作业标准化管理，完善抢修装备及工器具标准配置，最大限度缩短抢修时间，提升供电可靠性和优质服务水平。

方法具体实施措施为：首先，成立机构明确职责。组建集配网调度运行、抢修协调指挥于一体的配网运行抢修指挥中心（以下简称配网指挥中心），实现配网抢修指挥的扁平化、抢修实施的专业化、资源利用的集约化、客户服务的最优化。然后，完善配网标准化抢修流程，建立标准化抢修流程，实现标准化抢修作业。同时，建立保障体系。通过加强配网抢修制度建设，规范故障现场作业流程，完善配网抢修装备和工器具标准配置，深入发展配网抢修平台等方式来有效保证配网抢修标准化的正常流转。另外，建设完善的配网抢修制度和规范现场作业标准。完善配网抢修装备及工器具标准配置,完善配网抢修备品备件管理，根据不同的配网故障类型，按照标准化抢修工器具及材料配置要求，合理配置满足配网标准化抢修工作所必需的工器具和材料。改善工作条件，减少工作强度，提高现场抢修工作效率。建成配网抢修指挥平台，为配网标准化抢修提供强大技术支撑。

【延伸阅读】

抢修标准化以提升供电可靠性和优质服务水平为目标，以抢修标准建设和全过程监督考核为抓手，强化抢修流程、抢修作业标准化建设，完善抢修装备及工器具标准化配置，提升精益化管理水平。

以对35kV线路的抢修管理为例，针对不同事故突发事件分别作以下安全抢修措施：

1. 35kV线路因突发事件造成任意一挡线路断线

一种是对导线只进行接续，在事故杆塔前后分别作好安全措施，打好临时拉线，防止倒杆塔。弓子线断、接时不得失去接地线保护，防止感应电触电。另一种是要部分换线并接续，必须对更换段线路进行察看，跨越挡内是否有低压线，必要情况下联系停电。在更换导线过程中，应严格按照安规要求，防止导线跳动，至临近带电线路安全距离范围内。并应设专职监护人。

2. 35kV 线路因突发事件造成线路倒塔事故

尽量创造具备吊车使用的条件，采用吊车整基组立水泥杆，同塔双回架设线路首先恢复受损较轻的一路线路临时送电或首先恢复负荷较重、高危用户用电。不具备吊车使用条件情况，电杆的起立采用倒落式人字抱杆整体起吊法。

事故发生后启动工区应急预案，现场抢修总指挥部署分工，其他人员各司其职迅速投入抢修工作。

其中技术组、后勤组人员根据事故情况反馈，进行抢修工器具、材料的准备。线路抢修票签发人带领工作负责人先期赶赴事故点，根据现场情况制定抢修方案，布置抢修工作内容，指挥布置现场安全措施、施工措施，调配抢修施工车辆，合理布置吊车、带电高车等抢修车辆位置，做好施工准备。线路抢修人员分成两组，一组备齐接地线、验电器等个人安全工器具，随同工作负责人先期赶赴现场，做好抢修临时安全措施及线路登杆抢修准备工作，合理布置牵引机等收、放线工具位置，并做好接地保护措施，同时进行事故现场清理，吊车施工道路平整。另一组根据工作负责人安排布置，备齐抢修工器具、材料，迅速赶赴现场。停送电联系人履行调度开工手续。全部抢修人员到达现场接到停电命令后，工作负责人进行开工，布置现场安全措施和注意事项，合理安排人员分工。

通过抢修体系的管控标准化，可以进一步促进及时抢修、实时管控，避免风险进一步扩大以及设备的长时间毁损状态。通过标准化抢修作业，提高了抢修工作效率，提升了供电可靠性。

三、技改大修管理

（一）背景与需求分析

随着社会经济的不断发展和电力改革的不断推进，新的设备和技术得到广泛应用，人们对电力工程的安全性和可靠性提出了更高的要求。在这样新的发展形势下，加强电力工程行业的改革和创新是电力发展的必然要求，也是提高电力系统可靠性的重要手段。对电力工程进行技改大修，进一步提升供电水平和供电质量，是电力企业当前工作的重点。

（二）方法介绍

电力工程的技改大修项目，包括了技术改革和设备大修两个方面。技术改革是指针对当前电力行业的发展情况，引入先进的电力技术，提高电力行业整体技术水平，进而推动电力行业的发展。例如，之前我国在全国范围内实行的"农村电网改造"，就是对农村供电网络的彻底革新，而当前的技术改革，主要包括：电力技术的改进，比如电力电子技术、变电站综合自动化技术等的应用；供电网络的改造，比如智能电网等；供电材料的更换，使用新的性价比更高的材料代替原有的供电材料等。而设备大修，是电力供应企业一项定期性的工程项目，是一个不断循环的过程。无论多么优秀的电力设备，在长期的使用过程中，不仅会出现相应的损耗，产生各种各样的故障，还会逐渐被不断发展的电力需求所淘汰。这时，为了确保电力系统的安全、稳定运行，就需要对设备进行大修或者更换。

在这样的背景下，以设备可靠性为核心，以资产（设备）评价为基础，落实资产全寿命周期管理要求，提高电网生产技术改造规划、项目计划编制的科学性、针对性和规范性，有重点、有步骤解决制约电网安全经济运行的关键问题，电力行业方面为技改大修工程建立了科学的技改大修管理方法。

坚持"安全第一、预防为主、综合治理"方针，严格执行国家、行业、地方有关方针政策、法律、法规，落实电网企业相关标准、制度、规定和反措要求，重点解决影响电网安全稳定运行的生产设备（设施）问题。

坚持统一规划、注重改造实效。按照建设以特高压电网为骨干网架、各级电网协调发展的坚强智能电网战略目标要求，结合设备状态检修工作，统一制定电网技术改造规划，加强量化分析，注重改造成效。

资产全寿命周期成本最优原则。在保障电网设备安全可靠运行基础上，统筹考虑电网设备的安全、效能、周期成本，最大限度地发挥资产效益，实现生产技术改造全过程闭环管控和资产全寿命周期技术经济最优。

以设备状态综合评价为基础原则。统筹考虑设备运检环节安全性评价、隐患排查、状态评价、设备故障缺陷状况等因素，以综合评价结果为基础，解决影响人身安全、电网安全和设备安全的突出问题。优先安排评价认定已处于严重状态，影响系统安全运行的设备。

以技术进步为先导，推广先进适用技术，提升电网装备水平和智能化水平。

坚持统筹协调，多渠道解决电网发展问题。认真处理好生产技术改造与基本建设等工作的关系，实现生产技术改造与基本建设、科技投入、运行维护的有机协调，以基本建设促进电网快速发展，以技术改造促进电网完善，做到统筹协调，共同推动电网发展。

【延伸阅读】

在我国社会经济跨越式发展的带动下，电力行业在极短的时间内取得了令人惊叹的成就，但是相应地，由于发展过快，也产生了许多不足和问题。在技改大修工程项目中，由于电力系统的覆盖范围广，电力施工人员素质参差不齐，使得工程管理中出现了许多问题。技改项目是提高电网安全稳定水平、电网输送能力、设备健康水平与降低供电能耗的重要手段，也是电网企业提高经济效益、社会效益和实现可持续发展的必要保障。这里，本书将以技改大修管理方面的造价分析工作为例，简单阐述技改大修管理方法。

充分适应企业全面构建"大检修"体系和强化特高压大电网安全运行的要求，切合企业全面推广资产全寿命周期管理的需要，是实现工程造价的可控、在控的必然途径。技改项目造价分析工作以工程运维实践为依据，以科学的统计分析方法为手段，对提升技改项目经济效益、社会效益有着重要意义。

按照某省电力公司实行的生产技术改造原则为标准，衡量技改大修项目是否遵循总体原则，对这些项目进行初步评估，后期再进行过程中进行项目全过程监管。

各项目立项必须依照省公司确立的总体原则，实行过程中需进行实时监督和汇报。在造价分析阶段，考虑到实际工程项目的多样性与复杂性，当项目的实际实施内容多于典型工程的作业内容时，仅保留典型工程作业内容对应的投资纳入造价分析数据表，剔除其他工作对应的投资，不应直接将总费用纳入统计口径。当工程项目实际实施内容包含多个典型工程时，应按照工程类别将各项费用逐一拆分后分别纳入造价分析统计口径，即复杂工程的费用提取规则。

费用拆分提取顺序主要有两种结算模式，即清单结算模式和定额结算模式。清单结算模式，首先要确认项目内容中包含的典型工程的种类，再根据典型工程的界定范围，从结算清单中剔除不在典型工程作业范围内的计费项目。然后根据典型工程的作业内容，将可以明确归属的设备费、建筑工程费、安装工程费、拆除工程费中的计费项目分别计入相应典型工程。对于不能确定具体归属的材料费、施工费，按照拆分规则成比例计入相应典型工程，最后按照各典型工程的本体费用，按照分摊规则将其他费用成比例计入相应典型工程。定额结算模式同样要先确认项目内容中包含的典型工程的种类，根据典型工程的工作内容，将可以明确归属的设备费分别计入相应典型工程。接着，根据典型工程的界定范围，从结算中建筑工程费的直接工程费中剔除不在典型工程作业范围内的费用项目。然后，根据典型工程的作业内容，将可以明确归属的建筑工程费的直接工程费用分别归入相应典型工程。对于建筑工程费中不能确定具体归属的直接工程费（主要材料费、施工费），按照拆分规则成比例计入计算相应典型工程。重要的一步是按照各典型工程的直接工程费在全部直接工程费中的占比，将总建筑工程费（直接费、间接费、税金）同比例拆分。之后按照建筑工程费的计算方法，相应计算各典型工程的安装工程费、拆除工程费。最后，按照其他费拆分方式，计算各典型工程的其他费。

技改项目造价分析工作基于前一阶段研究及应用成果，重点针对前一年完成竣工投运的技改项目开展造价分析工作，并通过进一步优化造价分析指标与分析方法，完善造价分析系统平台功能，进一步提高造价分析的科学性和实用性，充分发挥造价分析成果指导项目前期管理等职能，为今后项目造价管理提供重要的参考。

四、实物资产管理

（一）背景与需求分析

随着整体条件和环境的不断改善提高，企业实物资产的数量和种类也越来越多，实物资产逐渐成为企业的重要经济资源，财务管理的重要内容。

（二）方法介绍

企业实物资产存在的问题有：账、卡、物不相符合，由于企业实物资产繁多，且存在部分实物资产流动性较强，不能及时对这些内容进行记录和变更，造成不符情况发生；编码不规范，缺乏信息化的管理系统支撑，造成存在大量的重复编码和未使用编码，导致实物资产管理账、卡、物不准确等。

实物资产管理主要从以下几方面着手：

（1）实现实物资产的一物一码，精细管理。传统的管理中，由于企业实物资产数量巨大，很难做到每个实物资产情况的跟踪，只能按照批次进行管理。这样无论是实物资产的折旧还是归属，都是比较模糊的。通过物联网技术或二维码技术，可以对每个实物资产定义一个唯一的编号，结合信息化技术，并进行登记管理，真正做到一物一码的最小粒度管理。这样无论是折旧，还是每个实物资产的具体位置、归属情况等都可以做到最精细的管理。这也是新时期对资产管理提出的新要求。将物联网技术和信息化技术结合起来，实现了实物资产管理的新模式。

（2）通过电子设备引用，方便、快速、准确地完成实物资产的盘点工作。通过信息技术方法，如将PDA手持设备，引入到解决方案中。利用PDA手持设备，并且结合无线网络全覆盖的条件，通过PDA的扫码，即时获得实物资产的一般信息（来自条码本身）和详细信息（来自信息系统查询）。在盘点的过程中，盘点人员，仅需要对实物资产进行扫码，系统就可以对扫码得到的信息，自动进行分析，给出盘点结果。这一方法简化了工作过程，增加了信息收集的准确性，加快了实物资产的统计和折旧计算。

（3）快速的实物资产归属查询。在实际工作过程中，经常会有实物资产借用、转移的情况发生，这也是实物资产管理的重点和难点。结合物联网和信息化系统，可以很容易地通过扫码登记实物资产的借用与转移情况。因此，也可以更加快速和及时地多维度查询实物资产的实时情况，精准管理。

（4）敏捷软件开发过程的应用。传统软件的开发过程，往往由于需求需要很长时间的讨论和整理，明确后，才开发软件；直到软件开发完成后，最终用户才可以看见使用，往往导致软件项目周期长，开发出来的系统不能完全满足最终用户的需求。因此，在这次系统的研发过程中，可采用敏捷软件开发过程，敏捷软件开发过程是一个自适应过程，需求、开发、发布，是不断在迭代的过程中进行的。通过该过程，可以更快更好地开发出合适的软件。实物资产是企业资产构成的重要部分。在实物资产管理中，各个部门之间缺乏有效的业务联系和业务沟通，使得实物资产账货不符。准确核算资产的数量及价值，明确资产的管理责任，确保资产的保管和合理使用，充分发挥资产作用，是实物资产管理工作的核心目标。

【延伸阅读】

以供应链管理中的二维码技术为例，基于对二维码技术和各种应用场景的分析，设计基于二维码技术的实物资产管理系统。充分发挥和利用当前 PDA 技术、移动计算技术以及二维码易于识别、可以包括更多格式信息的特点。利用二维码物联网信息技术进行实物资产的管理，可以明显地提高实物资产管理的效率。

依据功能要求，可将系统划分为以下各功能模块：

第一，提供角色维护、角色权限、用户维护：灵活使用的角色菜单级权限。通过权限维护，为所有系统和模块提供统一的权限管理和单点登录（SSO）。用户登录系统的时候，权限模块会提供给登录用户一个 Token，今后，客户端每次访问平台服务的时候，都需要提供该 Token；服务器接收到访问请求后，首先判断 Token 的合法性，并且通过 Token 也可以判断出访问服务的身份，进行访问登记和权限限制，如图 5-8 所示。

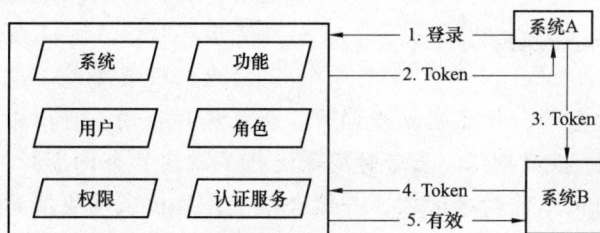

图 5-8　权限系统 Token 实现 SSO 图

企业内根据不同的分工职责，可以分为多种用户角色，不同的用户角色使用系统中不同的功能点。例如，库管人员仅有仓库相关功能，不能使用其他功能。以上谈到的属于功能权限，根据实际需求调研，目前还不需要实现内容权限的管理。所谓内容权限，就是相同类型的数据，根据用户权限的不同，可以查询、编辑的数据范围不同。

第二，资产入库。包括物品入库登记、资产入库登记、入库收货确认、入库查询。资产入库的时候，需要贴上二维码标签，并利用终端设备进行资产信息和标签信息的绑定。在入库前，也需要对仓库的基础信息进行设定，包括仓库、库区、货架、库位、托盘、周转箱等。

周转箱主要用来管理零散小物品，比如笔、订书机等。托盘用于批量管理，比如书。

对于仓库结构，支持两种：仓库→库区→货架→库位或仓库→库区→库位。所有采购入库的资产，首先需要贴上二维码标签，并且对该标签绑定收货单号的信息。收货单信息通过数据交换的方式，定期同步到实物资产系统。以此支持实物资产到采购供应商信息的追踪。仓库内部结构所有库位均有二维码进行标记，资产入库的同时，也要通过扫码记录实物资产在哪个库位上。这样，就便于未来仓库的统计、盘点和查找，也可以防止有实物资产被长期搁置。

除以上功能外，还需提供简单的移位、盘点功能，协助做好资产在库管理。

第三，资产申领发放。包括物品领用申请、物品领用审批、物品领用发放；支持单人和多人领用；通过资产申领发放，更改资产的归属人，同时这里也结合了 OA 的签核流程。

系统为了实现签核流程，在制作资产申领单后，申领单信息进入 OA 系统，并且在 OA 系统中完成两级审核，可以选择两级审批人，审批过程是串审过程，也就是低级别的审批过后，高级别的才可以审批，高级别审批通过后，申领人打印审核通过单证，进行实际领用。领用的时候，库管人员将实物资产二维码标签同领用单证进行扫码绑定，登记领用和实物资产归属信息。

第四，资产退回。包括资产退回申请、资产退回确认、资产退回审批、资产退回验收。首先由资产退回人，在 OA 系统中填写退回申请信息，并提交其领导与企业物资管理人员进行确认，两级串行审核。审核通过后，申请人可以在系统中查询到状态，然后将资产返回给物资管理办公室，大件物品可以向物资管理办公室申请拆卸搬运。物资管理办公室收到实物资产后，对物品进行确认，然后扫描二维码，登记归还信息，并入库。

第五，资产交接。包括交接申请、交接确认。当发生人员变更的时候，例如：离职、换岗或者跟换部门，需要进行资产交接。

资产交接需要有交出方和接收方。申请由资产交出方提出，当没有具体的资产接收方的时候，可以由仓库进行接收。当资产交接确认通过后，资产归属权发生变更，具体流程如图5-9所示。

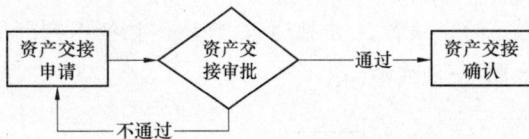

图 5-9　资产交接流程

第六，报表查询。包括仓库库存查询、部门领用查询、仓库发放查询、物品明细查询等。仓库库存查询，可以根据采购单号、采购入库日期、归还入库日期、报废期限、呆滞时间等进行多维度的查询分析。通过这个查询报表，可以帮助仓库管理员简化工作精确管理，并结合报表，给出采购决策意见。仓库报表的准确性，一方面是来自于二维码的实物资产管理，另一方面来自于严格遵守仓库管理条例。

部门领用查询，可以根据部门代码、领用日期、领用人、实物资产信息等，多维度查询。所有查询信息均可以导出 Excel 报表，通过对 Excel 的加工，可以获得更多的统计信息，例如：月度部门实物资产领用折线图等，辅助预算决策工作。

第七，标签打印。标签主要有两个打印环节：

（1）根据不同类型的实物资产，采用了不同颜色的标签进行区分。并且会提前打印好一些标签放在仓库，在资产入库的时候，贴在新进采购的实物资产上，进行绑定。二维码的内容采用的是 GUID（Globally Unique Identifier）：一种由算法生成的二进制长度为 128 位的数字标识符。GUID 主要用于在拥有多个节点、多台计算机的网络或系统中。在理想情况下，任何计算机和计算机集群都不会生成两个相同的 GUID。

（2）处理标签损坏。由于日常一定会有标签的损坏，此时就需要补标签，可以在管理端，通过查询实物资产的类型与位置信息，得到被损坏标签的内容，通过标签打印程序，重新打印一个标签，重新贴上即可。

整体的平台网络架构设计体现，以高效、便捷、安全为基本原则，利用相关的网络安全手段分段及分区域进行数据的交换，各部分网络相互独立，自为一体。

系统有两个客户端：

（1）PC 客户端。在这个客户端上，进行平台用户、权限、功能的管理。PC 客户端采用 HTML+JQuery 的技术架构进行开发，实现 Web 页面的无刷新，这样一方面提高用户操作的体验，另一方面也可以降低网络数据流量。

（2）PDA 客户端。在这个客户端上，进行日常数据采集与单品实物资产查询的工作。PDA 客户端采用 Java 开发基于安卓的 APP 应用，客户端与服务器端之间通过 RestFul WS 方式进行通信。

实物资产管理系统的开发和运行，能帮助有效实现"账卡物"一致，将会更加规范资产实物在日常管理中的流程，对各部门的实物资产管理进行统一的监控，节约时间和人力，提高工作效率、减少误差；在实物资产日常维修、报废、调配等操作流程中将会实现数据的自动采集和资产状态的全程跟踪。

五、备品备件

（一）背景与需求分析

备品备件管理是设备管理工作中的一项重要内容，即在保证生产需求的前提下，尽量降低备品备件成本和减少备品备件储备资金，合理、有效地控制备品备件的库存定额和库存金额，提高企业的管理水平，创造企业效益的最大化。

现代企业的备品备件管理是一个不易控制的管理问题，由于管理不规范、计划准确性不高或盲目重复提报，使得企业的做法往往是储备大量的备品备件，以便维持生产的正常运行，从而造成库存积压、大量占用流动资金。

目前备品备件库存的管理问题主要还是库存结构不合理、库存资金占用大、备品备件的流动周转期长、上机率低等。所以，现代企业的备品备件管理应该从调整备品备件库存结构、合理确定库存定额和库存金额、提高备品备件上机率、缩短备品备件的流动周期等方面和环节解决目前的库存管理问题。

（二）方法介绍

备品备件管理的主要方法有库存金额管理核算方法和库存结构 ABC 分类法。库存金额管理核算方法又可细分为按规定的备品备件库存定额核算，按企业设备复杂系数计算等。库存结构 ABC 分类法是指将库存物料按重要程度分为 ABC 三等级，按照重要级别分别管理。

1. 库存金额管理核算方法

备品备件的库存金额管理是评价备品备件工作好坏的重要指标，目前在有色冶金行业或钢铁行业应用广泛，主要形成以下几种核算方法：

（1）按规定的备品备件库存定额核算，即

$$备品备件库存占用金额 = 1/2（Q_{max}+Q_{min}）\times 备件单价$$

式中：Q_{max} 为备品备件最高库存定额；Q_{min} 为备品备件最低库存定额。

但是，由于实际消耗情况各不相同，所以本书对此方法进行了改进。主要是根据企业 3~5 年的备品备件管理情况，合理确定备品备件的最高库存 Q'_{man}、最低库存 Q'_{min} 和备品备件消耗定额 Q（$Q'_{min} \leq Q \leq Q'_{max}$），那么上面的公式可修改为

$$备品备件库存占用金额 = Q \times 备件单价 \times K$$

式中：Q 为 3~5 年的备品备件消耗定额；K 为台装量系数。

台装量系数是根据现有设备的数量情况确定，如果企业的同类设备多，那么 K 值就低；同类设备少，那么 K 值就高。K 一般是在 0.1~1.0 范围内。

（2）按年平均库存金额、实际消耗金额、资金周转期，并结合下年度维修计划与本年度比较，以及预测资金周转期的增减进行计算，即

下年度备品备件库存金额 = 本年度备品备件实际消耗金额 × 下年度资金预测周期 × 下年度维修复杂系数 / 本年度维修复杂系数

而备品备件资金周转期次数是一个账务概念，其周转期次数直接影响库存金额的大小。由于各行各业的周转期次数不相同，所以很难有统一的标准。

通过收集、参考相关资料的库存周转率（次）：黑色冶金行业 1.1~1.4 次，有色冶金行业 1.2~1.6 次，石油化工行业 1.5~2.0 次，IT 行业 4~7 次。

$$备品备件年资金周转期次数 = M/N（次 / 年）$$

式中：M 为年累计备品备件消耗总额；N 为年平均备品备件库存总额。

（3）按设备资产原值总额的 2%~4% 核算。

（4）按企业设备复杂系数计算：

备品备件库存占用金额 = 全厂设备总修理复杂系数 × 每个复杂系统平均储备金额

（5）影响因素系数法。按设备资产原值总额乘以备品备件库存金额的各类影响因素来加以修正。即

$$备品备件库存占用金额 = 设备资产原值总额 \times \sum_{i=1}^{n} K_i/100$$

式中：K_i 为第 i 个影响因素的影响系数；i 为第 i 个影响因素。

2. 库存结构 ABC 分类法

现代化企业的备品备件库存结构是否合理直接影响到库存占用金额的多少，为了使库存结构合理、减少备品备件的库存积压，目前一般采用 ABC 分类法。

ABC 分类法的基本原理是，将库存物料按品种和占用资金的多少分为非常重要的物料（A 类）、一般重要的物料（B 类）和不太重要的物料（C 类），然后针对不同重要级别分别进行管理的控制。

A 类备品备件，品种数目占总品种数目的 10% 左右，但是库存金额占总库存金额的 70% 左右；B 类备品备件，品种数目占总品种数目的 20% 左右，但是库存金额占总库存金额的 20% 左右；C 类备品备件，品种数目占总品种数目的 70% 左右，但是库存金额占总库存金额的 10% 左右（见图 5-10）。

所以，通过 ABC 分类法，可有效地对库存结构进行调整，要"突出重点、兼顾一般"。

降低备品备件库存金额的途径和措施如下：

（1）制定合理的备品备件库存定额。根据影响因素系数法合理确定备品备件的库存定额和库存金额，防止出现呆滞库存、减少备品备件占用资金。

（2）调整优化备品备件库存结构，实行ABC分类管理。现代企业一般都引入了备品备件的ABC分类方法，通过分类管理，可

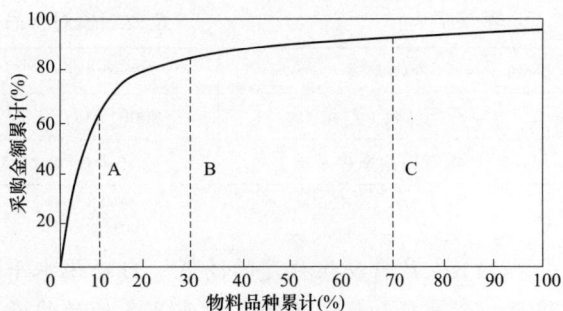

图 5-10　ABC 分类法曲线示意图

以有效降低 A 类重点备件的库存风险、减少库存积压和资金占有，合理调配库存结构可以结合设备管理区分表进行划分。

（3）对备品备件管理建立有效的约束与激励机制。建立备品备件管理全过程的约束与激励机制，既能保证从计划的编制、审核、采购到库存管理、领用全过程的管制，还要对采购要进行控制，防止超计划进货，杜绝重复采购的现象。充分调动备品备件管理人员的积极性，做到有奖有罚。

（4）积极做好备品备件的修旧利废。积极做好备品备件的修旧利废工作，通过对更换下来的、可以重复利用的备品备件进行修复，可以减少新品的采购、降低库存，是减少备品备件库存金额的有效措施之一。企业也可以通过旧件的回收、修复、入库、领用制度，建立废旧物资修旧利废管理制度，制定合理流程，最大限度地节约企业资金、增加企业效益。

（5）推行积压库存备品备件有偿储存制度。可以推行积压库存有偿储存制度，首先确定合理的库存时间，即备品备件的库龄；再根据超出库龄时间的长短，分别制定不同的储存管理费用。结合备品备件的价值高低，通过对超出库龄的备品备件征收一定金额的储存管理费用作为对使用单位的考核。推行积压库存有偿储存制度可以调节库存积压，降低库存占用金额，才能让备品备件的使用单位合理提报、科学领用、严格控制，做到真正意义上的库存全过程管理。

【延伸阅读】

随着企业现代化程度的提高，为了能够维持企业的正常运转，所需存储的备品备件的品种、数量和规模也相应大量增加。但是，也会带来备品备件库存积压、占用大量的流动资金等问题。所以，单纯从库存管理的角度去控制备品备件是远不够的，需要计划、采购、使用、仓储等共办协作，尽可能降低库存水平、减少库存积压、提高备品备件上机率和资金周期率。

以备品备件的库存金额管理"影响因素系数法"为例：

某企业设备资产总价值40亿，自动化水平高、技术装备水平高、企业当地经济发展程度一般、当地的工业能力和状况差、交通物流一般、企业的管理水平较高、供应保障能力一般，且设备维护人员的技术能力较强。

（1）企业生产规模的大小。企业生产规模的大小直接决定了备品备件库存金额的多少，是直接影响因素，通过调查可以找到一般的冶金、钢铁企业的影响系数（见表5-7）。

表 5-7 　　　　　　　　　　企业规模对备品备件的影响系数

企业类型	大型企业	中型企业	小型企业
资产总额（万元）	8000 及以上	2000~80000	2000 以下
影响因素系数 K	1~0.6	0.6~0.4	0.4 或以下

（2）生产自动化程度的高低。自动化水平是指一个企业生产过程实现自动控制所达到的程度，生产自动化程度越高对备品备件的依存度也就越大，反之就越小。生产自动化程度的高低是重要影响因素（见表 5-8）。

表 5-8 　　　　　　　　　　自动化程度对备品备件的影响系数

生产自动化程度	自动化程度高	自动化程度较高	自动化程度一般	自动化程度低
影响因素系数 K	0.5~0.4	0.4~0.3	0.3~0.1	0.1 或以下

（3）技术装备水平的优劣。企业技术装备水平的先进、优劣是按照装备优良设备占全部设备总数的比例来区分的，由于技术装备水平高，进口设备、优良设备多，所以设备性能稳定、故障率低。但是，一般该类设备的备品备件库存数量低、占用价值高。技术装备水平的优劣程度是影响备品备件库存的直接因素，其影响系数可参考表 5-9。

表 5-9 　　　　　　　　　　技术装备对备品备件的影响系数

装备水平	装备水平高	装备水平较高	装备水平一般	装备水平低
优良设备占的比例	80% 以上	60%~80%	60%~40%	40% 以下
影响因素系数 K	0.6~0.4	0.4~0.2	0.2~0.1	0.1 或以下

（4）企业所处的地理位置。企业所处的地理位置是影响备品备件库存金额的间接因素，与企业所处的沿海、长三角、珠三角、内陆等经济发达与否有一定的影响。企业如处于经济发达地区或相对发达的区域，其备品备件的库存金额要低些，反之如处在经济不发达地区或经济过渡区域，那么企业的备品备件的库存金额相对高些。其影响系数可参考表 5-10。

表 5-10 　　　　　　　　　企业的地理位置对备品备件的影响系数

企业所处地理位置	经济发达	经济较为发达	经济一般	经济不发达
影响因素系数 K	0.1~0.2	0.2~0.4	0.4~0.8	0.8 或以上

（5）当地的工业能力和状况。企业当地的工业能力和状况是影响备品备件库存金额的间接因素，其影响系数可参考表 5-11。

表 5-11　　　　　　　　当地工业能力和状况对备品备件的影响系数

工业能力和状况	工业基础很好	工业基础较好	工业基础一般	工业基础差
影响因素系数 K	0.1~0.2	0.2~0.4	0.4~0.6	0.6 或以上

（6）物流和交通的便利情况。企业当地的物流交通运输情况也是影响备品备件库存的一个重要因素，如果交通、物流便利，可以大大降低或减少企业的备品备件库存金额；反之，交通不便利、物流配送时效差，这时的备品备件库存金额可能就比较高，应通过加大储存来避免停产带来的风险。其影响系数可参考表 5-12。

表 5-12　　　　　　　　物流和交通状况对备品备件的影响系数

物流和交通便利情况	交通、物流便利	交通、物流较便利	交通、物流一般	交通、物流差
影响因素系数 K	0.1~0.2	0.2~0.4	0.4~0.6	0.6 或以上

（7）企业的管理水平。企业的管理水平影响因素参考表 5-13。

表 5-13　　　　　　　　企业管理水平对备品备件的影响系数

企业管理水平	高	较高	一般	差
影响因素系数 K	0.1~0.2	0.2~0.4	0.4~0.6	0.6 或以上

（8）供应保障能力。供应保障能力影响因素参见表 5-14。

表 5-14　　　　　　　　供应保障能力对备品备件的影响系数

能力程度	保障能力强	保障能力较强	保障能力一般	保障能力差
影响因素系数 K	0.1~0.2	0.2~0.3	0.3~0.5	0.5 或以上

（9）设备维护人员的技术能力。设备维护人员的技术能力影响因素参见表 5-15。

表 5-15　　　　　　　设备维护人员的技术能力对备品备件的影响系数

能力程度	技术能力强	技术水平较强	技术水平一般	技术水平差
维护人员占比	10%	8%~10%	5%~8%	5% 以下
影响因素系数 K	0.1~0.2	0.2~0.3	0.3~0.5	0.5 或以上

通过以上因素查表可以得出

$K_1=1$，$K_2=0.5$，$K_3=0.6$，$K_4=0.4$，$K_5=0.6$，$K_6=0.4$，$K_7=0.2$，$K_8=0.3$，$K_9=0.2$

那么，该企业的备品备件库存占用金额 $=40\times(K_1+K_2+K_3+K_4+K_5+K_6+K_7+K_8+K_9)/100=40\times4.2/100=1.68$（亿元）

所以，按此算法该企业的备品备件库存占用金额应该控制在 1.68 亿元以内才算合理。

第五节　退役报废方面的专业工作方法

一、退役计划

（一）背景与需求分析

对于实物资产占总资产比例较高的企业来说，通过设备状态评估选择适当的时间安排机械设备有序退役是非常重要的。供电企业每年的基本建设、更新改造、生产大修任务重，投入资金量大，如果准备更换的资产没有详细明确的安排与计划，就会影响管理层的决策水平，造成不必要的损失和浪费。合理的退役计划能够节省企业在维护设备上投入的费用，达到综合效益最优化。

（二）方法介绍

退役计划主要采用退役处置过程管控方法，是指根据设备退役、废旧物资处置等管理方法，在项目可研时明确资产的初步处置意见，完善退役资产全过程管理，对报废资产进行规范、快速处理，实现再利用资产仓储，管理资产退役执行过程以及过程风险，对资产退役处置工作定期进行总结和评价并持续改进，有序开展设备退役处置工作。该方法的应用基础在于综合利用资源，分析电网供电能力、找出供电薄弱环节，最终提出解决措施等举措，提升了电网发展质量，增强了电网企业可持续发展能力，降低了电网建设投资成本。

以110kV及以上主变压器综合利用的工作为例，通过资源的综合利用，理清110~500kV电压等级现状；研究分析110~500kV电压等级的电网供电能力，找出供电薄弱环节，提出解决措施，并据此提出项目建设时序的建议，细化电网规划；同时将老旧设备进行妥善合理的安排，充分发挥其价值，增强电网的供电能力，提升电网的运行效率。

根据设备退役、废旧物资处置等管理方法，在项目可研时明确资产初步处置意见，完善退役资产全过程管理，对报废资产规范、快速处理，实现再利用资产仓储。

退役处置过程管控法包含了三大措施：

一是规范废旧物资资料管理。明确废旧物资交接资料，工程拆旧物资回收必须使用省公司"废旧物资回收单"格式，事先填写拆旧物资清单作为附件。

二是明确资料流转流程。施工班组首先持"废旧物资回收单"和"工程拆旧物资清单"到资产使用部门签字，再到资产管理部门签字确认，然后与废旧物资一起移交物流中心。最后，施工班组到资产管理部门盖章确认，方可作为送审竣工资料。

三是加强对废旧物资处置计划申报规范性管控和审核，并严格执行对处置手续不规范行为的绩效考核。

【延伸阅读】

建立退役处置过程管控来完善资产全过程管理，实现退役资产的信息实时跟踪，能够快速处理退役资产评估，根据评估结果合理安排是否再利用，增加退休设备再利用率，全面推动设备退役再利用。根据自身情况确定利旧范围，相关技术原则，讨论明确相关资产移交细节，统一开展招标并对退役设备再利用情况进行分析统计，加强管控。最后分享管理经验，并针对存在的问题提出整改计划。

以10kV及以上主变压器综合利用的工作为例，阐述退役处置过程管控法的应用场景。

1.启动阶段

（1）成立综合利用领导小组和工作小组，制定省级电网主变综合利用工作方案，下达计划，确定规划各阶段工作任务、进度和要求，明确职责分工。该阶段主要通过公司行文、组织会议等形式制定主变优化配置工作方案及详细的工作计划安排；明确参与该项工作的专业管理单位、部门和相关专业管理人员：主要包括市级公司检修运维部、调控中心、基本建设部、财务资产部、配电设备组、下属各县（市）供电公司相关专业人员；讨论确定110kV及以上主变优化配置的范围、工作目标及基本原则等事项。

（2）省经研院成立综合利用方案编制小组，各相关专业部室明确专责人，主要包括运检部、调控中心、基建部、物资部、营销部、财务资产部等；地市供电公司成立电网资源综合利用领导小组，发展策划部为地市电网资源综合利用归口管理部门；县市级公司明确专责全程参与。

2.数据收集整理及调研阶段

（1）基础数据收集、汇总。发展部负责整体协调，数据收集工作均由地市级公司牵头，会同运检部负责提供相关设备数据，包括设备参数、运行状态、设备属地等；会同调控中心提供电网的运行方式及负荷状况；会同基建部提供在建工程情况和拟开工建设工程进度及概况；会同物资部提供相关设备招标及合同执行进度等情况；会同营销部提供相关变电站用户基本情况。

省经研院汇总数据，对数据进行归类、整合，形成常用基础数据报表，并及时对数据予以更新。加强数据之间的紧密衔接和逻辑分析，确保数据真实、计算结果准确。建立电网资源综合利用信息数据库，并由综合利用报告编制小组负责数据的维护更新。

（2）发展策划部牵头组织调研，分赴各地市局、政府相关部门，考察分析不同地区的电网实际情况，了解电网资源综合利用工作开展情况，征求有关意见建议。

3.综合利用方案初审阶段

（1）省经研院综合利用方案编制小组负责方案制定。

（2）在方案具体实施方案时，不断地加强与省公司专业部室、单位的沟通，与地市级公司、县级公司加强联系，做到方案能有序衔接，不存在重大矛盾等问题。

（3）发展策划部组织专业人员进行初审，形成初审意见。由方案编制小组修改，进一步完善后，报综合利用领导小组审查。

4.综合利用方案的审定和成果应用阶段

（1）根据审定的综合利用方案，进行成果应用实施准备，加强各专业、地市级公司、电力客户、供货商、政府部门等沟通协调。

（2）建立后评估机制。深化主变综合利用分析，选取有代表性、典型性的重要项目开展项目后评价，形成持续改进提高的管理机制。

二、再利用

（一）背景与需求分析

社会的进步以及现代化城市的建设，促进了电力企业的发展，但是我国电力企业的发展并不均衡，有的企业由于规模较小，管理水平不高，对企业废旧物资的管理与处理不够重视，因此废旧物资管理一直处于比较落后的水平。电力企业中，存在着很多的废旧物资，如果企业不重视对废旧物资的处理与利用，将会降低企业的经济效益。废旧物资有着较高的利用价值，加强对电力企业废旧物资的管理，可以促进电力企业集约型模式的建立，也可以实现企业利益的最大化。加强对废旧物资管理是电力企业适应社会潮流的需要。随着改革开放的不断深入，人们对电力企业的要求也在逐步提升，电力企业为了适应经济和社会的发展形式，对企业内部进行了许多改革，投入了大量的资金，更换大量的设备器材，诸多的复杂因素使得电力企业产生了巨大的财政压力，在巨大投资的背景下，如何做大资源的最优配置，实现以最低能源消耗达到最大生存力，实现企业经济利益的最大化并适应高效节能的现代化需要成为当代电力企业面临的重大难题。而这其中，电力部门理如果有一套科学的对策来加强对废旧物资管，那么电力企业便可以对废旧物资进行再次利用，不但提高了企业的经济效益，也满足了社会对高效节能企业的要求。

（二）方法介绍

退役修复再利用，是指运检部牵头会同物资部按照"统一招标、统一维修、统一调配"运作模式开展退役设备的重新再利用工作，确保退役设备"修得好、用得出"的专业技术方法。

为进一步规范电网一次设备退役和再利用管理，充分发挥电网退出设备的使用价值，节约电网投资，提高电网企业经营效益，确保电网安全、优质、经济运行，制定了退役设备修复再利用原则。所谓退役设备修复退役再利用，即设备退出运行后，经过简单维护或修理，仍可继续使用，且使得设备经济评价满足资产全寿命周期管理的相关要求。

开展退役设备的重新再利用工作，实现了利旧需求和资源的合理配置，退役设备经修复后，统一调配，可用于建设改造工程。

一般由运检部组织各地市级公司完成退役设备的维修需求和利旧年度计划的汇总，退役设备利旧计划包括所涉及的工程项目、设备容量、投运日期等。物资部完成年度退役设备委托修复单位的服务招标工作，运检部根据设备维修需求和年度利旧计划，组织中标单位按月分批开展退役设备的维修，物资部根据各单位年度退役设备利旧计划全省统一调配，运检部协调解决统一调配过程中的技术问题，组织开展退役设备利旧检查工作。退出设备再利用研究应用，提高了电网退出设备的使用效率，建立了电网一次设备退役及利用管理创新管理模式。

该方法的主要流程为：一是根据自身实际情况确定退役设备利旧的范围、技术原则以及满足退出再利用的设备运行性能要求和政策环境指标要求；二是协同物资部讨论明确退役设备利旧流程，明确退役设备维修费用和资产移交细节；三是统一开展招投标，确定退役设备利旧委托修复单位；四是会同物资部每月对各单位退役设备重新再利用情况进行分析统计，统计每月拆除设备和入库设备，加强管控；五是对退役设备利旧的管理工作进行总结，分享管理经验；分析退役设备利旧产生的社会效益和经济效益，并提出存在的问题；六是对存在的问题提出整改计划。

【延伸阅读】

依据退役设备修复再利用原则及资产全寿命周期管理体系深化应用方案，结合电力企业实际情况，合理安排维修资金，提前规划并制订维修计划，加强专业协同，进一步规范电网一次设备退役及利用管理，充分发挥电网退出设备的使用价值，节约电网投资，提高企业经营效益，确保电网安全、优质、经济运行。

本书以配电变压器为例，分析退役设备修复再利用的运用场景。退役配电变压器的重新再利用工作应在全省范围内开展，实现全省范围内利旧需求和资源的合理配置，退役配电变压器经修复后，全省统一调配，用于全省的配网建设改造工程。通过以下流程，实现退役配电变压器的修复再利用。

1. 拆旧修复

主要包括以下环节：

（1）退库：所有拆除的配电变压器，应按照企业退出电网物资管理相关规定，由资产所有单位运检部门负责出具退库单据，随配电变压器运送至本地区市级公司物资供应中心指定地点集中堆放；市级公司物资供应中心负责在调配平台维护相关退库数据。

（2）鉴定：市级公司运检部每月25日前组织相关部门对退役配电变压器进行集中评估鉴定，对修复费用进行测算和评估。原则上退役配变均要纳入利旧范围。符合以下条款之一的退役配变可以不再维修利用：配变出厂年限超过20年；单台配变维修费用超过同年招标参考价40%。其余拆旧配变经委托修复单位鉴定、修复后进入利旧范围。配变利旧主要检测内容：工频耐压及绝缘电阻试验、直流电阻试验、电压比测量和联结组标号检定、空载电流和空载损耗测量、短路阻抗和负载损耗测量和绝缘油试验。

（3）处置：不可修复的配电变压器由市级公司物资供应中心委托资产评估机构开展残值评估，按照资产所有单位分包，每月15日前上报物资分公司计划部开展电子商务平台竞价拍卖。

（4）修复：市级公司运检部负责委托中标单位开展工厂化检修，修复完毕的配电变压器均需随设备提供试验合格报告。

（5）抽检：修复后的变压器由使用单位物资供应中心负责安排全检，检测合格的变压器方可投入再利用。

2. 调配利用

主要包括以下环节：

（1）需求：物资分公司调配中心负责每月发布修复配电变压器库存清单，各单位运检部门根据本单位配网建设改造情况每月月初提出使用申请，并通过调配平台上报。

（2）调配：修复配电变压器视同新配电变压器使用，优先考虑温州、丽水等经济不发达地区。

（3）配送：配电变压器存放地中心仓库根据调配情况落实车辆每月配送。

（4）利库：物资分公司负责统计每月修复配电变压器的库存，结合协议库存招标需求落实利库。

此外运检部牵头会同物资部每月对各单位退役变压器重新再利用情况进行分析统计，统计每月拆除配电变压器和入库配电变压器。

3. 修复结算

主要包括以下环节：

（1）合同：运维检修部每年制定修复标准和修复计划，物资部通过招标落实退役配电变压器工厂化检修单位。各市级公司运检部按照招标结果与工厂化检修中标单位签订服务合同。

（2）结算：各市级公司运检部负责退役配电变压器工厂化检修结算，工厂化检修中标单位应提供每台退役配电变压器的修复报告及修复费用发票。根据财务相关要求，修复费用低于设备原值50%的，作为费用性支出，修复费用高于设备原值50%，作为资本性支出。

4.资产结算

主要包括：

（1）本单位使用：修复配变由资产所有单位使用的，修复费用等支出在本单位成本列支，不改变资产的账面价值，仅由资产单位财务调整资产卡片相关信息字段。资产所有单位运检部应在ERP完成设备卡片变更手续，并在调配平台打印领料单据交存放地仓库在调配平台发料记账。

（2）分公司间调配：资产调出单位财务将资产按账面价值转入"固定资产清理"科目，同时将发生的各种费用在"固定资产清理"科目归集后一并转出，资产接收单位将对方单位资产账面价值（净值）作为固定资产的入账价值。资产调出单位运检部和资产调出单位运检部在ERP完成设备卡片变更和建卡手续，调入单位运检部在调配平台打印领料单据交存放地仓库在调配平台发料记账。

（3）分子公司间调配：按照销售处理，资产调出财务单位将资产按账面价值转入"固定资产清理"科目，同时将发生的各种费用在"固定资产清理"科目归集后一并转出。资产调出单位物资部门根据原值加上修复费用后通过ERP做销售订单出库；资产调入单位物资部门按照新设备入账流程，在ERP中创建一收一付采购申请报TP1302批次经物资公司批复后创建订单入库领用。同时调入单位运检部在调配平台打印领料单据交存放地仓库在调配平台发料记账。

通过退役设备修复再利用法在全省范围内的推广，可以进一步规范电网变压器退役和再利用管理，充分发挥电网退出设备的使用价值，节约电网投资，提高企业经营效益，确保电网安全、优质、经济运行。

三、报废

（一）背景与需求分析

报废物资的管理是物资管理的重要组成部分，报废物资是指经使用管理部门组织使用价值鉴定，确认没有使用价值的退运物资及经物资部门组织年度鉴定确认为无使用价值的闲置物资和轮换年限的储备物资。管理实践证明，加强报废物资管理是企业精益化管理的要求。供电企业规范报废物资回收、鉴定、保管和处理行为，有助于提高资金利用率、降低财务风险，有助于企业的正常生产和经营，有助于国有资产的保全，防止国有资产流失，提高物资管理水平，具有重大的经济效益和社会效益。

（二）方法介绍

报废物资包括有处理价值的报废物资和无处理价值的报废物资。报废物资的管理需要从以下几点展开：

（1）严格执行报废物资拍卖流程，做好报废物资的拍卖、账务处理及备案、归档、检查工作。供电企业报废物资拍卖，在没有特殊情况下实行集中拍卖的原则，必须按合法合规的程序进行。

（2）加强内部控制，确保报废物资顺利回收。根据基本建设、更新改造、生产大修等年度工作计划，与施工单位签订施工合同时，在合同条款中约定回收报废物资的相关条款。各部门需加强审核和废旧物资的处置管理，及时进行会计核算和账务处理。

（3）开展报废物资管理效能检查。效能检查的内容涵盖物资管理的各个环节、各项内容，包括报废物资管理制度的建设和执行情况；报废物资的鉴定、回收、保管、再利用情况；报废物资的出售、处置情况；报废物资处理款项的回收管理情况。

（4）报废物资的管理牵涉固定资产、低值易耗品、材料和工程物资等实物资产的管理，应遵循"统筹管理、分级处理、程序规范、公开公平"的原则，以经济效益和社会效益最大化为总则，做到"账卡物"一致。

物资报废管理的流程如下：

（1）物资回收。地市级单位物资使用管理部门建立健全退役物资、工程余料等物资回收管理制度和流程，确保全面回收。未收回报废物资，经相关部门和领导审批后，由物资使用管理部门提交本单位财务部做核销处理。

（2）鉴定。退运物资入库前由各级物资使用管理部门负责组织使用价值鉴定，物资部门根据鉴定结果入库。对于报废物资，物资使用管理部门办理完报废手续后，入报废物资仓库。直接可用物资，作为闲置物资办理入库手续，纳入闲置物资管理。修复后可用物资，物资使用管理部门应落实资金和修复部门进行修复后作为闲置物资办理入库手续，纳入闲置物资管理。

（3）报废物资入库。退运物资在未完成鉴定前，由物资使用管理部门负责保管；完成鉴定，鉴定为报废物资的，办完报废手续后，由地市级单位物资使用管理部门与本单位物资部门办理入库移交手续；工程余料由物资使用管理部门与本单位物资部门办理移交手续，进入待检区，物资部门组织鉴定完毕后入库；物资使用管理部门在办理入库移交手续前10天将物资移交清单交至物资部门，物资部门根据物资数量，确定存放地点等，入库数量应与物资移交清单一致；闲置物资和达到轮换年限的储备物资经鉴定为报废物资的，物资部门负责移入报废物资仓库。

（4）报废物资的保管。按《仓库管理办法》保管报废物资，做到"账卡物"相符。并专门设立报废物资仓库进行保管。根据物资种类对报废物资进行分类保管。物资种类包括电缆类、导线类、塔材类、柜体类、隔离开关类、断路器类、配变类、主变类、线圈类、电表类、IT类、办公用品类、其他类等。有毒、有害的危险品报废物资应存放在专用仓库，同一般物资隔离储存并配备相应防护措施，定期检查。

（5）报废物资评估与处理。各单位需委托有资质的评估单位对报废物资进行评估，评估价作为处理底价。报废物资的处理方式分为招标和拍卖两种。采用招标方式处理的，按《招标采购管理规定》执行。竞买人的最高应价未达到处理标的底价的，处理单位物资部门应编写专题报告，经分管领导批准之后，重新评估处理或转为与其他标的捆绑处理。采用拍卖方式处理的，各单位按照国家有关法律法规，委托有资质的拍卖单位进行拍卖。竞买人的最高应价未达到拍卖标的底价的，应当场组织第二次拍卖，如果拍卖还不成功，处理单位物资部门应编写专题报告，经分管领导批准之后，重新评估拍卖或转为与其他标的捆绑拍卖。

第六节　管理支撑方面的专业工作方法

一、财务管理

（一）背景与需求分析

企业财务管理是企业管理的基础，是企业内部管理的中枢。财务管理是组织资金运动，处理同有关方面财务关系的一项经济管理工作。它是一种价值管理，渗透和贯穿于企业一切经济活动之中。企业的资金筹集、使用和分配，一切涉及资金的业务活动都属于财务管理的范围。企业的生产、经营、存货等每一环节都离不开财务的反映和检查。财务管理是一切管理活动的共同基础，它在企业管理中的中心地位是一种客观要求。此外，财务管理是实现企业和外部交往的桥梁。财务会计的一个重要职能就是反映企业经济活动情况，为企业经济管理提供完整的以财务信息为主的经济信息。企业的会计信息不仅是企业内部管理的需要，还是企业外部有关决策者所需要的。因为企业不是孤立存在的，它必然要与外界发生各种各样的联系，进行信息交流。通过会计核算，对原始数据进行收集、传递、分类、登记、归纳、总结、储存、将其处理成其他有用的经济管理信息，而后开展财务分析，对企业财务活动的过程和结果进行评价和分析，并对未来财务活动及其结果做出预计和测试。

（二）方法介绍

1. 预算全过程管控

近年来，国家电网公司大力推行财务集约化管理，作为公司财务集约化工作重要组成部分的预算管理工作，通过近几年的持续发展，已初步建立起"目标有预控、项目有储备、支出有标准、过程能控制、结果严考核"的全面预算闭环管理体系。

项目预算全过程通常包括项目预算编制与发布、项目预算执行与控制、项目预算考核与评价、项目预算调整与优化四个部分。

项目预算编制与发布，是指公司项目预算管理部门或财务部门在预算管理机构的组织下，完成项目预算的编制、审批工作，并在财务管控模块完成预算录入工作后，将正式核准确认的项目预算发布至套装软件的全部工作。通常，本部分包括下列主要内容：

（1）项目预算编制：负责项目管理的业务部门或财务部门在预算管理机构的领导下，根据年度投资计划，完成项目预算"两下两上"的编制及审批工作，并将项目预算录入财务管控模块。

（2）项目预算发布：指项目预算管理部门依据预算发布规则将项目预算自财务管控模块发布至套装软件。

（3）项目预算分解：项目管理部门根据项目类型情况、项目管理要求等因素，细化项目管理架构层次，为深化预算控制提供基础。

项目预算执行与控制，是指项目预算正式发布后，依次进行需求提报、招投标、合同签订、合同履约、物资领用、项目结决算等工作的过程。在项目预算执行与控制阶段，需按照项目管理与预算管理需求，对各项涉及预算消耗的工作进行管控。

（1）需求提报：物资／服务需求部门专责根据项目计划与进度，结合物资库存情况，创建项目物资／服务采购申请，并按照采购申请审批流程进行审批。

（2）采购招投标：经过招投标系统确定供应商及报价信息，物资部储运处委托物流服务中心根据招标结果组织合同谈判。

（3）合同签订：项目物资/服务需求部门专责在套装软件中根据采购申请创建采购订单。采购订单需经过合同执行单位审批后正式生效，未经审批的采购订单不能发生后续预付款、收货等业务。

（4）合同履约：采购订单审批完成后合同生效，进入合同履约阶段，工程现场管理人员组织进行现场验收、移交给施工单位，并由项目主承建单位、物资管理部门专责、供应商、监理单位签署移交单，同时进行物资验收。

（5）物资领用：项目物资收货后，物资合同执行单位的物资管理部门专责根据领料单进行系统发货记账，并打印出库单、业务流转单作为财务后续操作依据。为准确反映项目进度，应保证物资发货及时。

（6）项目结决算：建设管理单位根据工程合同的进度确认信息和实际付款信息与供应商进行结算，依据工程结算信息生成结算报告，系统项目状态更新为"结算完成"。

项目预算全过程考核与评价旨在将管控工作前移，提高预算编制和发布工作的准确性和及时性，加强项目预算执行过程中的监控，提升项目预算执行的分析与评价，发挥预算管理工作对项目业务管理工作的推动作用。其中，项目预算定量分析重点关注项目预算执行偏差额/率，可以采取差异分析、进度分析、标杆分析、结构分析等方法；项目预算定性分析是对项目预算方案的质量、项目预算编制、执行过程的组织工作进行分析评价。

项目预算调整指根据公司总部下达的预算指标，在预算执行中由于市场环境、经营条件、政策原因等客观因素发生重大变化，进行年度预算调整，将预算责任层层分解落实到具体项目，并将经过总部财务资产部审查同意的年度预算调整方案通过财务管控模块报公司总部审核年度预算调整。项目预算调整包括项目预算年中调整和项目预算零星调整。

2.在线稽核

作为国有特大型中央能源企业，国家电网公司受到政府严格监管、舆论严格监督和公众高度关注。近几年公司高度重视依法从严治企和规范化管理工作，要求业务能实时管控，风险能在线监控，也要求财务稽核在内部监督中发挥更大的作用。财务在线稽核作为开展财务稽核工作的重要工具，利用信息系统作为支撑，从规范要求及财务结果出发，建立稽核规则库，对业务运营过程进行在线监控，对于不符合监管要求、财务规则的业务及时反映出来，督促业务部门进行整改。

在线业务稽核包括建立业务稽核规则库、建立在线稽核系统以及后续问题的分析与整改。

（1）建立业务稽核规则库（见表5-16）。业务稽核规则是以国家法律法规要求、监管要求、国网公司业务管控要求为依据，从财务结果出发，对每一项业务的关键节点工作要求进行检查梳理，形成业务规则库，同时固化于在线稽核系统，对业务执行情况进行实时检查。业务规则包括工程项目执行规则、物资采购管理规则、运维检修规则等。

（2）建立在线稽核系统。国网公司业务在线稽核系统采用套装软件BW结合数据中心模式，套装软件按照数据共享的频率需求，将数据抽取至套装软件BW平台，推送至数据中心，由在线稽核通过访问本单位数据中心的方式检索数据。

（3）后续问题的分析与整改。定期对业务进行稽核，形成业务稽核报告，由业务部门对

表 5-16 业务稽核规则库（示例）

稽核规则	稽核事项（要点、风险点）	稽核依据	稽核结果需求	稽核周期
检查工程支出是否签订合同	检查基建工程服务支出是否签订合同	《国家电网公司工程财务管理办法（试行）的通知》（国家电网财〔2010〕108号）第二十六条 工程施工、物资采购、设计、监理、咨询等工程合同文本要经财务等相关部门会签审核，未经会签审核的合同，不予支付合同款项。各级财务部门应对合同的金额、支付条件、结算方式、发票开具方式、支付时间等内容进行审核	标题展示：基建工程服务采购订单是否签订合同 列展示：套装侧主数据映射–FMIS对象名称、基建服务采购订单–凭证日期、基建服务采购订单–采购订单编号、基建服务采购订单–服务采购描述、基建服务采购订单–行号、基建服务采购订单–采购订单数量、基建服务采购订单–计量单位、基建服务采购订单–总价格、基建服务采购订单–币种、基建服务采购订单–交货日期、基建服务采购订单–合同描述、基建服务采购订单–合同编号	按月
检查会计核算科目与项目支出内容是否一致	检查基建工程中建筑工程支出是否与WBS架构一致	国家电网公司会计核算办法国家电网财〔2010〕60号第五节"建筑工程"栏目，核算项目建设期间为建造房屋、建筑物、设备基础支架、道路工程，列入房屋工程概算内的暖气、卫生、通风、照明、煤气、消防、除尘等设备及装修油饰工程，列入建筑工程概算内的各种管道、电力通信等建筑工程所发生的支出	标题展示：建筑工程科目核算是否属于建筑工程WBS 列展示：套装侧主数据映射–FMIS对象名称、工程成本凭证明细–凭证编号、工程成本凭证明细–记账期间（枚举值01~12）（等同于MONAT）、工程成本凭证明细–过账日期（凭证生效日期）、工程成本凭证明细–制证人名称、工程成本凭证明细–凭证摘要、工程成本凭证明细–行号、工程成本凭证明细–底层明细科目、工程成本凭证明细–科目名称（长文本）、工程成本凭证明细–借贷方标识、工程成本凭证明细–凭证金额、工程成本凭证明细–币种、工程成本凭证明细–WBS元素（完整22位编码）、工程成本凭证明细–项目描述	按月

具体的问题进行分析，提出整改措施，编制形成分析报告及整改计划，由财务部门督促业务部门及时整改。

业务在线稽核作为监督管理可视的重要手段，突破原有账务报表数据稽核，将稽核工作延伸到各业务的前端数据，实现数据共享、业务融合，提高财务对业务的监督和指导能力。

【延伸阅读】

财务在线稽核借助了一体化财务信息平台，通过建立的稽核规则库，利用系统模块远程自动对本单位及基层单位进行稽核检查。通过网上查证和在线追溯查询，及时过滤并发出财务风险预警信号，构建财务风险预警模型，完善分级、分类预警，及时发现财务管理中的问题，出具财务诊断预警报告，并对问题整改情况进行监督，提高企业经营管理水平和财务风险管控能力，为企业的健康保驾护航。

某公司基于当前公司ERP中的业财一体化基础，将财务在线稽核向业务前端延伸，构建财务视角的运营检测平台，首先从资金流和财务结算角度对基建投资、物资管理、预算执行、资金使用、电费管理等实行全面监控，实施汇总分析财务及前端业务，在线展现公司经济运行情况，并及时发现经营管理中存在的异动和问题，保证各项资源和经营行为的可控、在控。

在线稽核能够有效实现财务与生产、营销、物资、人资等业务协同融合，提升财力集约化管理水平，深化电子报账系统应用和原始凭证电子化管理，提高风险监控效率、提升财务风险防控能力。

二、人力资源

（一）人员能力建设

1.背景与需求分析

目前阶段的中国经济改革、企业改革模式，目标是建立和不断完善社会主义市场经济体制。公司以追求利润为目标，企业之间公平有序地竞争，计划经济下的生产经营方式已经完全被打破了。然而，这短短几年时间，许多企业一直感到市场的无情和残酷的竞争，于是，越来越多的企业开始意识到市场竞争已经不仅仅是资源的竞争，更是劳动力素质和核心技术的竞争，企业也就越来越重视人员能力建设。人员能力建设，是以能力建设为核心，大力加强人才培养工作。在企业中，员工的能力建设，主要是在识别员工能力需求的基础上，有针对性地对员工进行相关培训和培养，以达到企业对人力资源的需求，为业务发展提供支撑。

2.方法介绍

在具体的人员能力建设工作中，首先要识别员工能力素质，并提取出需要培养的能力素质，为下一步对员工进行有针对性的培训做准备。具体操作过程中，一般采用能力素质模型、解释结构模型等方法对能力素质进行甄别。

能力素质模型（Competency Model），是指为担任某一特定的任务角色，所需要具备的能力素质的总和。能力素质模型方法是从组织战略发展的需要出发，以强化竞争力，提高实际业绩为目标的一种独特的人力资源管理的思维方式、工作方法和操作流程。能力素质模型通常包括三类能力：通用能力、可转移的能力、独特的能力。通用能力是指适用于企业全体员工的工作胜任能力，它是企业文化的表现，是公司内对员工行为的要求，体现公司公认的行为方式；可转移的能力是指在企业内多个角色都需要的技巧和能力，但重要程度和精通程度有所不同；独特的能力指某个特定角色和工作所需要的特殊的技能，通常情况下，独特的能力大多是针对岗位来设定的。

1973年，麦可利兰博士在《美国心理学家》杂志上发表了一篇名为"*Testing for Competency Rather Than Intelligence*"的文章。在文章中，麦可利兰博士引用了大量的研究结果，说明滥用智力测验来判断个人能力的不合理性，强调要离开被实践证明无法成立的理论假设和主观臆断，回归现实，直接从第一手资料入手，发掘真正能影响绩效的个人条件和行为特征，以提高组织绩效及个人成功。这种直接影响工作业绩的个人条件和行为特征，即能力素质。随着进一步的研究，麦可利兰将Competency明确界定为：能明确区分在特定工作岗位和组织环境中杰出绩效水平和一般绩效水平的个人特征。

通常我们从能力素质的适用范围，将其分为核心能力素质（Core Competency）和专业能力素质（Specific Competency）。核心能力素质：针对组织中所有员工的、基础且重要的要求，它适用于组织中所有的员工，无论其所在何种部门或是承担何种岗位；专业能力素质：依据员工所在的岗位群，或是部门类别有所不同，它是为完成某类部门职责或是岗位职责，员工应具有的综合素质。

国外在能力素质模型的设计上已经非常成熟，不少咨询公司有国际知名企业的素质模型以及素质辞典，但不论是现在流行的 18 项或 27 项能力素质库，都不能统一套用。企业要结合企业规模、企业文化、价值观、行业特性、员工的整体素质水平、内部运营等情况，采取合适的方法，构建适合本企业的能力素质模型。

行为事件访谈法是指选取某一工作领域内的两类人，一组为优秀者，另一组为一般者，由经过专业培训的访谈人主持，让被访者详细地介绍自己成功和失败的工作经历，并引导其谈出经历中具体的言行、想法、感受、具体的处理方法等细节问题，并对访谈内容进行详细书面记录及录音。访谈过后，对访谈记录进行梳理，找出可供能力素质分析的部分，并对材料进行编码、归类和命名。然后统计各项素质在材料中出现的频率，将出现频率较高的几种素质进行分级，并对每个级别提供一定的行为说明。最后，进行总结，总结出在优秀者身上表现较多，在一般者身上表现较少的素质，从而构建企业能力素质模型。能力素质模型因工作族群的不同而不同，但一般可分为领导力（中高层岗位）模型、管理岗位能力素质模型、营销岗位能力素质模型以及专业技术岗位能力素质模型等。

解释结构模型法（Interpretative Structural Modeling Method，ISM），是现代系统工程中广泛应用的一种分析方法，是结构模型化技术的一种。它是将复杂的系统分解为若干子系统要素，利用人们的实践经验和知识以及计算机的帮助，最终构成一个多级递阶结构模型。此模型以定性分析为主，属于结构模型，可以把模糊不清的思想、看法转化为直观的具有良好结构关系的模型。

1973 年，美国 J·华费尔特教授开发了解释结构模型法，用于分析复杂的社会经济系统。其特点主要表现在将复杂的系统分解为若干个子系统或子要素，分析系统内各子系统或子要素之间已知的凌乱关系，利用专业知识、实践经验结合计算机技术构建多级递阶结构模型，是系统工程理论常用的一种分析方法，适用于变量众多、关系复杂而结构不清晰的系统分析，也可用于方案的排序等。结构模型以定性分析为主，不表示量的关系，其适用性更强、解释能力也更强。

首先，构建能力素质模型，明确企业管理人员的绩效标准，根据关键绩效的衡量标准，从相关部门管理岗位工作的员工中，随机抽取一定数量的样本作为分析样本，进行行为事件访谈和问卷调查，结合国家电网公司对电力企业管理人员的要求，利用文化演绎的方法，从电力企业的未来愿景、使命以及发展战略和价值观推导部门管理人员所需要的能力要素，获取对能力素质模型构建具有牵引性和导向性的核心能力要素，通过行为事件访谈、实地观察、问卷调查、行业专家数据库等方法收集部门管理人员的能力要素信息，进行能力要素的整理分析与约简，对出现频次较高的能力要素进行统计、归纳、编码，提炼并概念化能力要素，初步形成部门管理人员的能力素质模型。根据已构建的能力素质模型，利用 SPSS 软件对数据样本做相关性检验及因子分析，剔除不具有显著差异的要素，进一步修正素质模型，最终获取能力要素，并分别对各要素进行定义、分级描述，再运用解释结构模型得出能力要素阶层结构图。

多级递阶结构模型非常直观清楚地反映了该系统元素之间的结构关系。ISM 方法使用方便，不需要高深的数学理论，易为系统分析人员所掌握。

【延伸阅读】
（1）能力素质模型。能力素质模型的建立一般采用行为事件访谈技术（BEI），可以辅之以问卷调查及专家小组讨论。能力素质模型是整个人力资源管理框架中的关键环节，它将企业战略与人力资源管理业务紧密连接，避免脱节。能力素质模型作为人力资源管理的一种有效的工具，广泛应用于人力资源管理的各个模块中，如员工招聘、员工培训、员工发展、绩效评估等。

企业战略决定能力素质模型，也就是说设计能力素质模型必须以企业使命、愿景和战略目标为基础，以确保员工具备的能力素质与组织的核心竞争力一致，为企业的长期目标服务。企业战略导出的能力素质模型被用于设定个人绩效考核指标中的能力指标，它与业务指标相结合形成完整的绩效考核指标，因此企业战略被细分为个人能力发展目标用于个人绩效考评。针对各个岗位的能力素质模型决定了人员配置所需满足的资质要求，有利于选择和任用合适的人员。在企业招聘时，根据能力素质模型考察应聘者对一些关键能力的学习和掌握的潜质以使他们进入公司后，有能力为更好地完成企业战略目标而努力。在工作安排上，如建立工作小组时，可以根据小组整体的能力素质要求选择具备不同能力的人员参加，以平衡团队能力。能力素质模型为员工的发展做出了明确的指导，公司可以根据能力模型制定员工技能发展路线，并根据个人能力模型要求的技能和知识为员工设计培训课程。在制定薪酬及激励机制时，对各个岗位的能力素质要求决定了岗位的基本薪资水平。通过对能力素质不断评估，以确定员工基本薪酬提升和职位晋升机会。

例：流行的通用素质定义与分级（选取四项作为说明）。

A. 能力素质模型服务精神（CSO）

有帮助或服务客户的愿望以满足他们的要求，即专注于如何发现并满足客户的需求。（该员工是否能设身处地为顾客着想、行事？）

计算分析时"客户"可以是广义的，包括最终客户、分销商，或内部"客户"或"服务对象"。1~4级主要针对客户的反映，5~6级是特别积极和可以指导他人的。此类员工：

1）有追踪：追踪客户的要求、需求、抱怨。让客户对最新项目进展有所了解但却不深究客户的深层问题或困难。

2）保持沟通：与顾客在彼此的期望方面保持沟通，监督客户满意度的执行。给客户提供有意信息，以及友善和开心的帮助。

3）亲自负责：对更正客户服务问题采取亲自负责的态度，及时地、不袒护自己地解决问题。

4）为顾客采取行动：特别在客户碰到关键问题时，主动使自己能随时被顾客找到。例如：提供给客户自己的家庭电话或休假时电话或其他能容易找到自己的方式，或为解决问题在顾客所在地滞留很长时间。采取超出正常范围的措施。

5）指出客户潜在的需要：除前面几条所提到的外，了解客户业务并为客户的真正潜在问题寻找信息，为现有的产品或服务提供方便。

6）运用长远观点：对待客户问题采取长远观点，为了长远利益关系宁愿牺牲一下暂时利益。从客户的长远利益出发，以顾问的身份参与客户决定的过程。对客户的需要、问题或机会和运用的可能性逐渐形成自己独立的观点，并根据自己的观点推进工作。

B. 能力素质模型培养人才（DEV）

能力素质模型在需求分析的基础上，带有一定想法或力度地筹备长期培养人才的计划。关键在于培养人才的意愿和影响力，而不一定是一个培训人员的角色。（此员工是否具有长期培养人才的特点？）

计算分析时培养人才的潜在动机必须清楚，培养人才素质的低级部分常常与监控能力素质的低级部分相混淆，而培养人才的动机是区别其两者的关键。此类员工：

1）提供如何做的指示：提供详细的指导和如何做的演示，告诉别人如何完成任务，提出具体、有益的建议。

2）解释原因、提供帮助：在做指示或演示时，解释其原因或理由，视其为培训策略之一，为使下属的工作简化，提供实用的支持或帮助。采用提问、测试或其他方法确认自己的解释或指导已被理解。

3）为了鼓励他人有意给出正面反馈：为达到培养他人的目的，给出具体正面的或正反面的反馈，在别人受到挫折时给予安慰，用行为而不是言语给出否定反馈，对未来表现提出正面期待或给予个性化的建议以改进工作。

4）参与长期培训或指导计划：为达到培养人才的目的安排合适的工作、正式培训或其他活动，让受培训者自己得出解决问题的答案，以便他们理解问题产生的原因，而不是简单地告知其正确答案。这种培训不包括那些为了满足公司要求的正式培训，但包括那种确立了培训需求、拟订了新的计划或教材的培训。

C. 能力素质模型监控能力（DIR）

即以企业长期利益为重，适当并有效地利用个人权利或个人地位使他人的行为与自己的愿望相符。包括"让别人做某事"的内容或说话声调。说话声调可以严厉、直截了当、苛求，甚至威逼。而讲理说服或让他人信服等属于影响能力素质，不属于监控能力。此类员工：

1）需监控别人：需适当监控，让别人能清楚地了解自己的要求和目标。把例行工作一项一项地分派给他人，以便腾出自己做更重要或更长远的目标。

2）确立限度：对无理要求能坚决说"不"，对他人的举止有自己的判断限度，能利用环境限制他人的可选性，或强迫他人提供希望获得的支助。

3）要求杰出业绩：单方设立标准，高线要求业绩、质量或支助；用"少说废话"或"我说我算"的风格坚持自己的命令或要求。

4）保持可见业绩标准：公开地用清晰的标准监控业绩表现，如把个人目标与销售结果公之于众，并标明差距。

5）让各人对自己的业绩负责：不断用标准衡量个人业绩，强调其后果，并公开个别交锋、直接指出其问题所在。

D. 能力素质模型影响能力（IMP）

即为了使他人赞成或支持说话者的议程所采取的说服、使别人信服、影响或强迫他人的办法。主要基于对他人施加具体影响的愿望，如自己设定的议程等，一种给他人留下具体印象的愿望，或希望他人采用的一系列行动。

计算分析时2级和3级通常指非个性化或相对简单的说服。即在同样情况下对任何人都可用同样的理由或观点。4~6级属于非常个性化或非常特殊的情况，往往与组织理解力（OA）或人际理解能力（IU）素质相关。如有足够证据，要么其中一项计分，要么两项都计。如果一个人为了同一目的做出了一系列非常特殊的努力，那么应该把这些行为计为5或6，而不是分别对这些行为计分。此类员工：

1）陈述意图但不采取具体行动：打算达到具体效果或影响，表示对名誉、地位、外貌等的关切，但没有采取任何具体行动。

2）采取了单项行动去说服：在讨论或演示中运用直接说服的方法（如运用理由、数据、其他人个人的兴趣；运用具体例子、直观教具、实际演示等）。没有做出明显改变去适应听众的兴趣和水准。

3）采取了多项行动去说服：采取了两个或两个以上的步骤做说服工作，而没有就听众的水准或兴趣作必要的调节。包括演讲所需的详细数据准备，或在演讲、讨论中运用了两个或更多的不同理由或观点。

4）对个人的行为或话语的影响有充分考虑：调节演讲或讨论内容以特别适应某种听众的兴趣和水准。对演讲者某些行为或某些细节对听众的影响有期待准备。

5）运用非直接影响：运用非直接影响的因果链，由 A 到 B，再由 B 告诉 C 等。或采用两个步骤去影响，每一步骤适应不同的听众。运用专家或第三方施加影响。

6）运用复杂的影响策略：有政治上的同盟，为某种观点建立"幕后"支持，为了取得某种效果提供或保留某些信息，运用"群策技巧"去引导或指导一群人。

通过能力素质模型的构建，将能力素质模型作为员工能力的标杆，首先，为员工清晰指明个人能力发展的方向，为员工实现自己的工作目标提供能力改进的合理性建议，员工可以在上级主管的指导下根据能力素质模型的要求，制订自己未来的学习发展计划；其次，通过自身能力的不断提升来提升个人业绩，进而推动企业整体业绩的提升；最后，能力素质模型也为员工的职业发展提供了帮助，能力素质模型不仅仅强调知识、技能等显性的因素，更强调隐性的职业素养与职业的匹配性，它能够为企业员工正确地选择自己的职位提供帮助。另外，从企业层面来说，能力素质模型是推进企业核心能力的构建和进行组织变革、建立高绩效文化的有效推进器；有利于企业进行人力资源盘点，明晰能力储备与未来要求之间的差距；建立了一套标杆参照体系，帮助企业更好地选拔、培养、激励能为企业核心竞争优势构建做出贡献的员工；可以更加有效地组合人才，以实现企业的经营目标，便于企业集中优势资源用于最急需或对经营影响重大的能力培训和发展；便于企业内部人员的横向调动和发展，可以更有效地进行员工职业发展路径的规划。能力素质模型的构建有效地支撑了企业未来发展的战略，与企业战略核心能力紧密相连，与其他管理系统共同协同保障企业战略执行力的提升。

（2）解释结构模型。运用解释结构模型对营销人员的能力素质进行分析，建立电力企业营销管理人员能力素质的阶层结构图，对复杂的能力素质要素进行分层分类。通过该图不仅可以直观地看到各要素间的层次及相互影响关系，还可以将各要素按其属性进行归纳、分类、解释，帮助企业管理者对营销人员的能力要素进行有效识别与管理。运用解释结构模型对电力企业营销管理人员的能力素质进行层次上的系统划分，不仅可以帮助企业对营销人员的能力素质在层次上有结构性的认识，还可以对单一要素进行管理与提升。

1）实施措施。电力企业人员的能力素质是一个复杂系统，研究一个系统必须要了解系统中各要素间的结构关系。运用解释结构模型对企业人员的能力素质进行分析，建立电力企业管理人员能力素质的阶层结构图，对复杂的能力素质要素进行分层分类（如图 5-11 所示）。然后利用 ISM 模型对营销管理人员能力素质模型中的特征要素建立结构模型。

2）应用场景。营销管理人员作为营销工作的主要执行者，其能力素质与自身工作业绩、电力企业的营销水平乃至整个电力产业的发展都息息相关。电力企业营销人员的能力素质模型是一个集合显性要素与隐性要素、通用要素与专业要素的复杂系统。

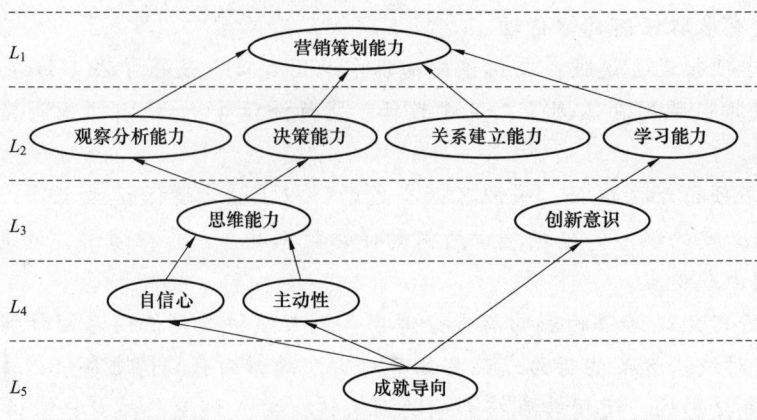

图 5-11　电力营销管理人员能力要素阶层结构图

构建能力素质模型和电力营销人员能力素质模型评价指标体系。ISM 通过对表示有向图的相邻矩阵的逻辑运算，得到可达性矩阵，然后分解可达性矩阵，最终使复杂系统分解成层次清晰的多级递阶形式。解释结构模型用顶点 V_i 和 V_j 表示系统的元素（i=1，2，3，…；j=1，2，3，…），带箭头的边（V_i，V_j）表示两元素之间的关系，即可构成有向图，用来表示有向图中各元素间连接状态的矩阵称作相邻矩阵 A。当从 V_i 到 V_j 有带箭头的边连接时，矩阵元素 a_{ij} 取值为 1；无连接时取值为零。可达性矩阵 M 是用矩阵形式反映有向图各顶点之间通过一定路径可以到达的程度，它通过以下计算求得：将相邻矩阵 A 加上单位矩阵 I（矩阵中除主对角线上元素为 1 外，其余元素皆为零的矩阵），然后用布尔代数规则（0+0=0，0+1=1，1+1=1；0×0=0，0×1=0，1×1=1）进行乘方运算，直到两个相邻幂次方的矩阵相等为止。相等的矩阵中幂次最低的矩阵即为可达性矩阵。

通过对可达性矩阵的分解（有区域分解和级间分解），即可建立系统的多级递阶结构模型。

采用解释结构模型对电力企业营销管理人员的能力素质系统进行分析、简化与层次化处理，帮助企业管理者对营销人员的能力要素进行有效识别与管理，同时也可以应用到对电力企业营销管理人员的人力资源管理过程。解释结构模型的发展已经相对成熟、完善，其应用领域可以进一步拓宽，将 ISM 应用于企业整个人力资源管理过程中，对影响组织、部门、员工层面绩效的各项因素或指标进行层次化的分析与研究，对员工招聘、培训、薪酬等其他模块的管理进行综合性考虑。

（二）培训

1. 背景与需求分析

培训是一种有组织的知识传递、技能传递、标准传递、信息传递、信念传递、管理训诫行为。培训是给新员工或现有员工传授其完成本职工作所必需的正确思维认知、基本知识和技能的过程。

知识经济强调的是持续发展的、以无形资产投入为主的经济，其作为一种崭新的经济形态正在悄然兴起，知识、科技先导型企业是当代经济活动中最活跃的经济组织形式，代表了未来经济发展的方向。而电力企业是典型的技术、知识密集型组织机构，如何把现有的先进知识传递下去，并不断衍生出新的知识体系，是电力企业培训工作的首要职责。通过多种培训方式使电力企业获取行业最新技术，并有效应用于电力生产过程中，能够确保电力企业生产工作的长期持续性。通过培训开发工作，提升企业员工的工作技能和工作态度，能够保持电力企业的长期竞争力。

2. 方法介绍

目前，电力企业培训模式多种多样，主要有"传帮带"模式、外来引进模式、指导成长等几种典型模式。

（1）"传帮带"模式。"传帮带"模式是电力企业长期以来开展的一种新员工培训模式，是指老员工在技术技能、经验经历等方面给予新员工亲自指导，从最早的无制度化、无计划性、少控制、无闭环评估，逐渐发展为如今的"星带新"新员工成长体系。它提倡的是一种分享体系，建立以"问题"为核心的学习成长方向，知识、经验通过传帮教师的培训技能使受帮对象理解接受，传帮和受帮者在这一过程中缺一不可，需要建立以受帮对象成长发展为核心的一致目标。

（2）外来引进模式。近十年来，外聘教师或专家授课是电力企业培训的一个主要方向，能有效地解决电力企业内部师资无法解决的一系列难题，如中层管理人员、直线经理管理技能提升等。外聘教师专业知识牢固、培训技能娴熟，大部分人员教学内容丰富，教学手段多样，不拘泥于教材，能激发员工的学习兴趣，但其在培训实施前需开展充分的培训调查，并制定有针对性的培训教材。

（3）指导成长模式。指导成长模式常应用于传教者和受教对象工作地点不在同一个地方的情况，大部分为行业内出类拔萃的企业或个人与整体水平落后的企业或个人形成帮扶结对。培训形式一般分为两个层次开展，一种是通过日常电话或邮箱联系方式开展帮扶指导，为问题即时解决型；另一种是集中面授帮扶指导，即无法通过电话或邮箱有效解决的问题，可积累多个问题后统一解决，也可通过现场指导受教者开展一项完整工作的模式综合开展培训。

主要的工作内容为：组建内部师傅传授、内部讲师团队培养加外部专家辅导相结合的形式，进行员工培训。进行员工能力素质培养需求调查、分析员工培训需求，结合企业业务开展实际情况，采用PPT演讲、外派学习等多种培训方式，有针对性地对员工进行业务能力和通用能力培训。同时，根据企业情况，开发通用类和专业类课程，制定培训制度，员工和导师双考核制度、奖惩制度以及与之相挂钩的后备人才梯队晋升制度等，调动员工参与培训积极性，同时提升培训质量和效果，促进企业业务绩效提升。

【延伸阅读】

为充分利用企业内部资源，积极培养和建设企业兼职讲师队伍，发挥内部讲师在企业整体培训教育体系中的核心作用，实现培训课程的全员覆盖。要求各个部门中心主要负责人及管理人员积极参与企业内部培训公司，积极应聘内部讲师，并针对培训项目开发针对性的内训教材、试卷、PPT等内容。同时，借助外部咨询专家团队，建立一批专业化的外部讲师队伍，加强讲师团队在课程开发、授课经验、培训考核等方面的培养。

根据企业人力资源规划，建立"三位一体"的培训体系：

（1）组建内部讲师团队，开发课程标准。

（2）建立分级培训课程及培训学分制。

（3）深入推行导师制，促进后备核心人才的培育指导：除生产员工外，在各系统中均要求通过核心人才作为导师，以师带徒的形式，带动广大后备人才的专业水平和素质的快速提升，从而提高整体人才素质。

具体运作形式主要有：

1）导师制，根据自愿选择和强制分配原则，通过双向沟通，给每一个核心人才制定一个业务导师或一个管理导师，帮助其提高业务能力和素质；

2）导师组制，对于一些"高、精、尖、特"等业务领域的核心人才，建立导师组制，由相关领域的多名导师共同指导其研究课题。

一般遵循以下原则：

1）自由选择和强制配置，师徒双方既可以采取自由选择方式组合，也可以由单位强制配置组合；

2）专业对口，为了提高针对性，师徒双方应该首先考虑专业和研究方向的一致性，实现有效衔接；

3）形式多样，师徒双方既可以采取正式的传授方式，也可以采取私下指导方式；既可以固定时间，也可以不定期进行；

4）绩效考核，有关部门对培养效果进行定期或不定期考核，考核指标纳入双方绩效评价指标体系；

5）薪酬激励，企业对实施效果好的个人进行物质或精神等方面的奖励，对于实施效果不好的个人采取一定惩罚措施；

6）不断改进，不同企业、不同部门差别很大，企业应根据实际情况不断总结经验、吸取教训，逐步改进完善导师制。

（4）建立内部轮岗制：建立内部轮岗制度，开展员工内部工作岗位轮换活动，以提升员工综合能力。

根据企业人力资源规划，建立多种形式相结合的培训体系，坚持"战略导向、贴近实体、系化培养、开放整合"的培训原则，解决企业长期发展对优秀人才的需求，协助企业突破成长和变革过程中的瓶颈，在高速发展过程中，解决员工素质的提升和人才储备需要问题，促进企业知识管理，具体针对不同层级开发不同的培训项目及引入个性化培训方式，制定系统化培训课程。

（三）绩效管理

1. 背景与需求分析

所谓绩效管理，是指各级管理者和员工为了达到组织目标共同参与的绩效计划制订、绩效辅导沟通、绩效考核评价、绩效结果应用、绩效目标提升的持续循环过程，绩效管理的目的是持续提升个人、部门和组织的绩效。

2. 方法介绍

我国企业绩效管理可以总结为以下几种典型方法：

（1）德能勤绩。"德能勤绩"等方面的考核具有非常悠久的历史，曾一度被国有企业和事业单位在年终考评中普遍采用，仍然有不少企业还在沿用这种思路。"德能勤绩"式的本质特征是：业绩方面考核指标相对"德""能""勤"方面比较少；大多情况下考核指标的核心要素并不齐备，没有评价标准,更谈不上设定绩效目标。德能勤绩考核方法实质上没有"明确定义、准确衡量、评价有效"的关键业绩考核指标。

（2）检查评比。国内绩效管理实践中"检查评比"式还是比较常见的，采用这种绩效管理模式的企业通常情况下基础管理水平相对较高，企业决策领导对绩效管理工作比较重视，绩效管理已经进行了初步的探索实践，已经积累了一些经验教训，但对绩效管理的认识在某些方面还存在问题，绩效管理的公平目标、激励作用不能充分发挥，绩效管理战略导向作用不能得到实现。

"检查评比"式典型特征是：按岗位职责和工作流程详细列出工作要求及标准，考核项目众多，单项指标所占权重很小；评价标准多为扣分项，很少有加分项；考核项目众多，考核信息来源是个重要问题，除非个别定量指标外，绝大多数考核指标信息来自抽查检查；大多数情况下，企业组成考察组，对下属单位逐一进行监督检查，颇有检查评比的味道，不能体现对关键业绩方面的考核。

（3）共同参与。在绩效管理实践中，"共同参与"式绩效管理在国有企业和事业单位中比较常见，这些组织显著特征是崇尚团队精神，企业变革动力不足，公司领导往往从稳定发展角度看问题，不愿冒太大风险。

"共同参与"式绩效管理有三个显著特征：一是绩效考核指标比较宽泛，缺少定量硬性指标，这给考核者留出很大余地；二是崇尚360°考核，上级、下级、平级和自我都要进行评价，而且自我评价往往占有比较大的权重；三是绩效考核结果与薪酬发放联系不紧密，绩效考核工作不会得到大家的极力抵制。

（4）自我管理。"自我管理"式是世界一流企业推崇的管理方式，这种管理理念的基础是对人性的假设坚持"Y"理论：认为员工视工作如休息、娱乐一般自然；如果员工对某些工作做出承诺，他们会进行自我指导和自我控制，以完成任务；一般而言，每个人不仅能够承担责任，而且会主动寻求承担责任；绝大多数人都具备做出正确决策的能力，而不仅仅管理者才具备这一能力。

"自我管理"式显著特征是：通过制定激励性的目标，让员工自己为目标的达成负责；上级赋予下属足够的权利，一般很少干预下属的工作；很少进行过程控制考核，大都注重最终结果；崇尚"能者多劳"的思想，充分重视对人的激励作用，绩效考核结果除了与薪酬挂钩外，绩效考核结果还决定着与员工岗位升迁或降职。

电力行业是一个资金和技术密集型行业，在电力改革的大背景下，如何整合人力资源对提高企业的竞争力是个非常关键的因素。其中，绩效管理更是人力资源管理中的核心部分，是提高人力资源管理水平的关键点。电力企业都开始以绩效考核为突破口，开展绩效管理。

电力企业要提升企业的绩效，不仅要改变绩效考核方式，更重要的是将单一的绩效考核转向有效的绩效管理提升，建立起科学、完整的绩效管理体系。绩效管理系统体系建设，一般从程序上可以分为绩效目标、绩效辅导、绩效考核和绩效改进四个环节。

绩效目标的设计要注意对各项指标之间的综合平衡，比较推崇的是平衡积分卡（BSC）、关键指标法（KPI）。基于电力企业的特点，运用平衡积分卡的四个角度以及融合电力企业传统的"三项责任制"考核，可建立起电力企业关键绩效指标体系。通过平衡积分卡原理将企业级绩效指标进行分解后，再运用鱼刺图方法，根据部门职责，将企业级绩效指标分解至部门级，将指标交给应该负责的部门，然后再从"关键绩效指标""本部门年度重点工作""配合完成工作"等方面进行部门级指标的规划和设计。确定之后，再根据部门职责、业务管理流程、岗位描述等，按照 SMART 原则分解各个员工岗位的关键绩效指标，从而将部门考核指标落实到个人指标，最后以"绩效合同"方式确定。

绩效实施和辅导阶段在整个绩效管理过程中处于中间环节，耗时最长，这个过程的好坏将直接影响着绩效管理的成败。

绩效考核是绩效管理过程中的核心。上级管理者根据第一阶段确立的指标和辅导阶段所收集的数据，对员工在考核期取得的绩效进行对比，并作出量化评价的过程。在评价中上级管理者应根据员工不同的工作特点和情况采取不同的评价方式，常见的评价方式主要有每日评成记录法、关键事件记录法、目标管理法等。评价方法的选择根据员工具体的工作特征、工作性质、企业文化氛围和管理思想等决定。根据具体实施，对电力企业无法量化的生产过程，可将日常工作、任务在劳动定额、工作分析的基础上按照统一评价的尺度折算成分数，达到量化的目标，这就是所谓的"工分制"考评法。

绩效管理的最终目的就是提升员工和组织的绩效。上级管理者对员工的绩效进行评价后，必须与员工进行面谈沟通，针对存在问题，进行分析，找出原因，提出改进措施并列入下一个绩效计划。面谈结束后，双方要将达成共识的结论性意见或经双方都确认的关键事项、数据予以记录和整理，对提到的问题就是希望员工在下一个考核期需要重点注意和提高的地方，从而形成了下一期的考核指标和考核标准。

最后关键的一步就是加大绩效考核结果的应用，应用不仅仅是体现在薪酬激励上，更应该在劳动合同管理、岗位交流、人员配置、职业生涯规划等方面，只有这样，绩效管理对员工业绩和能力提升发挥激励作用。

【延伸阅读】

以某电力公司为例，简单介绍绩效管理在电力企业人力资源管理方面的运用。

绩效管理以落实公司年度工作，改进现有工作为主要目标，提高公司执行力，提升现有管理水平。

年初，由发展策划部牵头，召集各相关职能部门研究重点工作和各类项目，修订公司年度关键业绩指标，并编制公司年度绩效计划，作为月度计划控制的基础依据。依据公司年度 KPI，研究制定各部门 KPI，在反复沟通的基础上确定指标项目及考核标准，报上级通过后签署"部门年度绩效合同"。

结合年中（年终）工作会议，对上半年工作及全年指标、年度绩效计划完成情况进行考核、分析，查找不足，制定相应措施，确保按时完成全年各项指标任务。

部门年度考评包括"部门绩效合同"考评和月度考评平均成绩。岗位年度考评等于岗位月度考评平均成绩。岗位考评不同的职位有不同的加权方式，中层及以上人员的岗位考评由人事部负责，其他岗位考评由所在单位负责。

每月将召开绩效沟通会，各单位汇报上月绩效计划完成情况和下月绩效计划，并根据实际情况调整 KPI，针对存在问题的指标，分析原因，确定改进措施并列入次月计划。

实现单一的绩效考核转向有效的绩效管理的提升能够在一定程度上有效解决电力行业绩效管理中存在的很多问题，使管理者和员工对绩效管理了解更加深入，更加有利于设定合理的绩效管理考核标准，降低随意行，提升公正性，完善绩效管理体系。

三、制度标准

（一）背景与需求分析

新形势下电力企业标准化的建设、建立应适应现代企业发展的标准化系统，是电力企业标准化工作的重点，也是实施国家电网公司"集团化运作、集约化发展、精细化管理和标准化建设"管理目标的重要手段。企业现代化管理是一项系统工程，要使之完善、提高，就必须强化标准化管理。企业标准化管理系统是以企业的目标、方针为中心，以国家的法律、法规及国家标准、行业标准为依托，以技术标准为主体，以管理标准为支撑，以工作标准为保障的子体系系统，不同层次的标准有着互相关联、相互制约、相互作用的结构要求。电力企业标准体系是由诸多专业标准在相互触通、相互依存、相互补充的基础上构成的企业管理的有机整体。各专业的个性标准可视为构成标准体系的结构要素，运用系统理论对这些要素进行科学的排列组合，以构成标准体系，并使之趋于合理、协调。技术标准要求涵盖生产过程的每一个环节，管理标准要求充分适应各类技术标准的贯彻执行，并为制定工作标准确立目标。

（二）方法介绍

1. 通用制度管理

在《企业标准体系管理标准和工作标准体系》国家标准中，对管理标准的定义是："对企业标准化领域中需要协调统一的管理事项所制定的标准"。"管理事项"主要指在企业管理活动中所涉及的经营管理、设计开发与创新管理、质量管理、设备与基础设施管理、人力资源管理、安全管理、职业健康管理、环境管理、信息管理等与技术标准相关的重复性事物和概念。制定管理标准的目的是为合理组织、利用和发展生产力，正确处理生产、交换、分配和消费中的相互关系及科学地行使计划、监督、指挥、调整、控制等行政与管理机构的职能。

在管理标准体系建设中，在一定范围内以管理活动的共性因素为对象所制定的标准，称为管理基础标准。以管理方法为对象所制定的标准，称为管理方法标准。管理方法标准包括决策方法、计划方法、组织方法、行政管理方法、经济管理方法、法律管理方法等。而以管理工作为对象所制定的标准，称为管理工作标准。管理工作标准的内容主要包括：①工作范围、内容和要求；②与相关工作的关系；③工作条件；④工作人员的职权与必备条件；⑤工作人员的考核、评价及奖惩办法等。以生产管理事项为对象而制定的标准，称为生产管理标准。从广义上来讲，生产管理标准的内容很广，涉及生产管理过程中的各个环节和各个方面。例如：生产经营计划管理、产品设计管理、生产工艺管理、生产组织与劳动管理、定额管理、质量管理、设备管理、物资管理、能源管理和销售管理等。从狭义上来说，生产管理标准仅涉及与产品加工、制造和装配等活动直接相关的生产组织和劳动管理等方面。对生产过程中的管理事项所做的统一规定，称为生产过程管理标准。生产过程管理标准一般包括生产计划、工作程序、方法的规程，生产组织方法和程序的规程，生产管理控制方法规程等。

建立统一规范的管理标准，有利于企业建立协调高效的管理秩序，实行按"例外管理原则"管理作业。同时，也有利于管理经验的总结、提高、普及、延续和实现依法管理。

2. 技术标准管理

企业技术标准是指重复性的技术事项在一定范围内的统一规定。标准能成为自主创新的技术基础，源于标准制定者拥有标准中的技术要素、指标及其衍生的知识产权。它以原创性专利技术为主，通常由一个专利群来支撑，通过对核心技术的控制，很快形成排他性的技术垄断，尤其在市场准入方面，它可采取许可方式排斥竞争对手的进入，达到市场垄断的目的。

随着行业电力技术标准体系在企业大量应用，技术标准体系的管理和维护已成为企业信息化的日常部分，国内外一些高端的电力企业已经把技术标准体系的建设提高到公司战略发展的层面，通过制定企业的技术标准来影响行业应用。大部分电网企业目前制定的技术标准体系架构有些地方已经不符合其本身的运行需求，技术标准体系的信息化程度有待提高，大多采用传统的标准管理方法对企业内部进行规范管理，在一定程度上制约了企业自身的发展。此外，技术标准构建使用传统的构建基础，没有采用业界最新的技术方案及数据挖掘方法。电网企业应该结合当前的信息化、技术标准的发展技术进行调整及改造，对企业自身的技术标准层次进行精细化加工，使之真正符合企业的实际应用，适应新时代、新应用的发展。

根据国家电网公司智能电网的专业领域分工来看，主要涉及国家电网公司的标准框架结构，该项目的技术标准框架包括两个层次。第一层是技术基础标准，第二层是由生产程序决定的技术专业标准。专业技术标准包括综合和规划、发电、输电、变电、配电、用电、调度、通信和信息等分支。每个分支又包括六个子行业，如基础和综合、设备和材料、设计、建造、操作和维修等，这些都是技术标准主要研究领域。

为提升电网企业对技术标准的综合利用，加强标准利用效率的提升，电网企业应该借鉴国内外的先进理念和成功经验，加强对电网企业技术标准的管理，实现其深度化管理的战略目标。电网企业技术标准体系的设计方法主要根据行业的电力应用，如通过考察国家电网技术分类体系、南方电网技术分类体系，借鉴及集成已经存在的技术标准体系，同时根据供电局的业务需求，重新进行系统的设计和规划，搭建一套符合电网企业发展需求的技术标准体系，在电网企业内部进行试用及技术委员会进行认证后，形成企业的自身标准，最后完成技术标准的体系编制，发布电网企业的《技术标准体系表》。

对网络与信息安全进行全面规划，首先要根据由 7 个技术领域、29 个标准系列、若干技术标准组成的国家电网公司《智能电网技术标准体系规划》，构建企业信息安全管理体系。具体可引入 ISO/IEC 17799 和 ISO/IEC 27001 等信息安全管理标准。ISO/IEC 17799：2005 提供了一套综合的、由信息安全最佳惯例组成的实施规则，主要内容包括 11 个安全类别、39 个控制目标、133 项控制措施。ISO/IEC 27001：2005 规定了信息安全管理体系（ISMS）要求与信息安全控制要求，是一个组织的全面或部分信息安全管理体系评估的基础，可以作为第三方认证的标准。

【延伸阅读】

1.通用制度

生产现场定置管理标准是以生产现场为对象，处理好该现场中的人、物、场所及其有关信息之间达到最佳状态的综合管理技术。通过调整，使作业流程、物品堆放、人的行为以及工作场所形成有机的结合，以完善的信息管理为媒介，实现生产过程以及工作环境规范化的活动。

（1）生产定置管理原则。

1）符合工作环境要求。在不同的生产作业及工作场所，通过设计、调整，使生产现场及办公场所的物流、人流、信息流处于最佳状态，满足工作或作业过程的需要；

2）符合安全及文明生产要求。达到作业安全、物流有序、摆放稳妥、防护科学、道路畅通、消防方便，工作有序；

3）符合环境保护和劳动保护规定标准；

4）符合随生产工作环境变化而变动的动态管理；

5）满足人与物及场所的最佳组合，符合人的生理需要；

6）满足企业标准化的规定，过程符合 PDCA 的要求。

（2）定置管理内容。

1）生产现场的区域。

a.按运行区域和工作流程对生产场所的划分进行定置。对生产运行、检修、试验现场实行区域定置管理，确定本区域各种设备、工器具的位置和存放区。以安全质量为前提，做到防护可靠、操作安全、物放稳妥、道路畅通、标志清晰、消防方便。

b.对管辖区域内设备、工具、仪器、仪表等实行规范定置管理。

c.对现场设备大小修拆卸的部件，要根据设备的安装顺序进行定置，小的及精密部件应集中存放，无用的物品当日清除。做到工完、料尽、场地清，严禁在生产现场放置废旧物资。

d.对非运行的设备、备品、废弃物（垃圾）绿化区等确定定置区域，定置后不得随意变动。

e.通道与限制区、停车与非停车区、堆放与非堆放区应明确划线标识，实施区域定置。

2）办公室。

a.室内物品存放的位置必须经过合理的设计，认真清理，做到合理、方便、整齐、朴实。

b.办公桌上可定置摆放电话、台历、文具盒、茶具、玻璃板。

c.办公桌玻璃板下不得放置与工作无关的照片、图表、画报等。

d.文件柜内文件、资料，经常使用的放在上面，周期性使用的放在中间，存储性的放在下面，做到便于查找、整齐美观、号位一致，进行定期清理，与工作无关的物品一律消除。

e.柜内可放安全帽、报纸等，但要保持整洁。

f.室内墙壁可挂示板，不得挂衣帽、报刊、用具。

g.室内可适当放置盆花、盆景、绿色植物。

3）工作间及休息室。

a.工作间内不摆放与生产无关的物品，摆放整洁有序。

b.工作台（桌）上可放置仪器仪表、工具材料等，但要及时清理、整顿，保持完好。

c.休息室内更衣柜及个人用具及生活用具，要保持清洁、卫生。

d.室内可适当放置盆花、盆景、绿色植物。

4）库房（包括班组工具、材料间）。

a.库房内或露天储存的物品，必须按物资类别存库，分区定置，按物资的品种、规格、型号、性能等区别存放，按"四号"定位 [库号、架（柜）号、台号、位号]"五五"摆放的要求，做到编号齐全，标签清楚正确，便于存取，账、卡、物、号相符。

b.事故备品配件，要进行特别定置，不得与一般物资混放，并有明显的区别标志。

c.易燃、易爆、有毒、挥发物品要进行特别定置。

d.报废物资应区别存放。

e.仓库内通道畅通，湿度适宜，环境干燥，清洁整齐，禁止摆放与生产经营无关的物品。

f.定期清理材料库并核账。

5）柜（架）仪器柜与资料柜。

a. 工具（资料）柜的外形结构尽可能做到统一。

b. 柜内物品，要按上轻下重、精密粗糙分开、取用方便、存放安全、互不影响的原则定置摆放，箱柜底下严禁放置任何物品。

c. 工具柜内只允许存放工具、量具、仪器、仪表等与生产有关的物品。

d. 资料柜内放置相关书籍、文件、图纸资料等。

e. 物品定置后，要依次编号，顺序排列，并按要求、规范制作相应标签在对应位置处粘贴。

6）技术资料、设备台账、记录定置。

a. 摆放技术资料、设备台账的柜子外形应尽可能相同，对结构差异较大的需进行调整，尽量做到各班组内部统一。

b. 柜内只允许摆放设备台账、技术资料、设备及仪器仪表说明书、企业标准等。

c. 常用的资料、台账放在上面，周期性使用的放在中间，存储性的放在下面，做到便于查找，整齐美观，号位一致。

d. 专业记录、设备档案类记录均使用统一制作的簿册、盒、壳。

e. 记录、资料均须编号后，按序定置摆放。

f. 图纸应装订成册，定置摆放妥善保管。

7）工具、材料。工具、材料按区定置摆放，用后及时清理、收回，以保证施工现场整洁，道路畅通。

8）示板。

a. 示板的结构尺寸应根据环境进行设计和制作，板面布局应合理、清晰、紧凑、朴实。

b. 内容按其作用可分为禁止类、警告类、指令类、提示类、公告类、激励类共六类。

9）特别定置。

a. 易燃、易爆、剧毒异味、挥发性强等对人身、环境产生不良影响的物品，必须定置在对人体和设备不会造成危害的地方，远离电源、火源和热源，并悬挂规定的标示牌或示意图像。

b. 安全帽、安全带（绳）绝缘靴、绝缘手套、绝缘拉杆、高压验电笔、接地线、安全标示牌、围栏绳等安全防护用具应设专柜放置，验电笔、绝缘靴、绝缘手套等应按要求定期做试验，贴上标签，作好编号。

c. 隔离开关（断路器）钥匙应进行编号，做到编号与定位相，以防用错。

d. 带电作业工、器具按带电作业管理规定定置存放。

e. 精密仪器仪表应单独存放，做好防火、防盗、防雨、防事故等四防工作，保持设备完好无损。

f. 消防器材按安全监察部的规定放置。

g. 高电压作业区域定置，按照设备运行方式，设置安全围栏，明显地区别带电和不带电设备，防止误登、误进、误触、误动等。

通过标准化建设的实施，提升管理效率，规范化设备制造和运行维护，缩短建设工期，在保障建设质量的同时，降低建设运行的成本。

2. 技术标准管理

技术标准体系的构建，特别是智能电网的发展，要求其必须依靠一定的技术平台对资源进行优化整合，对有关标准网站进行跟踪管理，使一些管理部门之间能够有效地进行沟通和交流。建立高速、双向、实时、集成的通信系统是实现智能电网的基础，发展智能电网需要深入研究智能电网各个环节的通信需求，在建设智能电网之前，建立一个系统、完善、开放并拥有自主知识产权的智能电网信息通信技术标准体系是首要任务。这就需要对相关的信息及时掌握，因此需要建立专门的管理信息系统对技术标准实施动态管理。为了充分实现标准知识的管理和发布，需要对标准系统进行综合设计，设计过程中包含的功能主要有技术标准体系的建立功能、标准资源管理功能、数据远程更新功能、智能信息处理功能等模块。设计电力企业技术标准体系信息化应用平台，协助企业完成技术标准的应用管理，满足电网企业对技术标准的应用要求。

应用 PDCA 过程方法建立和实施 ISMS（见图 5-12）。

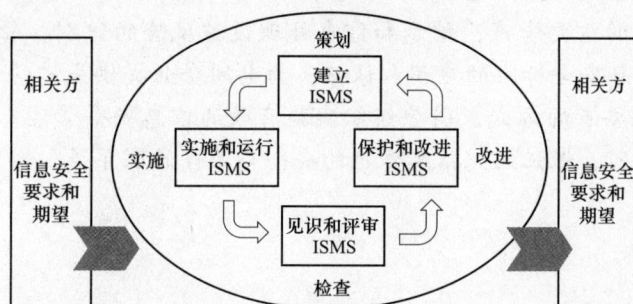

图 5-12　ISMS 的 PDCA 过程模型

ISMS 是组织在整体或特定范围内建立信息安全方针和目标以及完成这些目标所用方法的体系。它是直接管理活动的结果，表示为方针、原则、目标、方法、过程、核查表等要素的集合。

（1）ISMS 的 PDCA 模式。引入策划—实施—检查—处置（PDCA）过程模式，作为建立、实施 ISMS 并持续改进其有效性的方法。PDCA 过程模式如图 5-12 所示。PDCA 的以下 4 个步骤可以应用于所有过程。

1）策划（Plan）：依照组织的整个方针和目标，建立与控制风险和提高信息安全有关的安全方针、目标、指标、过程及程序。

2）实施（Do）：实施和运作方针（过程和程序）。通过一定的形式发布和实施信息安全贯彻标准体系文件。

3）检查（Check）：依据方针、目标、实际经验测量与评估过程业绩，并向决策者报告结果。根据贯彻标准计划内审，对贯彻标准范围内的所有活动进行检查，验证信息安全活动是否符合 ISO/IEC 27001：2005 标准和相关法律、法规要求，是否符合已识别的信息安全要求，是否符合管理体系文件的规定，是否符合认证计划的安排，是否得到有效的实施和维护，是否按预期执行以及验证管理体系的有效性。

4）改进（Action）：采取纠正和预防措施进一步提高过程业绩。对内审发现的不符合项要根据标准要求进行纠正，并举一反三，解决重点问题，保证贯彻标准的质量。

通过 PDCA 的不断运转，使 ISMS 得到持续改进，信息安全绩效螺旋上升。

（2）确定 ISMS 的范围和边界。根据组织的业务特征、结构、地理位置、资产和技术定义 ISMS 范围及边界：通过现场了解现有信息资产状况及风险管理要求、现有的信息安全管理文件及执行情况、改进的意见及建议等，为 ISMS 收集信息，确定 ISMS 的范围和边界。

（3）确定信息安全方针。信息安全方针是信息安全目标、指标的框架，为信息安全活动建立方向和原则。方针必须强调法律、法规的要求，为信息安全管理过程建立战略性、全组织的风险管理环境。信息安全方针应该获得最高管理层的批准，是最高管理层对信息安全的总目标和对持续改进信息安全管理绩效的承诺。

（4）ISMS 的文件要求。具体包括文件的编写、文件的保护、控制和管理。

（5）ISMS 的运作、评审和改进。ISMS 文件编制完成以后，组织应该按照文件的控制要求实施 ISMS。进行有关方针、程序、标准、法律、法规的符合性检查，通过使用信息安全方针，落实信息安全目标，进行监控事件的分析，采取纠正措施和预防措施，消除与 ISMS 要求不符合的原因，以防止再次发生；通过审核结果、管理评审，持续改进 ISMS 的有效性。

信息是电网企业的重要资产，信息和信息处理设施风险的识别、管控对企业发展至关重要。通过对国际信息安全标准的应用和认证，为电网企业提供先进的信息安全管理理念，以体系文件规范实施要点的方式，引导组织实施有效的信息安全管理，在企业建设起一张完备的信息安全保护网，保证组织信息资产的安全与业务的联系性，实现信息安全的可控、能控、在控。

四、审计

（一）背景与需求分析

市场经济的快速发展对企业管理水平提出了更高的要求，要求我国企业必须通过现代企业管理的实施，提升企业市场竞争力，保障企业的生存和发展。内部审计工作作为现代企业管理体系的重要组成部分，其有效实施对于企业有着重要意义。内部审计工作的有效开展对企业的经济活动具有一定的防范作用。通过事前决策审计，对企业资金的投放、投资效益、使用率、投资风险等进行审计，保障企业的经济利益。并且通过内部审计人员在企业经济合同审计过程中的工作，将合同履行过程中的纠纷因素排除，减少纠纷发生率，降低企业不必要的损失。企业内部审计工作的实施还能够促进企业管理体系的完善，在内部审计过程中，对于发现的问题及时反映到企业领导层。通过对企业管理体系的分析，找出企业管理体系存在的不足，完善企业管理体系，促进企业的健康发展。而且在内部审计过程中，由于审计工作与奖惩制度挂钩，被审计部门在日常工作中会时刻检查部门工作以及完善本部门工作流程，并对企业管理提出合理化建议。这在很大程度上促进了部门、企业经营管理问题的发现，促进了企业管理体系的完善。

（二）方法介绍

审计工作的重中之重是项目全过程审计。全过程审计，即企业内审计部门以相关法律法规为依据，按照规定的流程，对某一项目从立项到项目完成验收全过程进行审计监督、提供相关服务。通过对项目事前、事中和事后全过程审计，实际增加了审计的频率、增强了审计的力度，能够及时发现纠正项目中存在的问题，为项目进行中的决策提供重要依据，以保证项目的规范性和有效性。

项目全过程审计改变了传统的事后审计，但并不意味着对每一环节的审计力度都一样，而是采用了风险导向法，通过对该工程的可研及初设批复文件、工程招投标文件、工程审价报告以及工程送审决算书等有关资料进行梳理，应用风险评估来确定项目的审计切入点，不放过每一个重要关口。全过程审计强调全面性与重点性、效益与效率、系统性与针对性的有机统一。

项目全过程审计模式如图 5-13 所示。

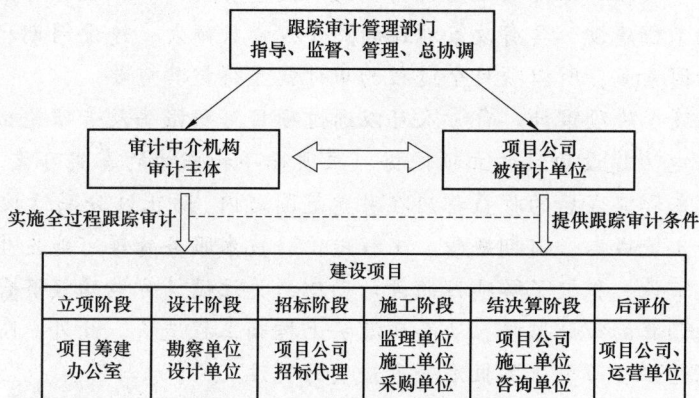

图 5-13　项目全过程审计模式

项目全过程基本包括计划下达和立项、可行性研究和初步设计、招标投标、竣工验收、结算决算等环节。在项目施工招标阶段，内部审计机构应完成招标工作程序与合规性的审核。在实施阶段，审计部门应及时完成对工程资金、物资管理等方面的审核与档案收集。最后，在结算决算阶段，审计部门应完成工程结算、竣工验收、资产移交、工程结算等工作并审核相关资料。该方法实时监控了项目质量、安全、进度和经费等多方面内容，所以能够及时发现潜在问题，并采取有效措施。具体步骤如下：

（1）根据内部审计的相关法律法规和规定，确定审计计划。制定审计计划应根据相关法规要求，结合各单位的项目建设投资机会、组织风险、审计资源等具体情况编制。

（2）作为整个工作开展的指导纲领，审计方案的制定是审计方案实施前不可缺少的一个环节。审计方案主要包括详细的审计目的、审计方法和程序等内容，依据审计前调查情况进行制定，并随着项目进展情况进行实时调整。

（3）根据风险测评结果和过往经验，明确审计重点，有重点、有针对性地开展工作。在项目开展前期，审计工作重点在项目开展的必要性、招标投标和合同管理程序的合法性上，以及项目资金的来源和到位情况。项目实施过程中，监督重点则变成了项目实施管理过程的规范性、程序性和真实性，例如合同履行情况、工程造价、工程监理和管理、项目财务收支等。

（4）在项目竣工结算阶段，审计工作则更加注重对验收环节的合规性、独立性、严谨性和工程决算的真实性、合理性和准确性。

【延伸阅读】

通过对资产全寿命周期管理的体系建设与运行，将项目从立项可行性研究到竣工结算等各个环节等重点环节纳入审计管控工作，关口前移，以风险为导向，合理分配审计资源，从而达到及时发现和改正项目中存在问题，促进项目规范，有序、有效运行的目的。

由于传统的审计方法存在着很多不足之处，例如，没有办法甄别潜在的问题、做决策时依据不够充分等，因此随着经济发展和工程项目的不断开展、规模不断扩大，全过程审计应运而生。目前，项目全过程审计已经得到了一定范围内的推广应用，可以应用于项目全过程各个环节来衡量某一阶段工作的合规性、准确性等。

以电力建设项目为例，具体讲解项目全过程审计法的运用方法。

电力建设项目一般在工程开始之前就需要投入大量资金，工程设计与设备制造基本同步进行。这一类型的工程建设，具有政策涉及面广、投资数额大、建设周期和投资回收周期长等特点，但是变动因素多，所以项目全过程的审计就显得极其重要。

（1）立项（决策）阶段审计。负责人可以通过项目可研报告及专家论证会、政府批文等相关立项资料确保电力建设项目的立项依据、立项程序和手续的真实可靠。投资估算方面，项目建设的投入成本和建成后的收益都应在考虑范围之内，防止过分高估收益和成本，全面、准确地计算出包含土地成本、前期规费、工程造价、技术服务费等可能发生的全部费用。

（2）设计阶段审计。积极了解项目的设计动态、关注设计方案的经济合理性，重点加强对设计概算及施工预算的审计监督，从而从源头上控制工程造价。此外，阶段性情况如初步设计是否经过专家论证和审查机关批准等也应实时关注。

（3）招投标（交易）阶段审计。对审计招标文件的合法性、全面性和有效性进行审计，文件必须符合招投标法与《工程量清单计价规范》等文件的规定，过程与结果必须真实合法。

（4）施工实施阶段审计。现场审计人员参加工程例会、大型材料设备的招投标会议及涉及造价的工程验收与设计变更等工程变更核准、验收、结算等会议。同时，还需审查开工条件、施工环节、中间支付、安全和进度、合同执行情况等，在过程中完成工程变动造价的审核校对工作，为后一阶段做好准备工作。

（5）竣工阶段审计。这一部分分为竣工结算审计、竣工决算审计和固定资产结转三方面。竣工结算审计工程量清单项目的施工内容需与计量计价规则一致，无错算、漏算或重复。竣工决算需符合《基本建设财务管理规定》等相关法规，做到账账相符、账物相符，总支出不超过预算范围。固定资产结转则根据生产经营的需要，对移交的固定资产进行一系列处理，建立固定资产台账。

（6）项目后评估。经过全面总结项目建设，审计人员需与可研报告预测指标进行比较，结合投产初期的收支情况，预测整个电力建设项目的财务效益，综合各个方面做出全面客观的评价，为今后项目的发展和生产经营效益提出可靠建议。

随着审计在各个环节的应用，能够完善项目内控程序，增强工程管理意识，阶段性的审计能够及时排查出隐患所在。同时，全过程审计法能够促使相关单位加强规范工程管理，更加规范化，对工程结算的实时核算从而达到合理控制工程造价的目的，为电力公司做到真正意义上的节约成本和效益创造。另外，该方法能够协调建设、监理和对施工现场的专业管理，确保工程进度。最后，全过程审计法的账账相符和账物相符能够促进落实审计整改，发现管理制度的薄弱环节，从而强化廉政建设。

五、档案管理

（一）背景与需求分析

电网企业传统的档案管理工作主要以立卷、借阅、转递，归档等方式为主，但是随着单位的发展，档案资料逐渐增多，传统的档案管理工作已经不能满足大量档案管理的需求。随着信息化技术的不断发展，为电网企业档案管理创新系统了技术基础。现在电网企业通常使用网络管理软件技术进行档案的管理，这种管理方式和管理技术的创新，大大提高了档案管理的效率和水平，传统、单一的馆藏档案管理结构逐渐被信息化的管理方式所代替，这种创新性的档案管理增加了档案的时效性和含金量，促进了档案管理工作的进一步发展。

（二）方法介绍

档案管理大致分为职责分工、组织建设、业务建设、信息化建设、开发利用、设施设备等各个方面，每个方面都有严格的考核评价方法，每年国家电网公司办公厅将对各单位档案工作进行考核评价。各级单位应对所属单位开展档案工作考核评价，评价结果定期通报。被考核评价单位应结合考核评价结果及时查找不足，完善整改，以持续提高本单位档案管理水平。

要实现电力企业方案管理现代化，就必须应用现代化管理的理论、方法、技术和设备对档案和档案工作实行科学管理，不断提高工作效率和效益。这就需要国家电网企业加强法制宣传，提高"依法治档"的自觉性，同时要提高现代化管理方法与技术应用水平和实现档案管理人员的自身角色转变，提高履职能力。

根据国家电网公司工作要求，国家电网的档案管理工作分成四个阶段。各阶段的主要重点工作如下：

一是职责分工阶段。国家电网公司办公厅作为国家电网档案工作的归口管理部门，需研究制定国家电网档案工作制度、业务标准和技术规范，负责国家电网档案信息化建设的规划、组织实施和业务指导工作等。国家电网公司档案馆则负责国家电网总（分）部档案及各级单位重要档案的收集整理、安全保管、编研开发与利用服务。

二是组织建设阶段。各级单位应建立以档案部门为核心，各部门、各项目专（兼）职档案人员为基础的企业档案管理体系，形成层层负责的管理工作机制。这些档案人员应参加产品鉴定、科研课题成果审定、项目验收、设备开箱验收等活动，负责检查应归档文件材料的完整性与系统性。

三是业务建设阶段。各级单位应严格执行国家电网档案管理相关制度，采用统一的档案分类方案、归档范围和保管期限表，应对各类档案统一管理，按时归档，归档文件材料应完整、准确、系统。

四是信息化建设阶段。各级单位要将档案信息化纳入本单位信息化建设整体规划，统一部署、同步实施，通过加快推进电子文件管理和档案信息系统建设，建立起贯通各层级、覆盖全业务的档案大数据资源体系。

【延伸阅读】

国家电网公司档案管理工作实行统一领导、分级管理；按照"谁主管、谁负责""谁形成、谁整理"的原则开展档案管理工作。各阶段每个部门严格按照国家电网规定的档案管理方法执行。下面以某电网档案管理系统为例，阐述档案管理系统的建设实施促进了档案信息一体化管理，实现了档案资源的整合和共享等。

档案管理系统主要向用户提供了辅助应用服务、业务应用服务和系统交互服务三大功能。其中业务应用服务和辅助应用服务包含了系统信息维护、档案收集整编、档案检索查询、档案借阅管理等功能，服务面较广，因此采用 B/S 模式通过浏览器方式实现与用户间的交互。对于服务面小、功能复杂、系统间数据交互量大的应用，例如目录打印、数据接口和辅助编研等功能,则采用 C/S 模式实现相应的系统功能,从而充分利用系统两端硬件环境的优势,将任务合理地分配到客户端和服务器端进行处理,大大降低了系统的通信成本,省级电网档案管理系统架构如图 5-14 所示。

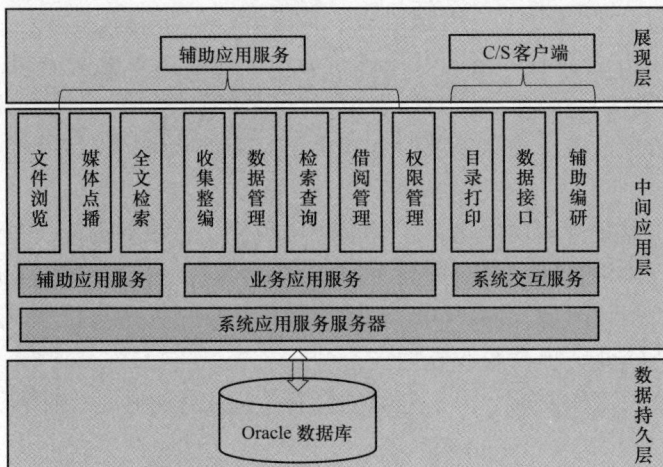

图 5-14　省级电网档案管理系统架构

省级电网档案管理系统的主要建设内容涵盖企业档案管理工作中各阶段的业务,具体功能范围包括:档案检索、档案业务、个人待办、业务设置、权限管理五大模块,系统功能架构如图 5-15 所示。

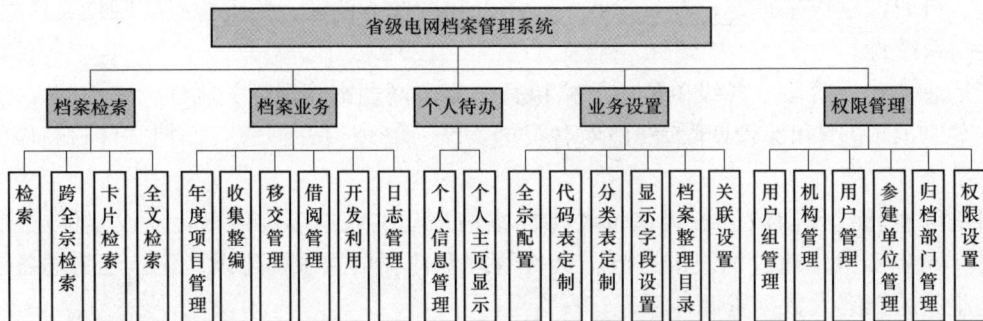

图 5-15　省级电网档案管理系统功能架构

由图 5-15 可知,档案检索和档案业务是该系统的核心模块,涉及电网企业档案管理工作中的大部分业务。其中档案检索模块向系统用户提供了形式多样的档案信息检索方式,用户输入具体查询条件,即可对档案库、整编库中的数据进行全字段匹配查询,并输出符合查询条件的目录列表。档案业务模块主要负责企业档案资源的收集整编、移交管理、开发利用、文件管理等工作。另外,档案业务模块还向用户提供了借阅管理功能,对用户借阅的档案文件进行综合管理,实现对所借档案的归还、催还、续借等操作。

该系统实现了上级单位对下级单位的实时监管,省公司可随时检查和指导下级部门的档案管理工作,减少了企业管理成本。系统具有跨全宗移交档案功能,针对同一批文件可以进行多次不同全宗移交，降低了档案文件的重复录入工作。系统具有档案文件离线导入功能，提高了企业对工程类档案的收集、整理效率，保证了企业对工程档案管理的准确性、及时性和完整性。

国家电网的相关档案内容是其知识资产和信息资源的重要组成部分，档案管理能提高国家电网公司的档案工作走向集团化、标准化、信息化，更好地服务"两个一流"建设。

六、信息管理

（一）背景与需求分析

电网企业作为资产密集型国有企业，资产管理的水平直接关系到企业资产的安全完整及国有资产的保值增值。然而，传统粗放型资产管理手段的滞后，已经严重制约了电网企业资产管理水平的提高。为此我国电网竞相探索全新的资产管理模式，而以信息化管理为手段能够实现各部门协同配合，全面动态的监管整个电网国有资产运转的各个过程，为领导者的决策提供最准确、最及时、最全面的信息，充分发挥好电网国有资产的经济效益和社会效益。

（二）方法介绍

1.信息模型

信息模型，是一种用来定义信息常规表示方式的方法。通过使用信息模型，我们可以使用不同的应用程序对所管理的数据进行重用，变更以及分享。信息模型的众多种类中公共信息模型在电力行业的运用最为广泛。

公共信息模型是一个抽象模型，它描述电力企业的所有主要对象，特别是与电力运行有关的对象。通过提供一种用对象类和属性及他们之间关系来表示电力系统资源的标准方法，通用信息模型方便了实现不同卖方独立开发的能量管理系统应用的集成，多个独立开发的完整能量管理系统之间的集成，以及能量管理系统和其他涉及电力系统运行的不同方面的系统，例如发电或配电系统之间的集成。这是通过定义一种基于公共信息模型的公共语言，使得这些应用或系统能够不依赖于信息的内部表示而访问公共数据和交换信息来实现的。

公共信息模型分为两部分：公共信息模型规范和公共信息模型模式。公共信息模型规范提供了模型的正式定义，它描述了语言、命名、元模式和到其他管理模型的映射技术；公共信息模型模式则给出了实际模型的描述。公共信息模型由核心模型、公共模型和扩展模型三层构成。核心模型是一系列类、连接和属性的集合，该对象组提供了所有管理域通用的基本信息模型；公共模型提供特定管理域的通用信息模型，这些特定的管理域，如系统、应用程序、网络和设备等；扩展模型代表通用模型的特定技术扩展。

由于完整的公共信息模型的规模较大，所以将包含在公共信息模型中的对象分成了几个逻辑包（核心包、拓扑包、电线包、停运包、保护包、量测包、负荷模型包、发电包、电力生产包、发电动态包、域包、财务包、能量计划包、备用包），每个逻辑包代表整个电力系统模型的某一部分。这些包的集合发展成为独立的标准。DL/T 890 系列标准中的本部分规定了包的基本集合，提供了电力企业内部各应用共享的能量管理系统信息的物理方面的逻辑视图。其他标准规定了某些特定应用所需的模型的特殊部分。

公共信息模型有几大特点，首先，公共信息模型是层次化的，其多个子类所关心的通用属性将从一个公共类继承下来；其次，公共信息模型是规格化的，规格化体现在尽管某一类的属性可以通过泛化、关联、聚集等类间关系合并进其他类，但是所有的属性是唯一的，并且只属于一个类；公共信息模型又是静态的，它只是一个信息模型，是通过一系列相关的类来表达物理对象；最后，公共信息模型意味着通过公共的接口在应用系统间交换类和属性数据，其目标是尽可能地保持只有通用的特性被提取出来。

1993 年，美国电力科学研究院气功了 "控制中心应用接口研究项目"，意味着公共信息模型的研究正式开始。1995 年 3 月第一份公共信息模型规范被提出，公共信息模型技术规范的制定由来自能量管理系统厂商和能量管理系统软件开发商的专家完成，采用了 ERPI 的操作员培训模拟系统为基础。1995 年 6 月，经过 Incremental Syst 能量管理系统公司、Power Data 公司等的共同努力，一个新版本的公共信息模型正式发布。1996 年国际电工委员会第 57 技术委员会能量管理系统—API 工作组，开始与 ERPI 紧密合作，在 CCAPI 项目基础上启动 IEC—能量管理系统—API 项目，使 CCAPI 项目的研究成果符合国际标准的规范。1999 年 IEC TC57 大会上，中国代表和德国代表提议 TC57 应该开发一套电力系统统一的国际标准，筛选现有标准系列，在同一领域只保留一套标准。IEC 61970 系列标准 TCE 61970−301，定义了公共信息模型的基本包集，提供了能连管理系统信息的物理方面的逻辑视图。

2. 数据管理

数据管理主要运用的是大数据，即通过对大量的种类和来源复杂的数据进行高速地捕捉、发现和分析，用经济的方法提取其价值的技术体系或技术架构。所以，广义上讲，大数据不仅是指大数据所涉及的数据，还包含了对这些数据进行处理和分析的理论、方法和技术。

大数据具备 Volume、Velocity、Variety 和 Value 四个特点：① Volume 表示大数据的数据量巨大，数据集合的规模不断扩大，已从 GB 到 TB 再到 PB 级，甚至开始以 EB 和 ZB 来计数。比如一个中型城市的视频监控头每天就能产生几十 TB 的数据。② Variety 表示大数据的类型复杂，以往我们产生或者处理的数据类型较为单一，大部分是结构化数据。而如今随着社交网络、物联网、移动计算等新的渠道和技术不断涌现，产生如邮件、博客等大量半结构化或者非结构化数据，导致了新数据类型的剧增。③ Velocity 表示数据产生、处理和分析的速度持续在加快，数据流量大。加速的原因是数据创建的实时性天性，以及需要将流数据结合到业务流程和决策过程中的要求。数据处理速度快，处理能力从批处理转向流处理，业界对大数据的处理能力有一个称谓—— "1 秒定律"，也就充分说明了大数据的处理能力，体现出它与传统的数据挖掘技术有着本质的区别。④ Value 表示大数据由于体量不断加大，单位数据的价值密度在不断降低，然而数据的整体价值在提高。根据 IDC 调研报告中预测，大数据技术与服务市场将从 2010 年的 32 亿美元攀升至 2015 年的 169 亿美元，实现年增长率达 40%，并且将会是整个 IT 与通信产业增长率的 7 倍。

大数据带来的不仅是机遇，同时也是挑战。传统的数据处理手段已经无法满足大数据的海量实时需求，我们需要采用新一代的信息技术来应对大数据的爆发，其中大数据技术可归纳为五大类，见表 5−17。

大数据发展的萌芽期是 20 世纪 90 年代至 21 世纪初，该时期处于数据挖掘技术阶段。随着数据挖掘理论和数据库技术的逐步成熟，一批商业智能工具和知识管理技术开始被应用，如数据仓库、专家系统、知识管理系统等。此时，对于大数据的研究主要集中于 "Algorithms"（算法）、"Model"（模型）、"Patterns"（模式）、"Identification"（识别）等热点关键词。大数据发展的突破期是 2003~2006 年，处于围绕非结构化数据自由探索阶段。非结构化数据的

表 5-17 大数据技术分类

大数据技术分类	大数据技术与工具
基础架构支持	云计算平台，云存储，虚拟化技术，网络技术，资源监控技术
数据采集	数据总线，ETL 工具
数据存储	分布式文件系统，关系型数据库，NoSQL 技术，关系型数据库与非关系型数据库融合，内存数据库
数据计算	数据查询、统计与分析，数据预测与挖掘，图谱处理，BI 商业智能
展现与交互	图形与报表，可视化工具，增强现实技术

爆发带动大数据技术的快速突破，以 2004 年 Facebook 创立为标志，社交网络的流行直接导致大量非结构化数据的涌现，而传统处理方法难以应对。2006~2009 年，大数据技术形成并行运算与分布式系统，为大数据发展的成熟期。Jeff Dean 在 BigTable 基础上开发了 Spanner 数据库（2009）。此阶段，大数据研究的热点关键词再次趋于集中，聚焦"Performance"（性能）、"CloudComputing"（云计算）、"MapReduce"（大规模数据集并行运算算法）、"Hadoop"（开源分布式系统基础架构）等。

最早提出词汇"Big Data"的是 2011 年麦肯锡全球研究院发布的《大数据：下一个创新、竞争和生产力的前沿》研究报告。之后，经 Gartner 技术炒作曲线和 2012 年维克托·舍恩伯格《大数据时代：生活、工作与思维的大变革》的宣传推广，大数据概念开始风靡全球。2012 年 3 月，美国奥巴马政府在白宫网站发布了《大数据研究和发展倡议》，这一倡议标志着大数据已经成为重要的时代特征。2012 年 3 月 22 日，奥巴马政府宣布 2 亿美元投资大数据领域，是大数据技术从商业行为上升到国家科技战略的分水岭，在次日的电话会议中，政府对数据的定义"未来的新石油"，大数据技术领域的竞争，事关国家安全和未来。并表示，国家层面的竞争力将部分体现为一国拥有数据的规模、活性以及解释、运用的能力；国家数字主权体现对数据的占有和控制。数字主权将是继边防、海防、空防之后另一个大国博弈的空间。2014 年 4 月，世界经济论坛也以"大数据的回报与风险"的相近主题发布了《全球信息技术报告（第 13 版）》。报告认为，在未来几年中针对各种信息通信技术的政策甚至会显得更加重要。在接下来将对数据保密和网络管制等议题展开积极讨论。全球大数据产业的日趋活跃，技术演进和应用创新的加速发展，使各国政府逐渐认识到大数据在推动经济发展、改善公共服务，增进人民福祉，乃至保障国家安全方面的重大意义。

大数据处理方法主要为采集、导入、统计、挖掘。大数据的采集是利用多个数据库来接收发自客户端的数据，并且用户可以通过这些数据库来进行简单的查询和处理工作。在大数据的采集过程中，需要在采集端部署大量数据库才能支撑，并且对数据库进行负载均衡和分片进行设计。

随后，将来自前端的数据导入到一个集中的大型分布式数据库，或者分布式存储集群，并且可以在导入基础上做一些简单的清洗和预处理工作。利用分布式数据库，或者分布式计算集群来对存储于其内的海量数据进行普通的分析和分类汇总。

最后，在现有数据上面进行基于各种算法的计算，从而起到预测的效果，从而实现一些高级别数据分析的需求。

【延伸阅读】

1. 信息模型

基于统一建模语言 UML 基础的公共信息模型技术向各个应用系统进行交换的信息提供标准化对象模型，使各个应用系统的信息共享成为可能，并实现对象模型的可维护性和可拓展性。

原先电力系统建立各自不同的信息管理系统，形成了越来越多、大大小小的信息"孤岛"。由于缺乏统一规划，造成各个信息系统之间相互缺乏关联，信息资源难以共享。在电力系统上建立公共信息模型后，需要进行数据交换的应用系统双方之间只需要传输数据，不必知道双方各自的模型。公共信息模型使得数据交换变得有标准可依，简单易行，基于公共信息模型开发和改造的系统，将为建成"纵向贯通、横向集成"的一体化企业级信息集成平台，实现电网企业上下信息畅通和数据共享。

下面以电力信息化为例，具体讲解公共信息模型在电力方面的运用。

（1）在配电网中的应用。同输电网相比，配电网需要海量数据的管理及详细的辐射状馈线模型数据，配电网具有三相不平衡性，配电网管理系统包含较多的应用系统和外部数据，这些区别决定了必须对公共信息模型进行扩展，使之满足配电网的需要。据此，公共信息模型对导电设备类新增相位属性来描述配电网的多相性；推广输电线路类来描述配电线路；对馈线，和配电资产独立建模；增加文件的内容，以满足配电网的需求。

（2）在直流系统中的应用。通过对公共信息模型和交直流系统的分析研究，发现公共信息模型尚不能完全表征能量管理系统应用中所需的高压直流输电系统及其控制部分，需要对其进行扩展。在原公共信息模型的基础上，为了区分换流器的类型，在 Domain 包中增加了换流器控制模式类和换流器类型类；为了表示换流器的控制方式的选择和运行过程中切换控制方式，设计了换流器控制类，并确定了其相关属性；直流控制系统需要调节分接头来限制整流器运行电压和运行控制角，而与直流变压器对应的分接头控制和纯交流中的分接头控制不完全相同，为了表示换流器的分接头控制，增加了分接头控制类；在恒功率控制下，既要保护换流器不因电流过大而过热导致损坏，又要防止可能出现的电流不连续现象，需要附加最大电流限制和最小电流限制，所以，在直流系统中需要增加功率控制类；为了描述换流器在系统降压运行情况下所采用的控制方式，增加了低压限流模式类来描述该特性。通过对公共信息模型的以上扩展，完善了对直流输电系统的描述，据此，可以对交直流潮流进行设计和实现，使之达到模块化。可以作为一个新的应用插件加入到原有的能量管理系统的交流潮流中。

（3）在静态安全分析中的应用。目前，在研究公共信息模型和静态安全分析的基础上，为了使公共信息模型满足静态安全分析中所需故障和故障组定义的需要，需要对公共信息模型进行扩展，补充预想故障集中故障和故障组的定义。基于可视化的标准建模语言，针对上述需求，为了能完整描述静态安全分析，新生成故障类和故障组类；为了完整描述安全分析后的电网状态，新增分析结果类和越限情况统计类，并设定了其属性和相互关系。在公共信息模型中加入静态安全分析特有的类，以此为基础开发静态安全分析软件，可以真实的反映电网各种故障的特点，准确模拟故障后条件开断设备、条件监视设备以及备自投设备的动作，得到各种指标对故障后系统的安全状况加以评价，并为系统以后的移植和升级创造了条件。

（4）一体化信息集成平台。为了解决现存各成套自动化系统之间实际存在的信息交换频繁与困难的问题，IEC TC 57制定了61970国际标准，解决各个控制中心系统之间的互联问题。通过基于电力系统模型的CIM/XML技术可以完成上述互联的技术要求，公共信息模型实时数据库是面向对象建模，尽管现在的各自动化系统的数据结构、数据模型定义和语义都有所不同，操作平台之间可能是异架构的，但通过公共信息模型建模定义和自我扫描对各个自动化系统数据库进行适当的改造，扩展和封装可以建立一个一体化的信息集成平台，达到实现全电力系统的自动化无缝连接。

公共信息模型在电力系统信息化建设中的应用，保护了现有的电力信息系统资源，提高了电力应用程序开发的效率，保障了各系统间的相互通信。另外，基于公共信息模型的电力信息系统将在开放性、可移植性、可扩展性上大大超越传统的信息系统。同时随着CORBA、UIB总线技术的发展，各系统必将更加完善，将最终实现应用软件的即插即用和无缝连接。因此，公共信息模型在电力信息化建设中有着重要意义和广阔前景。

2.数据管理

大数据在电力资产管理上的研究方法与电力系统传统的基于数据计算分析的方法相比，在解决问题的方法和研究过程方面都有很大不同，具体表现为：传统方法通常基于抽样数据，而大数据方法则采用尽可能多的数据；传统的电力数据分析通常基于某个部门或某个专业的数据，智能电网大数据分析则是在实现跨专业、跨部门数据融合基础上进行多维度数据分析。

电力行业采用实时数据库、分布式存储和索引、数据挖掘等技术实现海量用电数据存储、数据价值挖掘，支撑电网智能调度、分布式能源并网、实时电价等高级应用，应用于电网智能调度、实时电价、可再生能源并网等方向。通过良好的大数据管理，可切实提高电力生产、营销及电网运维等方面的管理水平。

大数据应用的关键不是"大"，也不是"数据"，其核心价值是将数据视作与人力、物力和财力一样的企业核心资产，让资产创造价值。若能够充分利用好实际电网和经营管理中产生的海量数据，对其进行科学的研究分析，可提供难以想象的潜在的高附加值服务。这些附加服务可大大提高电网安全监测与控制能力，具体包括电网灾难预警与事故处理、供配电与电力调度决策以及客户用电行为分析等，实现更科学的需求侧管理，服务广大电力客户，为电网创造巨大的经济效益。

下面以大数据在电网企业的应用为例，具体讲解大数据在设备状态、物资管理、优质服务、规划建设等方面各个方面的运用，如图5-16所示。

电力行业的数据有量大、种类多、处理速度快、价值高、处理的复杂度高以及处理灵活性高等特点，传统的数据库已经无法处理这些数据，所以大数据技术就显得极为重要。

（1）输变电设备故障识别与预测。通过现场监控摄像头获取设备检测图像，利用视频分析技术和流计算技术实时分析发现输变电设备故障；利用数据关联技术，关联设备状态信息、电网运行信息、环境检测等信息，建立设备故障预判模型，实现设备故障预判。这样能够不断丰富故障设备检测手段，利用非结构化视频数据分析能力为运维检修部门提供新的思路和解决方法，提高运维人员故障定位能力，推动无人值守变电站建设，提高视频监控智能化水平，实现输变电设备状态检修。

（2）配电设备负载估算及重过载预警。采用Storm等流处理技术，实时计算配网中负荷分布情况，估算配电设备的负载；采用批处理技术，分析配变的历史负荷数据，构建预警模型，实现重过载预警，支撑运维检修部门准确掌握设备运行状态，保障电网运行能力。

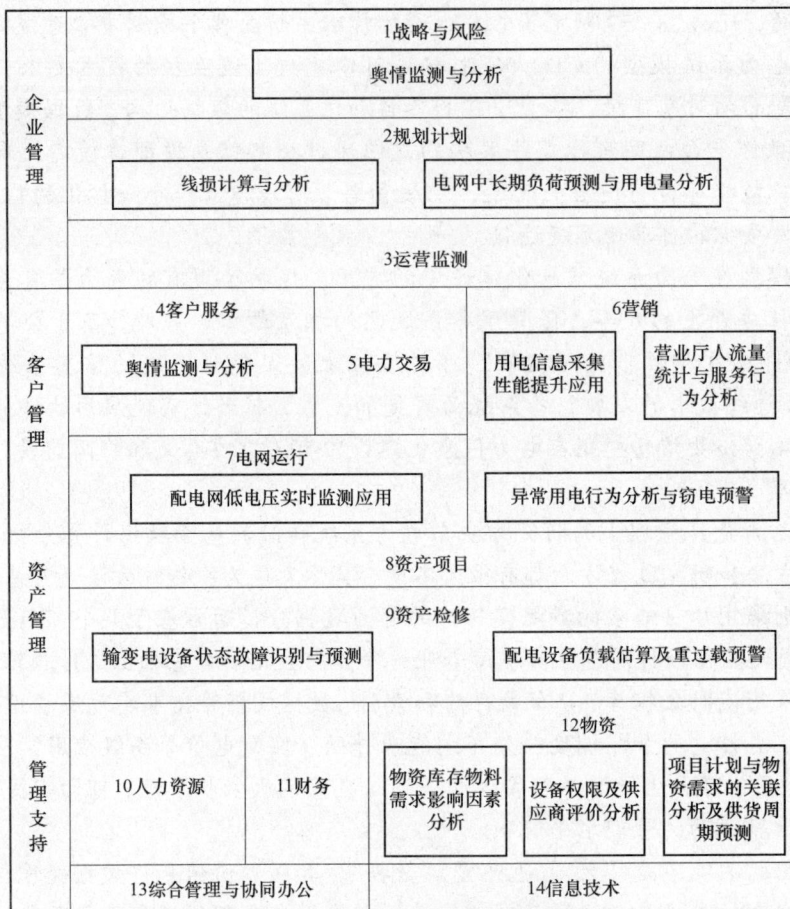

图 5-16 电力企业大数据典型应用场景示意

（3）物资库存物料需求影响因素分析。利用关联分析技术，建立物资库存、物料需求与电网规模、结构、年限以及投资等信息的关联关系；利用数据挖掘技术，构建安全库存预估模型和多准则评价模型，制定安全合理的库存配置方案。这样能进行库存动态优化调整，动态清仓利库，实现一定仓储安全水平下的成本最小化，提升库存合理性和资金利用率，实现物资全集团的最优配置。

（4）配电网低电压实时监测应用。采用流计算技术，实时监测用户端电压情况，利用批处理技术，分析用电信息采集数据、设备运行状态数据、网架结构数据，计算出配电网低电压分布区域。对电压的监测全面准确，能够强有力支撑调度部门有效应用无功补偿设备，提升实时控制能力，支撑电网运维检修部门，降低设备损耗，提升设备使用寿命；支撑电力营销部门，提升供电质量，提升客户满意度，促进电力调度、营销、运维检修、发展等专业管理数据共享与业务融合。

（5）电网中长期负荷预测与用电量分析。利用用电信息采集数据、外部行政规划数据、行业标准划分数据、天气等内外部数据，采用数据挖掘技术和分布式计算技术，分析各类负荷的影响因素，计算出各产业单位用电量，构建预测模式，根据规划用地，预测地区用电负荷。这样能够实现对空间负荷的准确预测，提高变电站布局的合理性，使电网发展适时地满足社会经济发展的需要，提高规划决策的准确性和电网企业资金的利用效率。

电力企业已经进入大数据时代。电力大数据利用存储、整合、计算和应用四类核心技术，驱动电力公司信息技术平台和业务应用的升级与改造，扩展对数据的容纳和处理能力，填补在非结构化数据的分析与利用、海量数据挖掘等领域的空白，提升电力公司在数据资源价值挖掘的整体水平，从而促进业务管理向更加精细、协同、敏捷和高效的方向发展。未来，大数据将为电力行业带来更为显著的价值，其发展模式甚至将由业务驱动向数据驱动转变。

第七节　营销客服方面的专业工作方法

一、客户服务

（一）背景与需求分析

随着电力消费需求变化的加快，电力市场竞争更加激烈，满足客户需要、提高企业经济效益的目标更显重要，"始于客户需求，终于客户满意"成为全新的经济型的客户服务理念。新的客户服务理念，以客户需求为导向，善于了解和创造客户需求；从客户角度出发，以客户满意为目的，使服务质量达到或超过客户期望的程度；企业各部门围绕"客户满意"这个目标开展工作，提高水平。

（二）方法介绍

1. 客户满意度指数模型

客户满意度是指客户在购买产品或接受服务时，出于事后感知和事前期望的差距所形成的态度。其含义主要体现在以下三个方面：一是客户满意度是一个相对的概念，是客户期望值与最终获得值之间的匹配程度；二是客户的期望值与其付出的成本相关，付出的成本越高，期望值越高；三是客户参与程度越高，付出的努力越多，客户满意度越高。

通常用来测评客户满意度的一种简便方法是计算客户满意率。客户满意率是指一定数量的目标客户中表示满意的客户所占的百分比，即

$$T = S/C \times 100\%$$

式中：T 为客户满意率；C 为目标客户数；S 为在目标客户群体中表示满意的客户数。

而在实际应用中，用客户满意率测评产品或服务的客户满意度时，存在一定的缺陷，它只能处理单一变量和简单现象的总体问题，而无法全面反映客户对产品或服务的需求和期望，不能给出统一的对产品或服务质量的衡量标准。因此，一个比较理想的测评方式就是客户满意度指数理论模型。

客户满意度指数旨在发现和确定影响 CSI 的因素，以及 CSI 和这些因素之间的作用机制。一些学者对客户满意度指数理论进行了大量研究和实证分析，先后从理论和实证分析上证明了客户满意和客户忠诚存在显著相关关系，研究了客户满意和市场份额之间的变化规律，开发了用于指导企业进行科学的用户满意度量的七步模型等。尽管这方面的研究和实证还在继续，但一致的观点是：客户满意度是一种事后评价，不能直接测量，只能间接推断。这种间接推断需要一定的度量模型和特殊的统计工具来支持。客户满意度指数模型结构如图5-17所示。

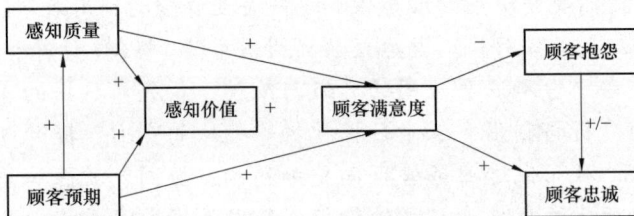

图 5-17　客户满意度指数模型

　　首先，客户满意度指数理论模型是由多种变量组成的一种独特的系统结构：

　　（1）模型变量。客户满意度理论模型主要有6种变量，即客户期望、客户对质量的感知、客户对价值的感知、客户满意度、客户抱怨和客户忠诚。其中前3种变量决定了客户满意度，使系统的输入变量成为前提变量。

　　（2）各变量之间的相互关系。图中的正负号表示各要素之间的相互关系以及相关程度，"+"表示正相关，"-"表示负相关。这种相互关系主要表现在三个方面：一是前提变量和结果变量之间的关系；二是各前提变量之间的关系；三是各结果变量之间的关系。

　　客户满意度指数理论模型主要研究和确定对客户满意度指数的各种影响因素以及客户满意度和这些因素之间的相关程度。该模型是构建客户满意度指数的基础，又是对客户满意度指数测评结果进行分析评价的基础。

　　其次，介绍应用模型计算客户满意度指数的具体步骤：

　　首先构建客户满意度指数的测评指标体系应遵循以下4条原则：①客户确定原则。准确把握客户需求，选择客户认为最关键的测评指标，即由客户来确定测评指标体系，这是设定测评指标体系最基本的要求。②可测量性原则。测评结果是一个量化的值，因此设定的测评指标必须是可以进行统计、计算和分析的。③可控性原则。测评会使客户产生新的期望，促使企业采取改进措施；如果企业在某一领域还不能采取行动加以改进，则应暂不采用这方面的测评指标。④可比性原则。设定测评指标时要充分考虑到竞争者的特性。

　　再次，构建客户满意度测评指标体系：①基础信息的搜集。对二手资料进行探访。②指标体系的假设。分成结构模糊的测量指标和结构清晰的测量指标。③基础数据的搜集。通过实际的测评获得定量的数据。④指标体系的建立。首先通过探索性因子分析确定潜在的数据结构，然后通过验证性因子分析验证假设的指标体系。⑤指标体系的确立。通过因子分析结果和定性论证后确立。

　　然后，构建测评指标体系的框架：客户满意度每一层次的测评指标都是由上一层测评指标展开的，而上一层次的测评指标则是通过下一层的测评指标的测评结果反映出来的，测评指标体系的框架为：一级指标：即客户满意度指数；二级指标：即客户满意度模型中的客户期望、客户对产品或服务质量的感知、客户对价值的感知、客户满意度、客户抱怨和客户忠诚等六个要素；三级指标：即根据不同的产品、服务、企业或行业的特点，将二级指标中的六个要素展开为具体的测评指标；四级指标：即将三级指标中的具体测评指标展开为问卷上的一系列问题，是直接针对客户、面向客户的指标。

　　最后，对客户满意度指数进行计算。客户满意度指数的计算一般通过加权平均方法计算，即

$$CSI= \sum \omega_i x_i \qquad\qquad （5-3）$$

式中：CSI 为客户满意度指数；ω_i 为第 i 个测评指标的权重；x_i 为对第 i 个指标的评价。

在客户满意度指数服从正态分布时，均值反映了客户满意度指数的水平，标准差反映了客户指数的波动水平。因此，也可以通过计算客户满意度指数的置信区间，来测定客户满意度指数的波动水平。

2. kano 模型

对客户满意度进行调查分析的另一种方法是 kano 模型。

Kano 模型是对用户序曲分类和优先排序的有用工具，以分析用户需求对用户满意的影响为基础，体现了产品性能和用户满意之间的非线性关系。Kano 模型起源于赫兹伯格的双因素理论，也被称作激励—保健理论。

Kano 模型中把产品和服务的质量分为三类：当然质量、期望质量和迷人质量。

当然质量是指产品和服务应当具备的质量。对这类质量特性，客户通常不做表述，因为客户假定这是产品和服务所必须提供的。例如，电视机的图像清晰、汽车的油箱不漏油、服务人员的态度和蔼等。如果客户认为这类质量性的重要程度很高，企业在这类质量特性上的业绩也很好，但却不会显著增加客户的满意度；相反，其实重要程度不高，如果企业在这类质量特性上的业绩不好，则会导致客户的严重不满。

期望质量是指客户对产品或服务有具体要求的质量特性。例如，汽车油量、快捷的服务、低的费用、高的可靠性等。这类质量特性上的重要程度与客户的满意度同步增长。客户对产品或服务的这种质量特性的期望，以及企业在这种质量特性上的业绩都容易度量。因此，对这种质量特性的期望和满意程度的测评是竞争性分析的基础。

迷人质量是指产品或服务所具备的超越了客户期望的、客户没有想到的特性。这种质量特性（即是重要程度不高）能激起客户的购买欲望，并导致客户十分满意。例如，索尼公司的随身听、3M 公司的"方便贴"都是迷人质量的重要例子。

Kano 模型认为，企业所提供的产品和服务必须保证当然质量，不断改进期望质量，积极开发迷人质量。当然，产品或服务的当然质量和迷人质量具有相对性。随着科技的进步、管理水平的提高以及客户需求和偏好的变化，产品或服务的期望质量将转化为当然质量，期望质量将转化为期望质量甚至当然质量。

在三类质量特性中，期望质量和客户满意度之间呈线性正相关关系（见图 5-18），这种关系提供了目前各种客户满意度测评方法和模型的理论基础；而当然质量和迷人质量与客户满意度之间则为非线性正相关关系，对此，目前的各种客户满意度模型都无法给出令人信服的数学解释。

二、营销管理

（一）背景与需求分析

市场营销管理是指企业识别和分析市场机会，研究和选择目标市场，制定营销策略，实施营销控制，实现企业营销任务和目标的管理过程。

市场是企业生存的根本。面对竞争日益加剧、

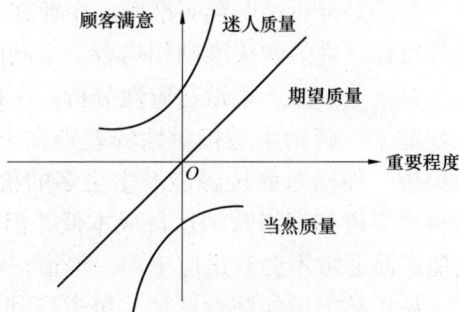

图 5-18　Kano 模型示意图

快节奏的国际经济大环境，企业市场营销发展发生着深刻的变革，市场营销成为企业经营管理的重要环节，越来越受到重视。营销管理将企业研发生产过程与消费者的消费联系起来，是一个中间环节。若企业做不好营销管理，即使有再好的产品，也无法打开市场，继而影响整体效益。

（二）方法介绍

对于企业来说，市场营销对经济成长的贡献，主要表现在其解决企业成长和发展中的基本问题，为企业成长提供来自市场的策略指引，以下重点介绍精准营销和渠道整合这两种常用典型模式。

1. 精准营销

精准营销（Precision Marketing）的核心思想最早由莱斯特·伟门于 1999 年提出：以生产商的客户和销售商为中心，建立数据库，后通过科学分析，确定潜在的目标客户，引导生产商改变进而提供针对性的营销策略的整个过程。

在实现大数据精准营销时，需要打通企业内部的数据孤岛，将存储在不同平台上的用户数据汇集到一个平台，并对每个单一用户进行 360° 的全方位分析及标签化识别，以形成一幅幅用户画像。

基于全面而准确的用户画像，企业可以开展用户个性化营销。通过对用户日常活动和数据的不断积累叠加，可以不断丰富和完善各用户画像信息，并对用户进行群体划分，从而对用户所在的群体，制定有针对性的营销活动策略。在大数据的技术支持下，可以做到当不同用户关注同一媒体的相同界面时，营销内容有所不同，产品和价格可以不同，也就是实现了千人千面的效果，真正实现了对用户的个性化营销。

企业在运用大数据进行精准营销，还需要聚焦用户关联性营销，以提高用户的重复购买率。即在大数据营销过程中，通过对用户进行分群识别和分析，根据相同用户族群的历史购买行为，可以预测出相关的用户群的购买行为和购买决策时间点，实现对于已经购买用户的行为分析，从而进一步预测出购买其他产品的相关度。

2. 渠道整合

渠道整合是指将销售过程中的任务进行分解，并分配给能以较低成本或更多销量较好完成该任务的渠道。通过一个整合的渠道模式，大多数企业都能实现较高的利润率和市场覆盖率。可以分为营销渠道间整合和营销渠道内整合两种类型。

（1）营销渠道间整合。渠道间整合设计的分析基础是企业的各细分市场而非整体市场。在某一选定的细分市场上，开展了以下设计：

首先是分析顾客购买准则。企业在充分考虑顾客购买行为的基础上，使企业营销渠道功能与目标顾客的购买准则相吻合。不同的顾客常常具有不同的购买准则。

其次是产品—渠道适应性分析。一种较好的实现方法是将产品的复杂性和渠道的接触性匹配起来。营销渠道接触性的差别在于其与顾客的相互作用、服务及提供的支持。高接触性渠道，如面对面接触能产生更多的价值，可以在销售过程中提供更多的服务。同时，低接触性渠道如网络营销运行成本低，但在销售过程中可以提供的服务较少。值得注意的是，企业产品通常不会只适应于单一渠道，而是常常适应于某一类型的渠道。

最后是渠道经济性评估。渠道赢利能力经常用费用收益比率来表示，即 E/R（平均交易成本 / 平均订单金额），表明了企业收益中用于支付渠道费用的比例。因此，一个渠道的 E/R

越低，在单位销售额中能实现的利润就越高。

经过以上三步渠道选择过程，渠道选择会出现以下三种情况：①没有营销渠道保留下来。这表明在该细分市场上，企业或者无能力满足目标顾客需求，或者虽有能力满足目标顾客需求但企业无利润可言，故企业应放弃此细分市场。②仅有一种营销渠道保留下来。企业正好应用此营销渠道来满足该细分市场目标顾客的需求。从企业整体市场角度看，这是选择型渠道战略。③有多种营销渠道保留下来。企业此时必须对该细分市场进行进一步分析，充分考虑目标顾客和企业两方面因素，以决定企业选择哪种渠道战略来满足该细分市场顾客的需求。

（2）营销渠道内整合。营销渠道内整合设计是将销售任务分配给在较低成本下能较好完成该任务的营销渠道，最小化产品销售成本和渠道冲突，更有效地满足顾客需求。

企业可以将各营销渠道与销售任务相组合，由不同的营销渠道完成不同的销售任务，以达到产品销售成本的最小化和最大的满足顾客需求。如企业可以应用直邮营销或电话营销、网络营销来寻找潜在顾客和进行顾客确认，然后将潜在顾客转移给面对面推销渠道或间接营销渠道去实现销售，售后服务主要由中间商提供，企业销售人员处理顾客管理。

【延伸阅读】

以海尔集团用户大数据精准营销方案设计为例，重点介绍用户大数据精准营销方法的应用。

海尔集团在进行用户大数据精准营销的过程中，从下面几个角度进行了规划和实施，首先对用户数据进行数据集成和整合，然后对用户进行画像识别，丰富用户画像，再通过历史销售数据，建立用户营销模型，最后通过营销自动化系统，自动对用户进行精准营销，达成较高的营销效果。

下面对具体的操作进行详细说明：

首先，整合和集成各数据源数据。海尔集团中和用户有关的数据，存储在集团内多套信息化系统中，各系统数据独立存储，缺乏有效分析和整合，导致无法对用户行为进行预测。因此，需要先对不同渠道来源的用户数据进行集成和整合，有效识别出不同渠道的用户。

数据采集分为结构化的实名用户数据和非结构化的行为数据。为了将两种数据整合入一个系统内，需要进行三步操作：①记录匿名用户数据，在用户浏览网页时，通过网站的浏览监测工具，将用户在网站上的访问行为数据和购买决策数据全部留存下来；②收集实名用户数据，如用户在购买时留下的地址、联系方式以及注册会员的相关信息；③打通匿名实名用户数据，将无用的数据进行剔除，并通过数据分析得出更加标准化以及更利于精准化营销的信息，例如从客户的送货地址中分析得出小区档次及地理位置等信息。

其次，搭建大数据营销系统。在集成和清洗用户数据后，需要将不同的用户数据统一到一个系统中，用于对用户进行营销活动，因此需要一个高效能的精准营销系统，一是用来存储数据，二是对用户进行精准营销，并将用户的响应数据回传到营销系统中，方便在下次活动时，将这些响应数据一起讨论分析。

再次，识别和标识用户画像。海尔集团通过对用户在互联网上的电商平台的访问数据和集团内各IT系统的实名用户数据进行整合清洗后，从用户的姓名、电话、地址等三个方面进行匹配，形成单一的用户数据信息，然后根据所收集的数据，对用户从不同维度进行标签化识别，形成清楚的用户画像信息。

根据相关数据，海尔集团从人口统计属性（用户基础信息，如性别、年龄、地址等）、用户行为偏好（用户在网上的浏览、点击、购买、商品选择等）、用户购买偏好（用户对品牌、颜色、型号等的倾向性）、用户价值（用户的购买能力以及用户对公司的贡献度等）四个维度进行用户识别，再结合时间轴维度、产品维、品牌维度和地域维度等，多个维度的交叉组合，形成了四大维度，200多个明细，3000多个标签值的用户画像标签体系，对用户进行了360°全方位的标签画像，识别建立了初步的用户画像体系，并根据日常的活动和数据的不断增加和积累，不断丰富和完善用户画像维护和用户画像信息。

最后，规划和开发营销模型。企业认识到用户在不同的生命周期，会有不同的用户需求，一般来说可分为五个阶段：用户接触、用户获取、用户发展、用户挽留、用户赢回，如图5-19所示。

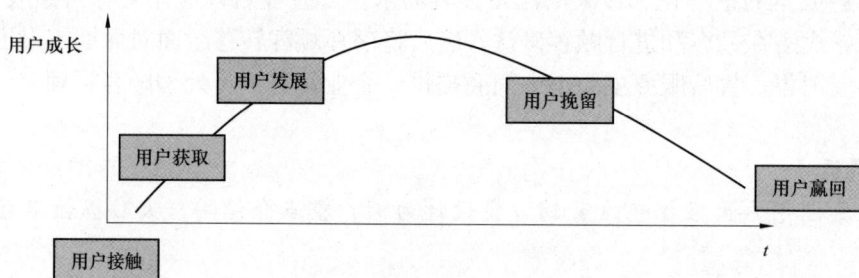

图 5-19　用户生命周期图

在用户接触阶段，规划了"用户响应模型"，对用户所接收到的产品、营销信息的响应情况进行预测和分析，提高用户和产品的匹配度，希望在第一次跟用户接触时，就能给到用户所需要的产品，提高用户体验。

在用户获取阶段，建立了"用户购买倾向性分析模型"，对用户的潜在购买行为和所需要的产品进行预测洞察，达到能让用户顺利注册、购买的效果。

在用户发展阶段，规划了"产品关联销售模型"，基于用户的已买产品和同类用户的历史购买产品数据，分析和预测用户购买决策的产品关联度，对用户进行产品关联营销，提升用户的购买转化率和单用户的消费客单价。

在用户挽留阶段，规划了"客户流失预测模型"，用以提前预测用户的流失的可能性和时间点，在用户将要流失之前，提前跟用户进行情感交流，避免用户流失，提高用户的留存率。

在用户赢回阶段，规划了"沉默客户激活模型"，对流失的用户进行数据分析，通过合适的产品和服务，对用户进行营销和关怀，争取将用户重新拉回。

第八节　调度方面的专业工作方法

一、运行方式

（一）背景与需求分析

电力系统的正常运行，关系着国民经济的稳定运行，关系着企业和千家万户的正常生产生活的用电需要，所以说电力系统在我国的经济发展过程中占有主导作用。电力系统是一个十分复杂的系统，所以作为电力系统的调度运行就显得十分重要，电力调度需要保证电网的稳定运行和优质的电能提供。

现代电力系统的发展趋势是电网日益庞大，运行操作日益复杂，因而电网发生故障后其影响也更加广大。另外，用户对供电可靠性和供电质量的要求越来越严格，这就对电力系统运行调度人员和电力系统的自动化水平提出了更高的要求。如果一旦出现操作错误，轻则引起非正常停电，造成不该有的损失；重则造成人员伤亡和大型设备损坏的恶性事故，由此带来的直接经济损失和间接经济损失更是不可估量。

（二）方法介绍

运行方式是指根据本系统实际情况，合理使用资源（化石、水力、核能、生物质能、风力、太阳能等），使整个系统在安全、优质、经济运行情况下的决策。合理的电网结构是各种运行方式的基础，它约束和规定了电网的运行方式。针对不同的电网结构和不同的运行方式，研究电网的特性，确定各种事故条件下应采取的对策，是电网运行工作的重要任务之一。

电网运行方式有多种分类。按时域分可分为年、季度和日运行方式；按系统状态可分为正常运行方式、事故运行方式和特殊运行方式（也称为检修运行方式）。

电力系统的正常运行方式是指正常计划检修方式和按负荷曲线及季节变化的水电大发、火电大发，最大最小负荷和最大最小开机方式，及抽水蓄能运行工况等可能较长期出现的运行方式。该运行方式能充分满足用户对电能的需求，所有设备不出现过负荷和过电压问题，所有输电线路的传输功率都在稳定极限以内，系统运行符合经济性要求，电网结构合理，有较高的可靠性、稳定性和抗事故能力。

事故运行方式多是针对电网运行上的薄弱环节按可能发生的影响较大的事故而编制的，此时，电网运行的可靠性下降，因此，要求其持续时间应尽量缩短。

特殊运行方式是指主干线路、大的联络变压器等设备检修以及对稳定运行影响较大的运行方式，包括节假日运行方式、主干线路、变压器或其他系统重要原件、设备计划外检修，电网主要安全稳定控制装置退出，以及其他对系统安全稳定运行影响较为严重的方式。

电网的正常运行方式，应根据电网结构，潮流分布和电网各部分供电可靠性、经济性按年、月编制，并经有关部门会审、领导批准后执行。

编制电网正常运行方式应遵循供保证电可靠性、事故影响范围最小、短路容量不超过设备允许值、保证电网电能质量的原则。

编制年、月运行方式的主要内容包括：根据相关资料预计电网年度最大负荷，按年、月编制有功、无功电力平衡表；发电厂可调出力；设备检修计划；新建及扩建设备投产进度；电网正常结线方式及潮流图；电网最高、最低负荷时的电压水平；地调管辖厂、站母线短路电流和母线固定联接方式；电网安全自动装置配置方案；自动低频、低压减负荷整定方案；电网 N—1 开断潮流分析；电网改进意见。

编制日运行方式的主要内容包括：电网预计负荷和临时负荷限额；批复的设备检修申请；新建、扩建及改建设备投产的调度启动措施；电气结线方式变化时的潮流分布和反事故措施；事故预想及注意事项；继电保护及自动装置的改变；电压及负荷情况。

【延伸阅读】

下文将介绍电力系统正常运行方式下的中性点运行方式。

电力系统中性点接地方式有两大类：一类是中性点直接接地或经过低阻抗接地，称为大接地电流系统；另一类是中性点不接地，经过消弧线圈或高阻抗接地，称为小接地电流系统。其中采用最广泛的是中性点接地、中性点经过消弧线圈接地和中性点直接接地等三种方式。

目前我国电力系统中性点的运行方式，大体是：

（1）对于 6~10kV 系统，由于设备绝缘水平按线电压考虑对于设备造价影响不大，为了提高供电可靠性，一般均采用中性点不接地或经消弧线圈接地的方式。

（2）对于 110kV 及以上的系统，主要考虑降低设备绝缘水平，简化继电保护装置，一般均采用中性点直接接地的方式。并采用送电线路全线架设避雷线和装设自动重合闸装置等措施，以提高供电可靠性。

（3）20~60kV 的系统，是一种中间情况，一般一相接地时的电容电流不很大，网络不很复杂，设备绝缘水平的提高或降低对于造价影响不很显著，所以一般均采用中性点经消弧线圈接地方式。

（4）1kV 以下的电网的中性点采用不接地方式运行。但电压为 380/220V 的系统，采用三相五线制，零线是为了取得机电压，地线是为了安全。

正确的运行方式能够加强国家电网公司各级调度统筹，完善专业横向协同，保障电网安全运行和电力可靠供应，最大限度消纳清洁能源。

二、经济调度

（一）背景与需求分析

近年来，随着气候与环境问题的日益突出，国家发改委出台了节能原则调度发电的相关政策。在保证电网安全的前提下，做好电网经济调度，最大限度地挖掘电网资源和潜力，提高电网企业的社会效益和经济效益，已成为当前电网调度的一项重要任务。

（二）方法介绍

电网经济调度主要分两个阶段：

第一阶段：主要利用现有的技术和设备，以建设实时网损分析系统、实现 AVC 无功优化运行、开展外购电效益分析、采集和监测非统调节能环保机组信息等四项工作为重点，初步展开经济调度，为下阶段全面实施打下基础。

第二阶段：研发一套基于智能电网调度技术支持系统平台的经济调度支持系统和一套基于省地县运行方式智能分析平台的经济运行方式支持系统。实时经济调度支持系统从经济调度预决策、经济调度实时控制、经济调度效益分析、经济运行影响因素分析和实时展示等全面对电网的经济调度进行日前、日内、实时的决策、控制和评估。经济运行方式支持系统进行无功规划、无功配置、运行方式调整等方面决策分析，从年、月、周的时间尺度为电网经济运行进行决策、控制和评估。

针对电力系统经济调度问题，目前国内外主要从以下几个方面开展了重点研究和实施：

电力调度模式。传统的经济调度以全网的购电成本或能耗最低为目标，但随着环境保护问题在全球范围内得到越来越多的重视，许多研究人员提出了发展经济节能调度，基于机组变动成本和污染排放的调度原则，实现安全约束下运行成本和污染排放最小。目前，国外的经济调度都是基于电力市场条件下以购电成本最低为目标，但未考虑社会效益，而国内尚未开展经济优化调度。

在线经济调度。在电力系统的实时运行调度中，实际负荷和预测负荷之间总不可避免地存在着偏差量。通过在线经济调度，对潮流进行实时优化分配，可节省机组煤耗、减小网损等，从而达到电网经济运行的目的，对传统的依靠调度人员的经验进行负荷分配的模式提供了有效的补充。国内部分地区（如河南省调）开展了实时调度试点工作，通常以偏差电量购电费用最小为目标，考虑系统安全约束、断面约束等进行优化建模，然后通过最优潮流等方法进行求解，得到各机组出力的变化量。

网损控制。线损率是电力企业的一项重要综合性技术经济指标，反映了电力系统的规划设计、运行管理和营销管理水平。现有对网损控制的研究，主要从无功规划优化和无功优化调度两方面着手。无功规划优化的目标是谋求合理的无功补偿点和最佳补偿容量以达到节省投资费用的目的。无功优化调度是指在电力系统无功电源较为充裕的情况下，通过调节发电机机端电压、调整变压器抽头变比、改变无功补偿装置的出力等措施来调整无功潮流，使得系统电压达到合格值、同时全网有功损耗最小。

【延伸阅读】

经济调度以电网网损率、购电成本和发电能源消耗率最小化为目标，以开展突出"节能减排导向、调整有功降损、控制无功降损、降低购电成本、监测非统调机组信息"五大要素的电网经济调度为主要模式，在确保电网安全稳定运行的基础上，通过低碳化和低成本安排和校核长中短期发用电计划、优化调整机组实时出力、科学安排电网运行方式和调节电网无功资源等手段努力实现以最低的经济成本、最少的资源消耗、最小的环境污染来满足经济社会发展和人民生活用电的需求；同时，做好非统调节能环保机组信息的监测和服务工作，充分吸纳并有效监督，提高发电能源利用效能。

下文将以电网经济调度网损模块实施为例，简单介绍某省经济调度的方法。

在实施前电网基本只能通过统计某一时间的电网潮流断面再求取离线网损历史数据，计算过程冗长并且缺乏实时获取电网网损方法。实施前电网运行方式安排主要考虑电网运行的安全可靠，在无法了解不同运方下的实时网损情况下，很难实现电网方式安排合理，定量优化地开展经济调度。同时，缺乏对网损实时变化的动态监视，在不同潮流变化下，各类电气设备、电压层次、各供电区域损耗缺乏定量的描述和历史比较，不利于电网基建改造、设备更新和优化建设。

考虑到这样的情况，需要以电压合格率、力率合格为约束自动拓扑，计算各无功设备投切对网损的影响。通过人工干预和个性化设置，自行设置对于某一供区是否经网损优化，并以 220kV 供区为单位，体现各无功投切后网损变化情况，在线计算网损，根据网损计算结果，决策出各变电站无功配置建议，实现安全经济协调实用化。

参考文献 >>>

[1] 杨玺，陈杏，等.基于资产墙的变电一次主设备技改投资预测 [J].广东电力，2015.

[2] 赖佳栋.电网企业资产管理模型及应用研究 [D].重庆大学，2012.

[3] 唐敏.电网资产管理中存在的问题及对策分析 [J].广西电业，2012.

[4] 刘振亚.企业资产全寿命周期管理 [M].北京：中国电力出版社，2015.

[5] 蒋跃强，李福兴，高翔.基于 LCC 的变电站改造风险评估模型研究 [J].华东电力，2009，37（04）：562–564.

[6] 王彤，苏柯，张帆，等.配电网设备状态评估方法探讨 [J].电子世界，2013.

[7] 于婧洋.配网设备状态评价与风险评估模型的探索研究 [D].吉林大学，2015.

[8] 张丽英，等.基于集对故障树法的电网安全运行风险评估模型 [J].技术经济，2009.

[9] 谭辉彦.电网冰冻灾害应急救援人员选择方法研究 [J].电力安全技术，2015.

[10] 梁国栋.基于层次分析法的电网企业财务风险预警模型研究 [J].商业会计，2013（9）：57–59.

[11] 葛江北，等.基于优先级排序的配电线路改造措施分析 [J].电网与清洁能源，2011.

[12] 陆爽，陈红兵，肖福利.资产全寿命周期管理在物资采购中的应用研究 [J].华东电力，2010.

[13] 张力晨，等.天津市电力公司科技项目评价体系的构建 [J].天津科技，2005.

[14] 王勇，等.电网规划方法探究 [J].电气工程与自动化，2012.

[15] 曹媛.考虑物流过程的电网物资供应商选择评价 [D].华北电力大学，2014.

[16] 王彦璋.电力工程项目质量监督管理问题研究 [D].华北电力大学，2014.

[17] 芦迁琨.北电力公司仓储配送管理优化研究 [D].华北电力大学，2014.

[18] 杨玺，范颖婷，殷文杰.基于大数据的技改投资预测模型在电力行业中的应用研究 [J].华东电力，2014.

[19] 黄建辉.电力客户满意度动态测评模型及实证研究 [D].北京交通大学，2008.

[20] 王文璐.基于用户大数据的海尔集团线上精准营销研究 [D].东北农业大学，2015.